产业集聚模式对中国企业嵌入全球价值链的影响研究

李 瑾 ◎ 著

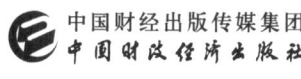

·北 京·

图书在版编目（CIP）数据

产业集聚模式对中国企业嵌入全球价值链的影响研究 / 李瑾著. -- 北京：中国财政经济出版社，2025.8.
ISBN 978-7-5223-4100-2

Ⅰ．F426.4

中国国家版本馆CIP数据核字第2025M3Z589号

责任编辑：李筱文　　　　　　责任校对：胡永立
封面设计：陈宇琰　　　　　　责任印制：党　辉

产业集聚模式对中国企业嵌入全球价值链的影响研究
CHANYE JIJU MOSHI DUI ZHONGGUO QIYE QIANRU QUANQIU
JIAZHILIAN DE YINGXIANG YANJIU

中国财政经济出版社 出版

URL：http://www.cfeph.cn

E-mail：cfeph@cfeph.cn

（版权所有　翻印必究）

社址：北京市海淀区阜成路甲28号　邮政编码：100142
营销中心电话：010-88191522
天猫网店：中国财政经济出版社旗舰店
网址：https://zgczjjcbs.tmall.com
涿州汇美亿浓印刷有限公司印刷　各地新华书店经销
成品尺寸：170mm×240mm　16开　15.25印张　216 000字
2025年8月第1版　2025年8月河北第1次印刷
定价：59.00元
ISBN 978-7-5223-4100-2
（图书出现印装问题，本社负责调换，电话：010-88190548）
本社质量投诉电话：010-88190744
打击盗版举报热线：010-88191661　　QQ：2242791300

本书受以下项目资助：

浙江省哲学社会科学规划常规课题，编号：25NDJC005YBM；题目：地瓜经济影响浙江民营企业供应链韧性的机制和路径优化研究。

宁波市哲学社会科学规划课题，编号：JD6-047；题目："双循环"发展格局下宁波民营企业高质量发展的路径研究。

前言

中国经历了 40 多年改革开放迎来了繁荣发展的新局面,进入了以"稳增长、调结构、提质量"为特征的"新常态"发展时期。当前,在逆全球化浪潮、贸易保护主义兴起,发达国家高端制造业撤回和新冠疫情等因素的影响下,中国制造业的生产和供应环节面临着断链、缺链的风险,尽快突破重重壁垒,补位制造业生产中的断链和缺链,优化生产供应体系,打通堵点、连接断点,完善产业链和供应链,使制造业的发展向全球价值链中高端生产环节迈进,是经济双循环发展的必经之路。中国企业在全球化生产体系构筑的过程中,表征本地化生产的国内产业集聚也在快速形成。本地化产业集聚通过规模经济、知识溢出、技术溢出等效应使集聚区内企业可以共享技术、劳动力和资金等资源,实现企业的创新性发展,从而加强企业在国际生产环节的安全性和稳定性。在此背景下,本书以本地化产业集聚为基础,从产业集聚模式的异质性出发,尝试探究不同产业集聚模式对企业嵌入全球价值链的影响及作用机制,探索企业全球价值链升级的新路径。

本书按照"文献综述—理论机制—事实特征—实证检验—结论及建议"的研究思路,对产业集聚模式如何影响企业嵌入全球价值链展开研究。通过理论和实证研究,本书的主要结论有以下几个方面:

第一,专业化集聚模式抑制了企业嵌入全球价值链的位置,多样化集聚模式则提升了企业嵌入全球价值链的位置。这主要源于两种集聚模式行业的异质性：行业内的专业化集聚由于竞争、学习和相互模仿等，使企业形成的内在隔绝机制降低了集聚区内企业嵌入全球价值链的位置，而行业间的多样化集聚由于不同行业间的竞争较弱，集聚的知识和技术溢出效应显著，使企业之间的相互学习能力增强，提升了企业嵌入全球价值链的位置。

第二，两种产业集聚模式均提升了企业出口的国内附加值率，可以降低企业退出全球价值链的风险，增强企业嵌入全球价值链的稳定性。企业嵌入全球价值链的稳定性，可以通过其嵌入全球价值链的持续时间来体现。企业在国际市场的进出需要进行前期的市场调研和投入等，频繁地进出国际市场也会给企业带来较高的沉没成本。因此，企业保持嵌入全球价值链的稳定性，有利于降低其沉没成本，给整个行业的转型升级奠定基础。

第三，相较于专业化集聚，多样化集聚对于中国企业嵌入全球价值链的作用更加显著，尤其表现在企业嵌入全球价值链的位置方面。这说明，企业处于社会化大生产环境中，行业间的协同集聚更适合企业的多样化发展，这也和我国开放型、包容型的经济发展模式相一致。企业在多样化集聚环境中不断吸收新知识、新技术，吸引新的人才加入，可以使其避免单一化发展，促进多元化的生产和出口，分散其在国际竞争中的风险，使企业在国际生产环节中处于更加有利的位置。

基于以上主要结论，本书从以下三个方面提出建议：

一是加强行业间的协同集聚，完善产业链和供应链。政府应构建合理化的中间品供应平台和体系，改变过去以廉价劳动力和补贴方式维持代加工的做法，重点扶持本国企业的发展，实施创新带动企业发展，降低中间品生产成本，加速国内产业链和国际产业链的整合，推动中国企业在全球价值链中的地位不断攀升，为国际市场提供大量的中间品支撑。同时，应进一步推动传统产业和新兴产业的协同集聚和发展，完善生产商、销售商、消费者之间的信任机制，使整个产业链形成有效发展的闭环，积极发挥主要产业集群的优势，形成行业间的专业化分工，构筑良性互动的生产体系，支撑企业全球价值链的升级。

二是发挥政府政策的引导作用，建立更加灵活的中间共享机制。锚定企业全球价值链位置的攀升，政府要完善专利申请机制，加强对知识产权的保护，使企业在创新环节无后顾之忧。同时，在构建本地化生产体系的过程中，要进一步发挥国内经济大循环的作用，增强政府对资金、人才等政策的扶持力度，打破区域性行业壁垒，推动要素自由化流动，进一步释放产业集聚外部效应，构建更加高效的知识交流、人才引进和企业间的协作平台，打造产、学、研一体化，推动整个产业结构的创新发展。

三是提升企业自主创新能力，政府需创建更加良好的营商环境，增强对出口企业的精准扶持力度，增加出口企业的韧性，吸引高质量人才，推动企业向研发设计和品牌管理等全球价值链的中高端环节攀升。

李瑾

2025 年 6 月

目录

第一章 导 论 / 1

 第一节 研究的背景与意义 / 3
 第二节 研究思路、内容和方法 / 6
 第三节 可能的创新点及不足 / 11

第二章 相关文献述评 / 13

 第一节 产业集聚的文献述评 / 15
 第二节 全球价值链的文献述评 / 22
 第三节 产业集聚与企业嵌入全球价值链的相互影响研究 / 30
 第四节 现有研究述评 / 35
 本章小结 / 36

第三章 产业集聚影响企业嵌入全球价值链的理论机制 / 39

 第一节 产业集聚和企业嵌入全球价值链的相关理论基础 / 41
 第二节 企业嵌入全球价值链的多阶段生产模型 / 49
 第三节 产业集聚影响企业嵌入全球价值链的作用机制 / 55
 本章小结 / 67

第四章 产业集聚与企业嵌入全球价值链的测度方法及演化 / **69**

第一节 产业集聚的测度方法及演化分析 / 71

第二节 中国企业嵌入全球价值链的测度方法及演化分析 / 78

第三节 产业集聚模式和企业嵌入全球价值链的发展趋势 / 94

本章小结 / 95

第五章 产业集聚模式对企业嵌入全球价值链位置的影响 / **97**

第一节 计量模型设定、数据处理和指标说明 / 99

第二节 基准回归结果及异质性分析 / 106

第三节 稳健性及内生性检验 / 122

第四节 机制检验 / 127

本章小结 / 133

第六章 产业集聚模式对企业全球价值链嵌入度的影响 / **135**

第一节 计量模型设定、数据处理和指标说明 / 137

第二节 基准回归结果及异质性分析 / 143

第三节 稳健性及内生性检验 / 152

第四节 机制检验 / 158

本章小结 / 164

第七章 产业集聚模式对企业嵌入全球价值链稳定性的影响 / **167**

第一节 计量模型设定、数据处理和指标说明 / 169

第二节 基准回归结果及异质性分析 / 176

第三节 稳健性检验 / 183

第四节 机制检验 / 187

本章小结 / 191

第八章 结论、对策建议及研究展望 / 193

第一节 主要研究结论 / 195

第二节 对策建议 / 198

第三节 研究展望 / 201

附　　录 / 203

参考文献 / 209

致　　谢 / 230

第一章

导　论

第一节 研究的背景与意义

一、研究的背景

（一）全球价值链分工放缓

当前，英国"脱欧"、美国退出TPP（跨太平洋伙伴关系协定）、中美贸易摩擦等逆全球化浪潮不断涌现，加之新冠疫情的影响，全球经济总体下行，经济发展进入疲软状态，中国作为全球价值链分工的主要节点国家，经济也受到了不同程度的冲击。中间品贸易作为跨国生产经营的重要贸易形态，其贸易占比由2007年的57%下降至2016年的53%[①]。同时，据WIOD（World Input - Output Database）2016年版数据库计算而来的全球价值链长度，显示全球价值链的长度在2000—2007年增长了14个百分点，而在2008年金融危机后，价值链的长度延伸势头放缓甚至停滞。

全球价值链的分工可以带动一国产业的升级和转型，在全球价值链的视角下，产业升级是指产品的技术复杂度或附加值的提高，具体包含工艺升级、产品升级、功能升级和价值链升级4个环节。其中，功能升级和价值链升级更为重要，功能升级是指企业生产环节中由低附加值环节向高附加值环节转变。价值链升级是指企业的生产转向了生产更高附加值产品的链条。传统的产业升级则是指从低技术、低附加值的产业部门向高技术、高附加值的产业部门转移。所以，全球价值链的产业升级相较于传统的产业升级，其路径更加明晰，对于参与国际生产经营活动的效果更加显著。因此，研究企业嵌入全球价值链的程度、稳定性可以对整个生产行业的产业升级提供新的思路。同时，本书立足产业集聚模式的差异性，为国内产业升级和产业结构转型的发展提供新的视角，助力加快中国经济高质量发展。

---

① 资料来源：作者根据WIOD2016年版数据库核算而得。

(二) 贸易壁垒形式多样化

中国自加入WTO（世界贸易组织）以来，遭遇了各种各样的贸易反倾销事件，其中大多是由于中国出口企业本身的技术创新能力较低，生产的产品大部分是附加值较低的产品，企业嵌入全球价值链被生产的低端环节所锁定（Schmitz，2004；Gereffi，2005；刘志彪和张杰，2009），容易被反倾销制裁。自2018年，中美贸易摩擦开始，中兴、华为等中国企业不断地遭到美国的经济制裁，导致中国企业芯片短缺，中国制造业企业的生产链和供应链存在着不稳定因素，这一系列事件都说明中国国内建立起完善的产业链和供应链的重要性，也需要求企业不断加强自身创新能力，提升出口产品质量，进一步完善国内生产体系。

(三) 产业结构转型升级的要求

随着我国经济增长速度明显放缓、人口红利逐渐消失，高耗能、高污染的投入亟待转变，经济发展由又好又快向高质量发展转变，由原来的效率优先逐渐转向稳中求进，更加注重经济结构的调整和产业结构的转型。党的十九届五中全会提出，坚持创新在我国现代化建设全局中处于核心地位，把科技自立自强作为国家发展的战略支撑，面向世界科技前沿、面向经济主战场、面向国家重大需求、面向人民生命健康，深入实施科教兴国战略、人才强国战略、创新驱动发展战略，完善国家创新体系，加快建设科技强国[①]。

习近平总书记2020年4月23日在陕西省考察时指出"要围绕产业链部署创新链、围绕创新链布局产业链"，足见产业链和创新链在当前经济发展中的重要性。产业链和供应链两者是互相促进的关系，其实质是要把原来依靠要素驱动和投资驱动的经济发展方式转向依靠创新驱动，进而推动产业结构的转型升级，推动中国制造业的生产方式发生根本性的变革。同时，在经济全球化的过程中，面对西方发达国家高端制造业的回流，中国制造业发展面临着断链、缺链的情况，需要不断提高中国制造业在全球价值链中的链条完善度和分工地位。当前，中国制造业发展要抓住产业转

---

① 资料来源：《中共中央关于制定国民经济和社会发展第十四个五年规划和二〇三五年远景目标的建议》。

型升级的战略机遇，深度推动制造企业与物流供应链企业、中间投入企业的融合发展，系统提升和优化生产率、供应链的整体把控和管理能力，构建多源头供应计划，提升制造业生产过程中的应急系统组织与管理能力。因此，研究产业集聚模式对中国企业嵌入全球价值链的影响，对于完善整个产业链条，促进产业链的完善和深化尤为重要。

二、研究的理论及现实意义

（一）理论意义

一是拓展新的研究视角，本书从不同产业集聚模式影响企业嵌入全球价值链的位置、出口国内附加值率和企业嵌入全球价值链的稳定性等角度出发进行研究。以往学者研究更多关注的是企业在全球价值链的长度、位置、参与度等方面，从这些方面来判断中国企业产品的出口质量、企业的技术创新程度对企业攀升全球价值链及其分工的影响。很少有文献从产业集聚模式的差异性角度探讨其对嵌入全球价值链的位置、出口国内附加值率和全球价值链稳定性等方面的影响。

二是进一步丰富不同产业集聚模式和企业嵌入全球价值链研究的分析工具。本书结合产业集聚以及企业在全球价值链中的发展现状，从国际贸易学、新地理经济学和产业经济学等视角深入剖析产业集聚模式影响企业嵌入全球价值链的内在动因。本书在已有研究基础上进行理论和实证方法的创新，梳理现有产业集聚模式影响企业嵌入全球价值链的理论基础，丰富和发展产业集聚模式影响企业嵌入全球价值链的内在机制。同时，根据贸易增加值的分解方法，本书对其测算方法进行甄别，当前主要的全球价值链测度方法有全球价值链参与度、全球价值链地位指数、出口产品技术含量、出口国内附加值率、全球价值链上游度、下游度等。目前，对各种全球价值链测度的方法细节有所差异，本书根据需要对其进行筛选构建本书的核心指标，如企业嵌入全球价值链的位置、出口国内附加值率和全球价值链上游度等指标。本书对比较之后的指标进行具体的实证研究，得出的结论具有较高可信度，对于其他学者的研究具有一定的理论借鉴作用。

（二）现实意义

一是促进中国产业结构的转型升级，习近平总书记在党的十九大报告中明确提出"主动参与和推动经济全球化进程，发展更高层次的开放型经济，不断壮大中国经济实力和综合国力"。产业结构升级是中国参与经济全球化、制造业企业嵌入全球价值链的重要途径。本书通过分析当前产业集聚的事实特征、不同产业集聚模式对企业嵌入全球价值链的影响机制，从新的视角分析产业集聚模式对企业嵌入全球价值链的重要性，推动出口企业和整个产业链的转型升级，加强企业在国际市场上的竞争力，为企业深度参与全球价值链分工和完善企业链条提供理论基础和经验证据。

二是可以降低中国企业在国际市场中的相关风险，避免产业链的断链、缺链，促进企业在全球价值链中安全稳定地发展。打通上下游产业链，推动传统产业优化升级、加速产业间融合，提升技术创新水平使新兴产业形态和新经济形态得以诞生，对中国企业在全球价值链中安全稳定的发展意义重大，本书的研究可以对加强我国企业嵌入全球价值链的安全稳定发展提供有效路径。通过分析不同产业集聚模式对企业嵌入全球价值链的作用机制，本书为中国企业实现在集聚区内形成网络化、集群化的协同分工格局，深度参与全球价值链分工，提升中国企业在全球价值链中的地位提供理论依据。

第二节 研究思路、内容和方法

一、研究思路

本书使用中国工业企业数据库、中国海关数据库、WIOD 数据库和中国城市统计年鉴数据库，以 Robert 和 Andreas（2019）的多阶段生产模型为基础，进行基础模型设定，从不同产业集聚模式出发，立足企业在全球价值链中的多阶段生产来分析产业集聚模式对企业嵌入全球价值链的作用机制。首先，本书在 Robert 和 Andreas（2019）多阶段生产模型的基础上，从其主要结论和机制来分析企业嵌入全球价值链的动力；其次，对产业集聚模式和企业嵌入全球价值链的演化特征进行事实特征分析；再次，分别从全球价值链的位置、出口国内附加值率和企业嵌入全球价值链的稳定性等视角来分析不同产业集聚模式对中国企业嵌入全球价值链的影响；最后，通过事实特征和实证检验分析，对中国企业嵌入全球价值链和产业链转型升级提出相应的政策建议（见图1-1）。

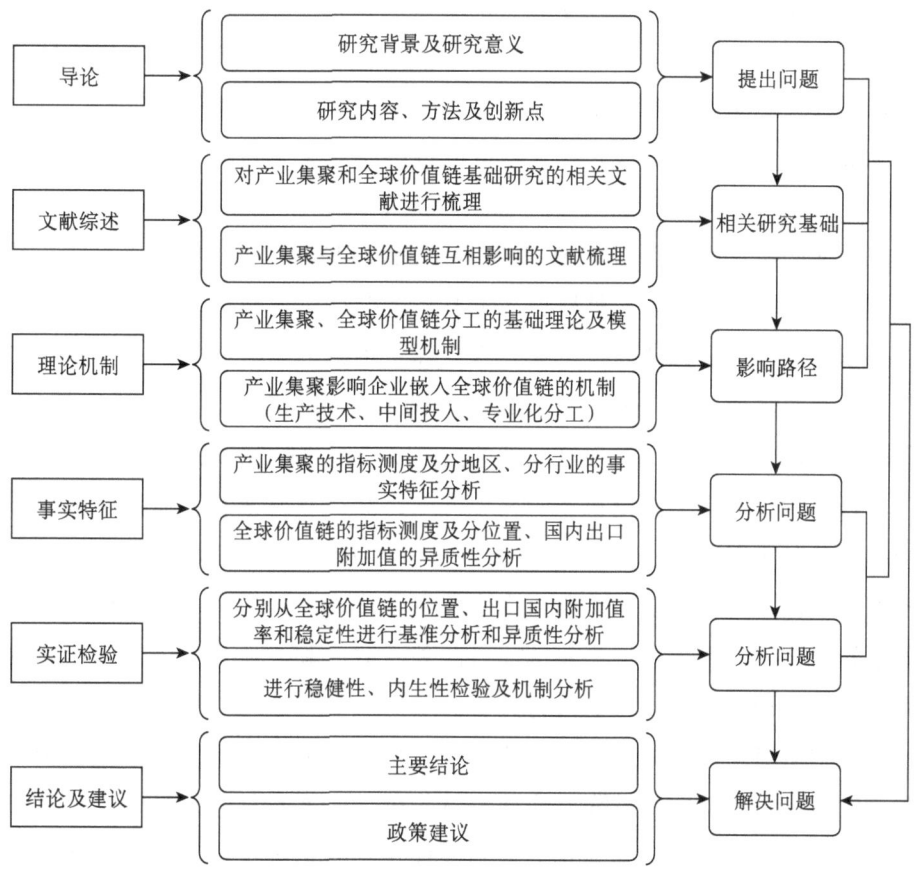

图1-1 文章的组织架构

二、研究内容

为了研究产业集聚模式对企业嵌入全球价值链的影响,本书通过深入研究不同产业集聚模式的主要特征,将不同产业集聚模式考虑在内,分析了不同产业集聚模式对中国企业嵌入全球价值链的影响机制,丰富和拓展了产业集聚模式影响企业嵌入全球价值链的研究视角(见图1-1)。具体地,本书除了导论和结论部分之外,包括六个章节,具体的内容如下:

第一章是导论部分,该部分介绍了本书选题的研究背景、研究的理论意义和现实意义、研究思路、内容、方法以及可能的创新点和不足。

第二章是产业集聚模式和全球价值链的相关文献梳理及研究述评。首先,产业集聚方面的文献梳理,包括产业集聚的定义、产业集聚的模式、产业集聚的溢出效应以及产业集聚对企业出口行为的影响四个方面;其次,全球价值链方面的文献梳理,主要包括全球价值链的相关概念、主流的全球价值链测算方法以及企业嵌入全球价值链的微观影响三个方面;再次,对产业集聚与企业嵌入全球价值链两者的相互影响的文献进行梳理;最后,立足文献梳理,对现有文献的贡献及不足进行述评。

第三章是本书的理论机制研究。首先,对产业集聚和全球价值链相关的理论基础进行分析;其次,以Robert和Andreas(2019)的多阶段生产模型为基准,立足企业多阶段生产中的贸易成本和技术水平,对产业集聚通过知识技术溢出效应、产业链前后向关联效应和专业化分工等方面影响企业嵌入全球价值链的机制进行分析。

第四章是对不同产业集聚模式和全球价值链分工的主要指标进行测度和事实特征分析。本章首先对当前测算集聚的主要指标进行梳理,立足中国工业企业数据库,对专业化集聚和多样化集聚两种指标进行测算和事实特征分析;其次运用中国工业企业数据库、海关数据库和WIOD的投入产出数据库,对企业嵌入全球价值链的主要测度指标进行计算,并对企业嵌入全球价值链的位置、上游度、出口国内附加值率等指标进行事实特征分析;最后对本章的内容进行总结。

第五章研究了产业集聚模式对企业嵌入全球价值链位置的影响。本章从专业化集聚、多样化集聚两种模式出发，对其影响企业嵌入全球价值链的位置和上游度进行实证检验；同时，通过区分不同贸易类别、企业所有制、地区差异、行业技术差异和城市规模差异等情形下，产业集聚模式影响企业嵌入全球价值链位置和上游度的异质性并进行分析；接着，采用剔除极端值和更换核心被解释变量进行稳健性检验，并用 DID 构造工具变量和 2SLS 方法处理可能存在的内生性问题；最后，对产业集聚模式影响企业嵌入全球价值链位置的作用机制进行实证检验。

第六章研究了产业集聚模式对出口国内附加值率的影响。本章从专业化集聚、多样化集聚两种模式出发，对其影响出口国内附加值率进行实证检验；同时，通过区分不同贸易类别、企业所有制、地区差异、行业技术差异和城市规模差异等异质性，检验了产业集聚模式对出口国内附加值率影响的差异性并进行分析；接着，用更换核心被解释变量和剔除极端值等方法进行稳健性检验，并用 2SLS 方法、构造 DID 工具变量等方法来处理可能存在的内生性问题；最后，对产业集聚模式影响企业出口国内附加值率的作用机制进行实证检验。

第七章研究了产业集聚模式对企业嵌入全球价值链稳定性的影响。本章主要以生存分析法为基础，以企业是否嵌入全球价值链来构造核心被解释变量进行实证检验。同时，通过异质性分析，区分不同贸易类别、企业所有制、地区差异、行业技术差异和城市规模差异对企业嵌入全球价值链稳定性的影响；接着，通过 AFT 模型和风险比例模型的威布尔回归等方法进行稳健性检验；最后，对产业集聚模式影响企业嵌入全球价值链稳定性的作用机制进行实证检验。

第八章是文章的结论部分，对本书的基本结论进行归纳和总结，对中国企业未来的发展提出合理化建议，并对本书后续研究应深入挖掘的方向作了相关的研究展望。

三、研究方法

本书以国际贸易学为主，结合新地理经济学、产业经济学等展开多学科交叉研究，分析产业集聚模式与企业嵌入全球价值链的关系，探讨产业集聚模式影响企业嵌入全球价值链的作用机制。研究运用的计算机软件包括 Mathematician、STATA 等。具体研究方法包括：

（一）文献研究法

本书利用高校图书馆资源和互联网相关的数据库资源，通过阅读国内外学者关于全球价值链和产业集聚等方面的相关文献，对当前学者的研究观点进行归纳、梳理和详细论述，并完成文献综述。基于本书的研究内容，在写作的过程中使用了各文献数据库进行检索和下载，收集阅读、归纳总结了产业集聚和全球价值链分工方面的相关文献，明确了该领域以往的研究成果和最新的研究进展。这个方法主要用于第二章产业集聚模式和全球价值链分工的相关文献综述部分。

（二）理论模型构建

本书基于 Robert 和 Andreas（2019）的多阶段生产模型为基础，分析了企业多阶段生产过程中技术和贸易成本的作用，进而研究产业集聚影响企业嵌入全球价值链的理论基础，丰富和拓展了产业集聚影响企业嵌入全球价值链的研究视角。这个方法主要用于第三章产业集聚对企业嵌入全球价值链的作用机制部分。

（三）计量分析方法

在进行产业集聚模式和全球价值链分工等相关理论研究的基础上，本书利用中国工业企业数据库、中国海关数据库、WIOD 数据库和中国城市统计年鉴对理论分析进行实证检验。具体地，本书收集了来自中国工业企业数据库相关的数据，并运用赫芬达尔指数、多样化指数等对产业集聚模式进行测算，并对产业集聚和企业嵌入全球价值链指标的变化趋势、阶段特点和区域差异等进行具体分析。以微观企业数据作为研究样本构建计量模型，检验产业集聚模式对企业嵌入全球价值链影响机制。这个方法主要用于第五章至第七章的实证检验部分。

第三节 可能的创新点及不足

一、可能的创新点

与现有文献相比,本书可能的边际贡献主要体现在以下几个方面:一是从专业化集聚(行业内集聚)和多样化集聚(行业间集聚)两种模式出发,研究不同行业集聚度对企业嵌入全球价值链的影响。尽管现有文献也有关于产业集聚影响企业嵌入全球价值链的研究,但是很少有文献深入研究产业集聚不同模式对企业嵌入全球价值链的位置、出口国内附加值率和稳定性的作用机理。因此,本书为研究不同集聚模式影响企业嵌入全球价值链提供了新的思路。二是从产业集聚和企业嵌入全球价值链的机制中找寻差异性,不同于以往文献主要是以中间品投入为主作为作用机制,本书是采用企业的工业增加值率和全要素生产率作为机制,研究这两个机制在产业集聚模式和企业嵌入全球价值链中发挥的作用。三是从不同产业集聚模式影响企业在国际上的生存时间出发,采用生存分析法来检验企业嵌入全球价值链的稳定性,对于企业进一步地强链、补链提供实证基础,为后续中国企业在国际市场上稳定发展提供了新的研究视角。

二、可能的不足

当然,书中尚存许多不足之处。首先,在理论机制分析中,考虑到模型简化与均衡解可得性,本书采用的是现有的多阶段生产模型,并未将其进行拓展,这也是今后要努力研究的方向;其次,受限于个人的建模水平以及缺乏相关文献的参考借鉴,对于产业集聚影响企业嵌入全球价值链的作用机制,在本书的理论模型中并未得到体现,使后文的机制检验分析缺乏相关的模型支撑。最后,在研究产业集聚模式时,由于研究目的的设定，本书仅从专业化集聚和多样化集聚两种模式考察了影响企业嵌入全球价值链的机制，未对波特集聚模式进行研究，这也是要继续研究的内容之一。

第二章

相关文献述评

本章梳理和分析产业集聚和全球价值链的相关研究文献，主要从以下几个方面展开：一是产业集聚方面，梳理了产业集聚的定义、不同产业集聚模式、产业集聚的溢出效应以及产业集聚对企业出口行为的影响等方面的相关文献；二是全球价值链方面，梳理了全球价值链的定义、全球价值链度量方法的发展脉络、嵌入全球价值链对企业的微观影响等方面的文献；三是梳理了产业集聚与企业嵌入全球价值链的互动影响研究的相关文献，主要是产业集聚对企业嵌入全球价值链的影响、企业嵌入全球价值链对产业升级的影响等方面；四是对现有文献研究进行总结性的述评。

第一节　产业集聚的文献述评

一、产业集聚的定义

国内外学者对于产业集聚的研究由来已久，对于其基本的定义和概念提出了不同的见解。集聚（Agglomeration）最早是由 Weber（1909）在其《工业区位论中》一书中提出，他认为集聚有两种形式：一是生产集聚，即大规模企业经营与小规模经营相比是一种典型的集聚，并由此可以产生规模经济效应；二是多个生产商在空间上的集中，即厂商在某一地域范围内的集聚，并得益于专业化分工和基础设施共享所产生的好处。

Poter（1998）在《集聚与新竞争经济学》一书最早提出了产业集聚的概念，他认为产业集聚是企业在地理位置上的集中，主要是由于上下游企业的相互联系和竞争产生的。Krugman（1991）和 Fujita（2002）提出的新地理经济学理论则认为企业集中带来知识的传播大于企业的分散，打破了过去理论对某一特定行业集聚的认识。其认为，企业在空间上集聚是集聚产生的规模报酬递增和垄断市场竞争环境等造成的。

国内学者针对产业集聚的定义主要有三种：一是认为产业集聚是企业在一定范围内的集中（徐康宁，2001）；二是认为产业集聚是大量企业在空间范围内的联系和相互作用产生的结果（刘友金等，2001）；三是认为产业集聚是同行业企业在某一地理区域内的集聚（姜宏，2011）。通过上述论点可看出，产业集聚定义始终都围绕着相关联产业在空间地理范围内的集中产生的。其中，相关联产业既可是同行业，也可以是不同行业或者是同一行业的上下游企业或相互联系的互补企业。因此，本书认为，产业集聚（Industrial Agglomeration）是指在产业发展过程中的相关行业组织在某个特定地理区域内的集中，企业由此共享集聚带来的知识和技术溢出、中间品共享、专业化分工等资源优势。

二、产业集聚模式

近年来，产业集聚模式的概念被陆续提出，目前采用比较权威的关于产业集聚模式划分的方法是由 Glaeser 等（1962）提出的。他认为产业集聚模式可以根据外部性影响不同划分成三类：马歇尔（Marshall）外部性、雅各布（Jacobs）外部性和波特（Porter）外部性。

（一）专业化集聚模式

专业化集聚，又称马歇尔集聚，Marshall（1920）在研究中认为产业集聚影响经济增长的途径，主要得益于大量企业集聚带来的大量熟练劳动力资源、专业化的中间服务、资金、技术等资源产生的外溢效应。马歇尔外部性理论是以马歇尔集聚为基础的，他认为专业化集聚产生的市场垄断更利于技术的创新和地区经济的增长。同时，他提出了内部经济和外部经济两个集聚外部性的概念，他认为内部经济主要得益于集聚行业内部通过交流学习、知识和技术溢出效应，而外部经济则由专业化集聚产生的劳动力市场、基础设施、专业化投入和产业知识溢出的共享效应。

马歇尔提出的外部经济本质上来说是空间外部性，产业间关联性的企业在通过空间集聚时所产生的经济效益，企业是趋利的，这是企业在地理区域上集聚的主要因素。产业集聚在区域定位时也存在锁定效应，地理范围内初始的自然资源、区位因素以及相关历史条件会使某个产业诞生，受制于这些因素，该产业便会锁定在该地区。

外部经济的空间溢出主要是产业集聚过程中由企业的生产活动所带来的知识溢出和技术溢出。这种空间溢出效应主要是相近地区企业具有空间距离的优势，体现在人员、产品、贸易、资金的跨区域流动、科研机构的知识溢出和便捷的社交网络促进知识的溢出。中间品、人员、贸易和资金等资源在流动的过程中可能会增加企业获取信息技术或资源的途径，通过相互模仿和学习，区域内的知识和技术水平逐渐趋同，同质化的技术水平会阻滞企业技术进步，进而产生的内在隔绝机制反而不利于企业进一步向外突破发展。同时，跨区域要素资源、知识技术的传播也可以加速单个企业的技术进步。因此，马歇尔集聚可以有效促进产业的专业化分工水平，使集聚区内资源共享、技术创新能力提升，促进产业结构的进一步优化。

（二）多样化集聚模式

Jacobs（1969）认为不同行业的集聚相比于一个地区单一的产业集聚更能促进技术的创新，带动经济的增长。一个地区多样化产业集聚的程度越高，不同产业之间的知识传播速度更快，更加有利于经济的增长，这种由不同行业集聚产生的多样化效应称为雅各布（Jacobs）外部性。

Jacobs（1969）在集聚经济的外部性方面发现，多元化产业的集聚对刺激创新有重要影响，因为多元化的产业环境有利于信息搜寻和思想实验。多样化的产业集聚可以使不同产业之间产生互动效应促进知识、技术溢出，同时能够使企业间的区域协作能力增强，使企业之间建立有效的网络链接，刺激新思想的诞生，有利于科技创新，进而促进经济的增长。

（三）波特集聚模式

Porter（1990）研究发现竞争的市场环境相较于垄断市场对企业的创新更加有益，并且行业内的产业集聚比行业间的产业集聚更有助于知识、技术溢出效应的传播。波特外部性立足竞争优势的视角，认为在开放的市场竞争环境下，地区内的同行业竞争更有利于产业的专业化分工，更能使企业将创新技术运用到实际的企业生产环节中来，可以快速有效地提升地区的生产率，促进整个行业的经济增长。同时，开放的竞争环境也有利于吸引集聚区内外企业的聚集，可以形成集群优势。同行业和不同行业企业之间的合作可以有效提升整体产业链、供应链的质量，在这种局面下，波特外部性通过企业间竞争不断地引入新技术、学习新知识,通过不断淘汰和吸收,促进集聚区内企业向规模化、高端化和集约化的产业体系迈进。

三、产业集聚的溢出效应

对于产业集聚的溢出效应,目前主要用三种理论来解释:一是外部性理论,最早由 Marshall(1961)提出,经过雅各布和波特等学者加以丰富。他们认为产业集聚可以带来外部性的源泉是集聚区内劳动力形成的"蓄水池"效应(Labor Poll)、专业知识和技术的溢出效应、中间投入品和基础设施成本下降的规模经济效应。二是新古典贸易理论,该理论是以完全竞争、同质化产品和规模报酬不变为假设条件,基本结论是相对生产成本的差异在集聚中的作用,主要是不同地区由于生产率、生产技术和不同的要素禀赋差异产生的比较优势使产业在集聚过程中获益。三是新经济地理学理论,该理论以规模报酬递增、产品差异化和市场不完全竞争为特征,强调了内生经济的重要性,内生经济的市场规模在产业集聚,尤其是专业化集聚中的作用。

首先,同行业所形成的专业化集聚,可以为集聚区的制造业厂商提供更加便利的技术服务,同时厂商利用企业之间位置邻近等便利条件,节约运输成本和交易成本,有助于规模经济和范围经济的形成;另外,专业化集聚有利于掌握相似技能的员工在行业内部展开正式或非正式的学习交流,传递信息和技术,促进制造业企业技术创新、生产效率提高和竞争力提升。梁琦等(2007)认为专业化集聚外部性更多地应用于同一地区的同一产业间,而多样化集聚外部性是不同产业集聚形成的溢出效应,进而带动该地区及周边地区企业的快速发展。范剑勇等(2014)认为专业化经济的产业集聚无论对全要素生产率和技术进步都有显著的影响,而多样化经济不明显。产业集聚在提升集聚区内企业技术水平的同时,也可降低整个集聚区内的生产成本,企业可以将更多的资金投入研发、营销、管理等方面。李波和杨先明(2018)研究发现产业集聚程度高的行业,贸易便利化会显著提高企业的生产率。刘信恒(2020)认为产业集聚对出口产品质量的影响不是线性关系而是倒"U"形关系,这说明产业集聚带来的外部性并不是一成不变的。同质企业的专业化集聚可能会使区域内依赖固定的创新路径,产品创新很难得到突破,进而使集聚区产生"拥挤效应"(寇冬雪,2020)。苏丹妮等(2020)认为马歇尔外部性主要是靠人、财、物的溢出效应,进而带动该地区同一行业的发展。同时,研究发现在全球价值链中分工地位越高的企业,其生产率也就越高,但通过阻滞资源互通与能力互仿"双壁垒"而实施的战略隔绝机制弱化了产业集聚对企业生产率的正向溢出。

其次,多样化集聚模式可通过不同行业、不同技能劳动力要素的流动、不同产品之间的贸易降低企业的研发成本,形成多元化的"蓄水池"。多样化集聚反映了不同类型的生产行业在同一地区的空间分布状态。Jacobs(1969)认为多样化集聚外部性主要是不同行业之间形成的集聚效应,进而带动该地区及周边地区企业的快速发展。多样化集聚能够提供支撑区域发展所需的多样化中间投入,使制造业在多样化的中间投入共享中实现规模经济效益(Abdel-Rahman 和 Fujita,1990),特别是以金融、法律、物流等为代表的服务性企业的集中提供的中间投入,可以有效降低制造业企业的生产成本和交易成本,提高生产效率。多样化集聚也可以使不同行业的生产要素流通速度加快,企业之间相互学习新技术,更新产品营销理念和企业的管理观念,提升集聚区内的企业创新能力。不同行业的集聚,可以使产业形成前后向关联,加速产业的纵向非一体化分工,同时也能使企业更好地立足于集聚区内的柔性、弹性的集聚特征(宣烨和宣思源,2012),增强企业的灵活应变能力,增强自主研发能力,打造安全又稳定的产业链。Paci 和 Usai(1999)从区域创新视角发现,专业化和多样化两种集聚模式均能促进区域创新,但雅各布集聚外溢性的创新作用更加明显。多样化集聚产生的空间溢出效应,对企业之间的交叉线技术创新提供有利的条件(赵峰等,2021)。多样化集聚得益于交叉行业溢出效应,其溢出效应的效果大于专业化集聚(张文武等2020)。姚战琪(2020)认为人力资本显著促进我国出口技术复杂度。杜江和吴瑞兵(2020)基于出口技术复杂度的视角,对企业的融资约束、政府补贴对企业攀升全球价值链的影响效应和作用机制进行研究。同时，罗良文和赵凡（2021）通过对高技术产业集聚进行研究，认为多样化集聚初期，由于集聚区内企业规模小，关联性不强，难以形成规模效应，对集聚区内企业的溢出效应不明显。

最后，波特集聚主要是在竞争过程中产生的集聚效应，开放有效的竞争环境可以使地区间的要素资源得到快速流动，减少要素流动的障碍，降低要素流通的成本，使地区间资源得到有效配置。吴三忙和李善同（2011）认为同一地区的产业集聚可以使同一产业内部的众多企业进行竞争，激烈的竞争有利于技术的创新，可以进一步促进企业生产发展进而带动地区经济增长。集聚区内的企业为了追求更大的利润空间，会不断吸收新的知识和技术，使企业的生产成本降低。同时，大量企业的竞争，会使企业不断夯实自身的核心竞争力，对新产品的研发投入更多的资金和技术支持，促进经济发展。开放的竞争环境，要求企业必须具备一定的人才、技术、资金等优势以使企业面临激烈的竞争处于不败之地。如果一个地区的竞争环境不佳，对知识产权等技术创新保护力度不够，就会促使地区间的恶性竞争加剧，从而使该地区整个行业的技术创新环境受损。

通过文献梳理，本书发现大多文献主要是从专业化集聚和多样化集聚两种模式角度来对产业集聚进行研究的。本书主要探讨同行业和行业间产业集聚对企业嵌入全球价值链影响的差异性，而波特集聚主要体现的是竞争效应，这种模式既包含同行业竞争，也包含不同行业的竞争。因此，本书后续的研究主要从专业化集聚和多样化集聚两种模式出发进行事实特征分析和实证检验，不再对波特集聚模式进行研究。

四、产业集聚溢出效应对企业出口行为的影响

当前，面临国际市场上类目繁多的贸易纠纷，出口企业要想突破在国际市场上的生存困境，可利用产业集聚带来的外部性优势，增强单个企业的经济实力，提升出口企业的国际竞争力。研究表明，产业集聚可通过对企业的出口行为、生产率、技术创新、地理区位等方面产生影响。

首先,产业集聚产生的外部溢出效应对出口企业的行为产生影响。Aitken 等(1997)认为出口企业为了进入国外市场,需要进行前期的市场调查和人力投入,由此产生一系列的信息成本和沉没成本,会直接影响出口企业的决策行为。Barrioset 等(2003)发现出口企业的集聚会有条件地影响其周边企业的出口决策,Bernard 和 Jensen(2004)则发现出口企业的集聚行为并不能促进其邻近企业的出口决策。产业集聚会对企业产生出口传导效应(张文武等,2020),集聚产生的知识、技术溢出效应能够提升企业吸收新技术、研发新产品的能力,进而推动企业进入国际市场,增强其国际市场竞争力。可见,产业集聚对出口企业的出口决策的影响并不一定是促进作用,而是具备双面性的。

其次,产业集聚的技术和知识溢出效应会影响出口企业的生产率。Lovely 等(2005)研究发现产业集聚产生的出口信息外溢在给定生产率情形下直接影响企业出口的行为。出口企业的集聚会形成信息外溢效应,降低技术人员的交流成本以及进入国外市场的沟通成本和沉没成本,影响企业的出口行为(张国峰等,2016)。产业集聚在一定情形下是和集聚地区的资源优势结合在一起的,多样化集聚的知识、技术、劳动力和资金等共享形成的"蓄水池",会形成一个开放的系统(寇冬雪,2020),进而对地区生产力产生影响。由此可见,产业集聚会影响整个地区的创新效应,进而提升企业的生产率,提高出口企业的出口效率和出口质量。

再次,产业集聚产生的技术和知识溢出效应会对出口企业的技术创新、管理经验产生影响,研究发现集聚的外溢效应大于其拥挤效应,对企业出口行为和出口产品质量的提升作用较为显著。Capello(2007)认为当学习处于创新环境中,要求供应商与需求商基于忠诚和信任的基础进行持久性合作,学习是一种自发的社会化的方式,产生于生产性服务商、中间品生产商和劳动力市场中。苏丹妮等(2018)研究发现产业集聚对出口产品质量有显著的提升作用,且产业集聚的外溢效应大于拥挤效应。张文武等(2020)则认为产业集聚产生的外溢效应可以有效降低企业的出口风险,但是企业集聚的拥挤效应阻碍了企业的可持续性发展和出口行为。同时,产业集聚也可通过影响企业的融资约束能力来促进其技术创新和生产力进步，提升整体的经济发展水平（茅锐，2017）；张杰和郑文平（2017）研究发现进口创新效应较为明显，而出口并未带动企业的创新效应。宣烨和宣思源（2012）则认为出口企业获取集聚效应的前提是融入集聚区的分工网络，进而引致技术创新。韩峰等（2020）认为生产性服务业集聚促进了创新过程中知识的社会化和集体学习动态效率。谢露露（2019）、熊璞和李超民（2020）也发现产业集聚与技术创新存在倒"U"形关系。

最后，当前有较多学者从企业的选址、城镇化发展和制造业空间转移等方面研究产业集聚对企业的影响，具体表现在范剑勇等（2021）认为上下游头部企业所在的城市是新企业选址的理想区域，头部企业所在的产业链生态圈增强了距离的负向效应，这有助于推动国内贸易和城市间产业协同集聚的发展。城镇化发展也是当前国家经济发展的重点，高新技术产业集聚能够显著助推城镇化发展，这种助推作用存在滞后，并且随着时间的推移，滞后效应逐渐减弱（朱熹安等，2021）。宋瑛等（2019）通过构建空间杜宾模型研究得到我国制造业集聚具有显著的空间依赖性，制造业集聚不仅能推动本地区城镇化，而且能带动周边地区的城镇化。不同于城镇化发展，制造业的集聚也呈现空间转移的趋势，全国东部和东北地区的制造业向中西部地区转移，且向中部地区的转移最为明显（刘明和王霞，2020）。李伟和贺灿飞（2017）利用面板数据回归模型研究劳动力成本上升对制造业空间转移的影响，发现劳动力成本的上升是推动制造业空间转移的重要影响因素，且在时间上具有跳跃性。

第二节　全球价值链的文献述评

一、全球价值链的定义

全球价值链的生产环节是企业在国际化的生产经营中逐渐发展起来的，是最初生产环节中各个生产阶段的分离，进而产生了各个阶段的价值增值，最终实现国际化的过程。Porter（1985）在《竞争优势》一书中提到："企业在设计、生产、营销、交货等相关过程进行许多相分离的活动是企业竞争优势的来源。"随着企业间的生产协作的不断加剧，Porter（1990）又提出了"价值系统"的概念。他认为特定行业中企业的价值链根植于包含更多的活动的"价值系统"。Kogut（1985）在《设计全球战略：比较与竞争的增值链》一书中率先提到"价值增值链"的概念。随后，Gereffi和Korzeniewicz（1994）首次提出了"全球商品链"的概念，第一次将价值链与全球生产组织联系起来。Humphrey和Schmitz（2000）则认为"商品"一词对企业生产环节的概括不够全面，忽略了这一概念中的产品差异属性和贸易属性，所以提出用"全球价值链"代替"全球商品链"。

目前，全球价值链是指全球范围内的商品和服务为了实现其价值增值，从事的连接生产、销售、售后服务等过程的全球性经营活动，其环节主要包含企业原材料的采购、中间品的投入、销售和售后服务等。全球价值链主要体现为在原材料采购、中间品生产最终品销售和售后服务过程中的价值增值和利润分配，可以有效优化各个环节的效率，提升整个流程的合作能力。该定义是由联合国工业发展组织给出的，其突出的特点是特别关注了作为参与者的企业所从事活动的流程和连接方式，以及企业生产阶段的价值分配等方面特征。

二、全球价值链的度量方法

全球价值链在全球贸易中主要是以一种增加值贸易体现，因此一般采用增加值方法，利用投入产出表，将产品增加值分解到国家来源及行业来源进行具体的核算。最常见的核算方法主要是垂直专业化法（Hummels等，2001）、贸易增加值分解方法（Koopman等，2014）、出口技术复杂度、价值链的平均传播长度、GVC（全球价值链位置测度）等方法。

（一）垂直专业化法

垂直专业化法（Vertical Specialization）是由Hummels等（2001）提出

的,主要是用垂直专业化绝对值和垂直专业化比例两个指标来测度企业嵌入全球价值链的水平。垂直专业化绝对值主要是计算出口商品中所包含的进口中间品投入,而垂直专业化比例是计算企业总出口中垂直专业化的绝对值占比。垂直专业化方法是相对较早的也是使用较为广泛的测度全球价值链的方法。该方法的优点是立足全球价值链的生产背景,可以有效反映国际化商品生产中生产阶段多、增加值来源国多、跨境次数多的特征,是相对比较完善的测算方法。但相较于其他方法,垂直专业化这种测度方法的假设所有进口中间投入都是国外增加值,是过于绝对的。因为在国际化的进程中,一国的进口中间投入增加值可能来源于本国或者贸易伙伴国或第三国,而垂直专业化法只能测度两个贸易伙伴国之间的增加值,不能进一步进行细分,所以对于测度全球价值链指数存在一定的弊端。

(二) 贸易增加值分解

贸易增加值分解的方法主要识别一国总出口中的国内增加值和国外增加值的来源,相较于垂直专业化法,这种分解方法更加具体细致。Koopman 等(2010)利用国家间的投入产出表,把一国总出口中的增加值分解为 5 个部分,主要是按照最终品、中间品以及国际贸易过程中的返回增加值和国外增加值进行划分,具体分为最终品出口时包含的本国增加值、中间品出口包含的本国直接增加值和本国间接增加值、出口中返回增加值以及国外增加值。Koopman 等(2010)以本国的间接增加值和国外增加值占中间品出口的比重表示国家全球价值链的参与程度。

Johnson 和 Noguera(2012a,2012b)对贸易增加值分解提出了质疑,他们认为只有被贸易伙伴国最终消费吸收的本国增加值才能算是增加值出口贸易,并不关注直接进口、间接进口或者第三国进口时包含的增加值份额。这种计算理念不同于 Hummels 等(2001)和 Koopman 等(2010),同时 Johnson 和 Noguera(2012b)提出了 VAXRatio 法用来测算传统投入产出法中"重复统计"的严重程度,按照增加值出口与总出口之比进行衡量,"重复统计"越严重,国家参与价值链的程度越高。Johnson 和 Noguera(2012b)与 Koopman 等(2010)相同也是以国家间的投入产出进行测算,并不能反映企业或行业的出口增加值。同时,Johnson 和 Noguera(2012b)

并未考虑生产过程中GDP（国内生产总值）的增加值，KWW法（2014）则很好地解决了这一问题。

KWW（2014）在原有KWW（2010）的基础上把增加值贸易分解为更加详细的9项，并且把增加值贸易测算过程中可能出现的重复计算部分给分解出来进行删除，这样就不会影响到GDP增加值，但是KWW（2014）也同样是国家层面的测算，并未进行行业或企业部门的测算。

随后，WWZ（2015）在原有的9项增加值的基础上做了进一步拓展，这次拓展直接把增加值贸易细分为16项，并且细化到了部门和行业层面，可以更加细致地体现贸易增加值的来源和最终流向，为本书测算企业嵌入全球价值链提供了基础。

（三）出口技术复杂度

出口技术复杂度是体现一国出口中技术含量水平的，Hausmann、Hwang和Rodrik（2007）以贸易中的显示性比较优势的权重为基础，测算其占人均GDP的加权平均值，构建出口产品中收入或生产能力，以此构建出口技术复杂度，反映一国在全球价值链上的地位。在指标测算的发展过程中，文东伟（2011）认为出口技术复杂度也可以用某地区某行业的出口总额与该地区出口总额的比率与新产品产值占总产出的比率之比来表示，这种方法的实操性更强。

（四）平均传播步长

平均传播长度（Average Propagation Lengths，APL）用来反映部门之间的距离长度，是用来表示一个部门对另一个部门产值影响的平均步骤。平均传播长度分为前向APL和后向APL，前向APL用来表示j行业的成本对k行业的影响步长，后向APL用来表示k行业的需求对j行业的影响步长。若前向APL越大或后向APL越小，该生产部门就越接近生产环节中的起始端，也就能体现该部门在全球价值链中的嵌入程度。

（五）GVC位置的测度

全球价值链的位置测度经历了从部门到企业的测算过程，主要有全球价值链的位置、上游度、参与度等相关测算指标。Fally（2011）采用生产链垂直分割的方式，用步骤数来表示产品生产和销售的距离，具体来说就是计算生产某一产品的步骤数和产品到达消费者手中的步骤数，用具体的步骤数来反映产品从生产环节到达最终需求环节的距离。

Antràs、Chor、Fally 和 Hillberry（2012）提出了行业上游度（Upstreamness）的测算方法，对于这种方法可以解释为投入产出在行业间的均匀变动对某一行业产出的半弹性以及一个部门增加值带来其他部门的增量，主要反映的是该行业在全球生产的相对位置，Fally（2011）提出的测算方法是其在封闭条件下的特殊形式。相对于行业上游度（Upstreamness）的测算，Antràs 和 Chor（2013）又提出了行业下游度（Downstreamness）的测算方法。该方法可以有效反映行业在生产环节中的位置，行业下游度的数值越高，该行业的产品在生产中最终使用的比例与总产出相比就越高，体现了该行业在生产阶段的下游环节。

生产供应链和消费者的需求链对于行业生产位置的要求不同，Miller 和 Temurshoev（2017）提出产出上游度（Output Upstreamness）和投入下游度（Input Downstreamness），这个概念是以 Antràs 等（2012）提出的上游度指数为基础的。产出上游度和投入下游度分别衡量的是某一国某个行业在产出供应链和投入需求链上的相对位置。周华等（2016）在放松了 Antràs 等（2012）对上游度计算中的基本假设后，在研究中重新对非等间距产业上游度和出口上游度进行测算，这一测算结果与不同产业在价值链上的距离不尽相同的现实相符。

Wang 等（2017a）主要是根据生产活动的跨境行为把全球价值链生产活动进行划分，具体包括国内生产经营活动、传统的国际贸易、简单的跨境生产环节以及复杂跨境生产环节，这种跨境生产行为的划分，可以有效测算贸易与非贸易的全球价值链参与指数，可以更好地体现一国跨境的生产经营活动。Wang 等（2017b）对投入产出和国家 GDP 进行分解，构建了"国家—行业—年份"三维层面的全球价值链前向参与指标和后向参与指标，以此来体现行业的前向参与度和后向参与度。苏丹妮等（2020）基于中国工业企业数据库和海关数据库，从企业层面入手，测度了中国企业全球价值链的上游度、下游度和位置。

三、嵌入全球价值链对企业生产发展的微观影响

在企业层面，可以通过技术创新、新经验的学习、技术引进和二次技术创新等方面提升企业的生产效率，降低生产成本，提升其国内增加值率和工业增加值率，增强其嵌入全球价值链的稳定性，提升企业在全球价值链中的分工程度。此外，企业进入国际化生产系统的分工后，可以使国内企业共享外资企业在国际市场发展过程中带回的溢出效应。同时，企业嵌入全球价值链后，也可以带动本土企业的学习和竞争效应，对企业的生产率产生影响，可以提高整个行业的生产技术水平，进而带动企业所处行业的优化升级。

以外资企业为例，外资企业可以通过其国际化生产环节中产生的溢出效应带动本土企业发展。外资企业是国内通过推出一系列优惠政策吸引来的企业，同样情形下具有较高的技术、资金实力和管理经验。学习和模仿外资企业的生产模式、生产技术和管理经验可以推动国内出口企业贸易增加值的增长。具体而言，外资企业在全球生产和贸易环节中会促进相关企业的知识扩散和传播，外资企业本身具备较高的技术优势，多为跨国公司的投资，其资金和技术实力相对雄厚，可以从国外进口技术较高的设备，也可以从国外的母公司或者中间商代理处获得资金和技术的支持。钟昌标（2010）利用空间动态面板研究发现外资企业的投入可以产生地区内和地区间的溢出效应，对不同地区的生产率起到一定的提升作用。蒋冠宏等（2014）对中国企业对外投资进行研究，发现可以带动企业的出口效应，促进企业的出口数量。同时，由于外资企业具备语言优势，其对国外信息的敏感度和产品创新的前沿技术了解得更加透彻，可以更好地实现其参与全球价值链的水平。外资企业的知识和技术溢出效应也可带动本土企业的学习和创新效率，促进技术进步。许冰等（2010）通过对外资影响地区经济的机制研究发现，技术水平和资本会产生不同的效应进而对地区间的生产率产生影响。蒋殿春等（2018）认为外资企业的并购多发生于实力强、生产率高和出口规模大的内资企业。然而，也有部分实证研究并未发现生

产率促进效应，如蒋冠宏（2013）利用2005—2008年中国工业企业数据库，研究发现对外直接投资虽然提升了企业的生产率，但是其存在时滞效应。杨连星等（2019）认为OFDI（对外直接投资）对企业的产出水平产生正向的促进作用。罗伟和吕越（2019）根据世界投入产出表进行研究，发现外资对企业贸易增加值的贡献正在逐渐下降且其影响过程与当前中国经济发展出现脱节的现象。诸竹君等（2020）研究发现外资投入和国内企业创新数量成正相关关系，主要表现为提升了国内企业的创新数量和创新效率。

嵌入全球价值链，对于本土企业可以产生学习效应，具体而言是本土企业在参与全球价值链的过程中，通过与国外企业的合作，能够实现新技术转让，并促进人员的跨国交流与培训。这些具体的交流培训和学习过程，可助力本土企业开展模仿和创新——实现对国外引进的新技术、新经验的模仿和二次创新，进而完善企业再学习过程。戴翔等（2014）通过对中国昆山本土企业的数据进行分析发现，中国本土企业嵌入全球价值链后，存在着"自我选择"和"溢出效应"机制，这两种机制共同作用于出口中的学习效应，进而带动了本土企业生产率的提高。程大中（2015）对中国企业嵌入全球价值链的程度进行研究发现，中国参与国际化生产分工的能力逐渐加强。孙学敏和王杰（2016）为了检验企业参与全球价值链对其生产率的影响，用出口国内增加值率作为测量全球价值链分工的指标，研究发现企业嵌入全球价值链有助于企业全要素生产率的提升。刘斌等（2016）研究发现制造业产生的垂直效应和水平效应会对企业出口产品的质量产生较大影响。苏丹妮和邵朝对（2017）研究发现企业嵌入全球价值链对生产率存在溢出效应，有助于资源优化配置，实现产业升级。段玉婉和杨翠红（2018）认为在研究中如果不剔除加工贸易，会使中国的国内增加值份额被严重高估，同时认为中国当前正在逐步加深其嵌入全球价值链的水平。毛其淋和许家云（2019）认为提升成本加成和增加创新是贸易自由化影响出口国内附加值率的主要机制。倪红福（2020）对累计关税成本率进行研究发现，处于全球价值链中的中国，其关税效应一直被放大，主要原因是国际生产分工的复杂性。王振国等（2020）研究发现中国制造业出口呈现较高的水平，但是如市场、研发和管理类的总部经济专业化程度较低。吕越和邓利静（2020）基于产品多样性的视角进行分析，认为东部地区企业嵌入全球价值链会使产品的多样性明显降低。

企业嵌入全球价值链不仅有学习效应，同时也存在竞争效应。国际市场的形势复杂多变，企业嵌入全球价值链会面对来自国际市场中各国企业的竞争压力，为了降低国际代理成本，增加企业在国际市场上的份额，就必须加大研发投入，提升企业的技术创新水平和产品质量，促进企业的竞争力的提升（李平等，2012）。企业的异质性分析表明，只有生产率高的企业才会选择出口，生产率低的企业在此过程则会被市场所淘汰（Melitz，2003）。在此竞争效应下，出口企业的技术创新可能进一步得到提高。大量学者研究发现提高企业国内附加值率，可以使企业参与全球价值链的程度加深，有助于企业全要素生产率的提升。Girma等（2004）和Navaretti等（2010）分别对英国企业、法国和意大利企业进行研究，结果表明企业直接投资于生产力成本较低的国家，可以促进其国内企业生产率水平和附加值的提高。张翼等（2015）利用WIOD数据库，发现中国制造业嵌入全球价值链对企业全要素生产率不能产生显著的数量和种类效应。吕越等（2017）利用中国工业企业数据库、海关数据库和WIOD数据库进行测算，研究了企业嵌入全球价值链对其生产率的影响，发现企业嵌入全球价值链和企业生产率的改进之间存在着倒"U"形关系。出口企业的出口质量和生产率的提高存在着正向关系（张杰和郑文平，2017），产业集聚与企业生产率和出口产品质量也有正向的互动关系（苏丹妮等，2018）。余振等（2018）基于中美贸易摩擦视角，对中国企业融入全球价值链参与竞争给出适当的建议。常冉等（2019）对中美贸易进行研究发现，中国的制造业出口并不处于上游地位，知识型制造业一直被出口价值链的低端锁定。安同良等（2020）对制造业企业的技术创新进行跨期比较，发现中国的高端企业目前处于技术跟跑阶段。唐宜红和张鹏扬（2020）认为企业嵌入全球价值链在一定程度上抑制了国家的贸易保护措施。李娜娜和杨仁发（2021）研究发现，产业集聚对制造业全球价值链地位提升具有显著的促进作用，但存在国别和行业异质性。劳动生产率提高以及消费需求提升均是产业集聚促进制造业全球价值链地位提升的重要途径，技术进步对产业集聚作用于制造业全球价值链地位具有负向的中介效应。

最后，全球产业链重构已成基本趋势，中国国内价值链及其最终需求是维持世界经济稳健的重要因素（余丽丽和潘安，2021）。人工智能的发展也会为企业参与国际竞争市场提供一定的技术基础，何宇等（2021）研究发现发展中国家企业受到人工智能技术冲击后，更加难以在全球价值链上游阶段实现升级，甚至在其原本具有全球价值链分工比较优势的下游阶段也受到发达国家产业回流的不利冲击，但发展中国家可以通过创新激励政策鼓励创新资本投资，改变其现有境况。当前，全球价值链呈现国际格局的"多极"特征和"多极化"趋势，表现为结构性权力在主要大国之间较为分散，中国的迅速崛起和德国的长期稳定发展，让国际社会日益清晰地看到美国霸权影响力的持续衰退态势（庞珣和何晴倩，2021）。同时，中国倡导的"一带一路"建设在促进全球价值链分工"机会更加均等"方面已取得显著成效，推动了全球价值链分工朝着"地位更加平等"方向发展（戴翔和宋婕，2021）。

第三节　产业集聚与企业嵌入全球价值链的相互影响研究

一、产业集聚影响企业嵌入全球价值链的程度

产业集聚通过影响企业的技术水平、生产率、产品质量等进而影响企业嵌入全球价值链的程度及企业在国际市场上的竞争力。

产业集聚对企业的影响较为显著，立足于出口贸易视角，一部分学者用出口技术复杂度指标、集聚企业案例来分析产业集聚对企业嵌入全球价值链的具体影响。刘奕和夏杰长（2009）以实例分析中国创意产业集聚区

的方式，从全球价值链嵌入的不同方式对服务业产业集群未来升级的前景进行分析。文东伟（2011）使用OECD（经济合作与发展组织）（2009）年数据，采用投入产出分析法，通过计算中国制造业的出口技术复杂度，并在国家之间进行比较研究。许治和王思卉（2013）采用较为先进的核密度与马尔可夫链测度方法，分析了中国各省份出口技术复杂度的事实特征和影响因素，研究发现出口技术复杂度呈现先向邻近区域收敛，再逐步向整体水平提升的特征，但不同省份的异质性差异较为明显。任英华等（2019）通过对42个国家出口技术复杂度研究发现，嵌入全球价值链，可以有效提升低出口技术复杂度国家的技术水平，但嵌入全球价值链会对高出口技术复杂度国家产生负面作用。胡昭玲等（2020）从企业管理效率的角度，利用反射法测度出口产品复杂度，研究发现嵌入全球价值链的企业其出口产品的复杂度明显高于未嵌入全球价值链的企业。胡浩等（2020）研究结果表明，制造业空间集聚对行业价值链内环流升级具有明显驱动作用，对外环流攀升作用效果不显著。

产业集聚也可作用于企业的生产率和出口产品质量进而影响企业嵌入全球价值链的水平。田巍和余森杰（2013）研究发现进口中间品贸易自由化，如进口中间品关税下降会显著提高企业的出口强度。戴觅等（2014）通过对2000—2006年中国工企和海关数据库进行匹配分析，发现中国出口企业存在"出口企业生产率之谜"，这和Melitz（2003）的研究相悖，研究发现是中国大量加工贸易存在的作用。尹伟华（2017）通过对中国制造业出口国内增加值进行分解，以此测算中国出口的主要增加值的来源并对中国主要行业进行对比分析。诸竹君等（2018）在拓展Kee和Tang（2016）模型的基础上，研究发现在静态情形下进口中间品质量与出口国内增加值率呈现负相关关系，而在动态情形下进口中间品质量对出口国内增加值率则具有显著的调节效应。苏丹妮等（2018）通过使用中国2000—2007年中国工业企业数据库和海关数据库研究发现，产业集聚对出口产品质量有显著的提升作用，集聚的外溢效应大于拥挤效应（过度竞争效应）。高翔等（2019）从全球价值链嵌入上游度的视角分析，发现企业在价值链的上游度和出口国内增加值率在总体层面不存在"微笑曲线"关系，"微笑曲线"更多是存在于加工贸易企业中。龚新蜀等（2019）利用 1999—2016 年中国高新技术产业省级面板数据分析不同模式的产业集聚和知识溢出效应对出口技术复杂度的影响。章韬和申洋（2020）从产业集聚的行业内水平溢出和上游行业垂直溢出角度分析了地方政府税收对集聚区企业的影响。曹亮等（2020）利用 2000—2009 年中国工业企业数据库，分析地理条件对企业出口行为的影响，发现地理位置上的天然优势使企业更倾向于发展出口贸易。戴翔等（2018）研究发现行业集中度对制造业价值链攀升具有抑制作用，地区专业化则表现出显著正向促进作用。

二、企业嵌入全球价值链对产业升级的影响

国际化生产过程中，由于各个国家的自然资源、要素禀赋、制度等因素的不同，其参与全球价值链给国内企业带来的影响也不尽相同。总体来说，企业嵌入全球价值链可以使单个企业的生产率、技术创新水平和出口质量得到提升。一国某行业嵌入全球价值链的位置越高，其贸易利得也就越多。同时，企业嵌入全球价值链对整体产业也有影响，主要分为三大类：产业转移效应、产业关联效应和产业升级效应。

首先，产业转移是指产业在空间上的移动现象，是市场需求、要素禀赋或企业的资源供给由一个地区向另一个地区转移。企业嵌入全球价值链对整个产业转移效应的影响有正负之分，一般情况而言均是正向的促进作用，如隋月红和赵振华（2012）通过中国与其他国家之间的双边贸易的面板数据研究发现，产业转移对中国高技术产品出口和产业结构的优化起到正向的提升作用。杨建清（2013）通过实证也检验了对外直接投资对产业转移的正向影响。王恕立和吴永亮（2017）在借鉴 Koopman 方法的基础上，对测度国际产业转移的指标进行了构建，研究发现国际产业转移对中国整体产业升级、企业竞争力的提升和产业结构的调整是有利的。张先锋等（2018）立足于中国对外摩擦对中国出口产品质量升级进行研究，认为出口产品质量升级有利于中国企业打开国际市场，减少进口国对反倾销的认定。邵朝对等（2020）通过服务业开放视角，研究其对出口国内附加值

率的影响发现服务业开放可以使整个行业的国内附加值率增加。潘闽等（2019）研究发现随着全球价值链嵌入程度和产业集聚程度的加深，全球价值链嵌入和产业集聚对技术进步分别起促进和阻碍作用。

其次，在全球贸易一体化不断融合，全球价值链分工更加明确的背景下，全球性的生产网络比以往更加紧密，产业间的前向和后向关联更加突出，其对整个行业发展的促进作用更加明显。王苍峰（2008）使用中国制造业的面板数据进行实证检验，研究发现不同制度类型的资本对制造业的前向关联和后向关联的作用不同，外资在此方面表现得更加突出，其所产生的后向关联作用更显著。王欣和陈丽珍（2008）、田泽永等（2009）在分析江苏省制造业面板数据的基础上，发现对外直接投资的后向关联溢出效应明显高于前向关联的溢出效应，且后向关联的溢出效应为正。而王滨（2010）通过对中国制造业的面板数据的分析发现，对于企业的全要素生产率则与上述描述不同，外商直接投资对其前向和后向关联的溢出效应均显著为正。张春萍（2013）认为一国的直接投资，必然会涉及产业链上的各项价值增值活动，使国内相关的上下游配套产业实现不同程度的规模扩张和技术进步，进而促进该产业整体技术水平的提高。冯志坚和刘长庚（2016）研究发现外商直接投资的水平关联提高了内资企业的生产率水平，而其前向、后相关联降低了内资企业的生产率水平。李磊等（2017）通过微观数据研究发现，外资的水平溢出、前向溢出和后向溢出均显著地促进了企业的全球价值链参与程度。谢锐等（2020）基于三大价值链分工的中心国进行分析，发现价值链中心国的经济增长溢出效应显著高于世界其他国家，利于促进产业间的前后向关联。黄惠萍等（2020）认为我国生产性服务业后向参与全球价值链的程度较高，应该加强生产性服务业的前向关联。袁媛等（2021）研究发现，提高全球价值链参与程度将降低企业内部劳动收入占比，且加工贸易企业和私营企业降幅最大。

最后，企业嵌入全球价值链也会促进整个地区产业的升级。早期主要是通过案例分析法来研究产业集群的升级效应，如王益民和宋琰纹（2007）通过对内地台商笔记本电脑产业集群的案例研究后发现，在全球价值链的层级生产网络中，产业集群过度依赖全球价值链的领导者，会导致整个集群很难实现技术和能力的转型升级。刘奕和夏杰长（2009）对北京和深圳创意产业集群的研究表明，产业集群本身掌握核心价值创造环节，更容易嵌入全球价值链进而实现整个集群的升级，而以低端生产制造环节为主的产业集群，在嵌入全球价值链过程中容易被价值链领导者的机制隔绝，进而被价值链锁定在低端。韩峰和柯善咨（2012）研究了制造业集聚的空间来源，发现通过投入产出的关联效应，生产性服务业的空间集聚也可推动制造业的集聚。Ke等（2014）研究发现生产服务业集聚不仅会对本地区制造业的空间集聚产生影响，同时也会影响周边地区制造业的协同集聚。盛丰（2014）、余泳泽等（2016）研究认为，提高生产性服务业集聚对周边其他制造业的空间外溢效应的机制主要是便捷的交通设施和畅通的信息化水平。席强敏等（2015）也指出生产性服务业不同集聚模式对周边城市工业劳动生产率都存在程度各异的空间外溢效应。张杰和郑文平（2017）从进出口视角对不同贸易方式影响企业创新的路径进行分析，嵌入全球价值链主要是正向影响本土企业的创新效应进而促进产业的发展。企业嵌入全球价值链也与国际经济周期的波动存在关系，制造业和服务业的协同嵌入会影响经济周期的改变（唐宜红，2018）。马丹（2019）通过识别技术差距变化对中间品贸易的影响，认为中间品内向化会影响一国的出口依存度以及出口国内增加值率，进而带动产业的发展。黎峰（2020）通过国内、国外双重价值链对中国省级各类行业的影响，发现在双重价值链的影响下中国经济呈现较快的发展，可以促进产业的转型及地区经济的发展。这些研究说明了产业集群或产业集聚能否在企业参与全球价值链过程中实现转型升级的关键在于，集群中的企业在全球价值链的分工地位及参与度。因此，提升企业生产效率和实现产业升级更为重要的是探讨在依赖外部生产网络无法实现价值链升级的情况下，集群内企业是否可以通过本地化生产网络提升企业嵌入全球价值链的分工地位和贸易利得。

第四节　现有研究述评

通过以上对相关理论基础和国内外研究文献的整理，可以发现中外学者已经对产业集聚和全球价值链两个方面进行了广泛而深入的研究，并得出了一些有启发性的结论，为本书的研究奠定了深厚的基础。然而，现有研究还存在一些不足之处，值得继续改进。

一、现有研究的贡献

第一，产业集聚对企业嵌入全球价值链的影响是本书重点关注的内容，现有文献关于产业集聚的理论基础和测度方法为本书的研究提供了良好的基础保障作用。Weber（1909）最先提出产业集聚的基本概念，Marshall（1920）对产业集聚及其外部性的研究为产业集聚理论的发展奠定了基础，Poter（1998）更加明确了产业集聚带来的持续竞争和创新效应；随后，Krugman（1991）和 Fujita（2002）开创了新地理经济学，使产业集聚开始突破特定区域限制，对经济的关联性更强。同时，产业集聚的测度方法的发展也更加细化，主要是从区位熵、空间基尼系数（Krugman，1991）、EG 指数（Ellison 和 Glaeser，1997）、DO 指数（Duranton 和 Overman，2005）等方面测度，可以更加细致地从微观企业层面反映产业集聚的程度、空间发展不平衡性和经济发展密度。

第二，企业嵌入全球价值链是本书研究的核心内容，现有文献对其测度方法和指标的细分为本书数据的可视化奠定了基础。Porter（1985）和 Kogut（1985）的研究都是从竞争和价值链的关系方面出发，均为全球价值链的发展奠定了基础。全球价值链的发展经历了价值增值链（Kogut，1985）、价值系统（Porter，1990）、全球商品链（Gereffi 和 Korzeniewicz，1994）、全球价值链（Humphrey 和 Schmitz，2000）等环节，主要是从产品升级开始直至企业的价值链升级。同时，全球价值链的测度方法也更加深入和细致化,主要有垂直化分工测度、贸易增加值分解、行业前后向关联、平均传播步长、出口技术复杂度等,这些测度全球价值链指标的方法经历了从国别到部门到企业的环节,使本书的研究更加精细化。

第三,关于企业嵌入全球价值链对本土企业的微观影响及产业链升级和价值链升级有较好的研究基础,企业嵌入全球价值链对于中国企业未来的分工、技术升级和改造的方向都提出了较好的建议,这些都为产业集聚模式影响企业嵌入全球价值链的研究提供了良好的理论基础支撑。

二、现有研究的不足和未来研究方向

虽然现有研究从多个方面对产业集聚和全球价值链均进行了细致的研究,但是仍然存在一些不足。

目前的文献研究一般是从产业集聚对企业生产率、出口行为、出口创新、出口质量等方面进行,大多是从产业集聚的区位熵指标进行分析,很少有文献从产业集聚的模式出发具体分析和研究其对企业嵌入全球价值链的影响。本书是通过不同产业集聚模式进行研究,判断是哪种模式对企业嵌入全球价值链的影响更大,为之后的政策设定提供更有针对性的建议。同时,现有绝大多数的文献研究都是从企业嵌入全球价值链的位置、上游度、附加值率、参与度等方面入手,很少有文献从企业嵌入全球价值链的稳定性出发进行研究,细化不同集聚模式对企业嵌入全球价值链的稳定性有何影响,以及对整个行业的转型升级提供帮助,这也是需要继续研究的方向之一。

本章小结

本章通过梳理产业集聚和全球价值链研究的相关文献,主要从产业集聚和全球价值链的研究基础、测度方法和两者之间的关系进行分析,对产业集聚和全球价值链均有了更深刻的理解和认识,为接下来的研究奠定了

基础。本章内容主要包含以下几个方面：一是产业集聚方面，梳理了产业集聚概念、模式及其对出口企业行为影响等方面的相关文献；二是全球价值链方面，梳理了全球价值链概念、测量方法及嵌入全球价值链对企业的影响等方面的相关文献；三是梳理了产业集聚与企业嵌入全球价值链相互影响的相关文献；四是对现有文献研究进行总结性的述评。

第三章

产业集聚影响企业嵌入全球价值链的理论机制

第三章 产业集聚影响企业嵌入全球价值链的理论机制

产业集聚影响企业行为的理论基础主要是以熊彼特的内生增长理论、马歇尔的外部性理论和波特的竞争优势理论为基础进行分析，产业集聚会使大量本地化企业之间进行互相学习和模仿，进而促进企业创新，加速地区经济的发展。这主要是因为不同企业在同一地区的大量集聚，可以使区域内的企业共享该地区集聚带来的劳动力资源、基础设施和资金等优势，从而降低单个企业的成本；与此同时，集聚也会带来企业之间的竞争，激烈的竞争会进一步刺激企业的技术创新能力，从而使集聚区内企业得到快速成长。企业嵌入全球价值链的理论基础是从全球价值链发展的动因及分工带来的好处、价值链升级的动力等方面进行分析。

那么，产业集聚影响企业嵌入全球价值链的内在机制是什么呢？首先，本章梳理产业集聚和企业嵌入全球价值链的理论基础及其相互关联；其次，以企业多阶段生产模型为基础分析技术和贸易成本对于企业不同生产阶段的重要性；最后，从知识技术溢出效应、产业链的前后向关联效应、专业化分工等方面分析产业集聚影响企业嵌入全球价值链的机制。

第一节 产业集聚和企业嵌入全球价值链的相关理论基础

一、产业集聚的理论基础

本章主要用三种理论来解释产业集聚影响企业嵌入全球价值链的内在动因：一是熊彼特的内生增长理论，该理论以产业集聚对企业内生创新的影响为基础，强调产业集聚与技术创新之间相互促进、相辅相成，产业集聚通过集聚区内部知识溢出推动企业的内在创新；二是马歇尔的外部性理论，该理论认为产业集聚可以带来外部性的源泉是集聚区内劳动力形成的"蓄水池"效应（Labor Poll）、专业知识和技术的溢出效应、中间投入品和基础设施成本下降的规模经济效应,使企业可以投入更多的资金进行技术创新;三是波特的竞争优势理论,该理论认为在"钻石体系"① 下的产业集群,竞争的市场环境相较于垄断市场对企业的创新更加有益,并且行业内的产业集聚比行业间的产业集聚更有助于知识、技术溢出效应的传播,有助于企业的技术创新。

(一)内生增长理论

内生增长理论是由约瑟夫·阿洛伊斯·熊彼特(1912)在其《经济发展理论》一书中提出,他首次从创新的角度来分析资本主义制度的基本特征、产生的内在原因和未来发展的趋势。他认为产业集聚与企业技术创新之间是相互作用的,产业集聚可以通过知识的溢出效应推动相关企业的创新,而企业的创新效应又对技术、人才和市场环境等有新的要求,加速了产业的集聚。企业的创新行为并不是单独发生的,在时间和空间上也不是独立完成的,具体为多个企业之间的集聚产生的竞争和合作,因此企业的创新行为经常是成团发生的。集聚区内企业创新行为也可能出现均匀分布的现象,主要是由于创新一般产生于一定经济系统的生产过程中,是部门或行业的集中带来的创新效应,同时当一个企业出现技术创新后,会带动同行业的其他企业的模仿和创新行为。

熊彼特的创新产业集聚理论认为内因是企业创新的源泉,是经济发展的动力。企业的创新过程不是一蹴而就的,是企业经过不断投入资金、技术和人才的长期发展过程,企业首次创新行为成功与否,都会给该企业后续的技术创新提供经验教训,为新的创新者提供更好的研究机会。首次创新一旦获得成功,其抵抗风险、阻碍风险的能力会更强,也可能带动后续相关企业的创新活动。因此,创新行为可以使某些特定产业形成集聚的现象。

熊彼特的创新理论更多关注的是企业内在创新和产业集聚之间的关系,内部创新激发产业的集聚行为,产业集聚行为进一步刺激企业内部创新。这和当前中国高质量发展的政策理念相符,政府不断地出台新的政策,同时对企业减免相关税金,通过建立新的产业集群、城市集群及鼓励

---

① "钻石体系":是指波特竞争优势理论的"钻石模型"。

经济带的发展，其核心思想就是利用集聚区内企业之间的创新行为互相影响，进而促进企业的发展和产业结构的转型升级。

（二）外部性溢出理论

马歇尔（1920）在其《经济学原理》一书中提出了"产业区"概念，这是马歇尔集聚外部性的理论来源，也是产业区位理论的前提。马歇尔外部性的假设是建立在收益不变和市场完全竞争的基础上，企业集聚的目的是借助规模经济带来的好处，具体来说是规模经济带来的集聚区内单个企业的生产成本降低、共享集聚区内的基础设施条件等。具体的产业集聚外部性的溢出效应体现在以下几个方面：

一是集聚区内劳动力的共享。产业集聚可以使该地区吸引大量的劳动力资源，可以形成劳动力市场经济，对于单个企业或个人来说都是有利的。某个地区产业的大量聚集，可以使该地区的工人降低失业的风险，不易受到经济波动和市场需求变化的影响。产业集中度高可以给该地区的就业人员提供更多的就业机会，降低其摩擦性失业的成本。同时，集聚的丰富劳动力资源，也可以降低单个企业在社会上招募人员的时间成本，提高企业的生产效率。因此，马歇尔指出这种集聚可以降低失业率，同时提高企业的生产效率水平。

二是集聚区内产业间的关联效应。产业集聚必然会带动集聚区内产业之间的关联效应增强，产业的发展会接近生产者和消费者形成前、后向关联。产业集聚对初始原材料的需求或对最终需求消费者的满足，会使越来越多的中间投入品生产者加入，进一步降低中间投入品的成本，使企业的整个生产流程更加顺畅，进而提高最终产品的生产效率。

三是集聚形成的空间溢出效应。在马歇尔提出集聚外部性的时代，受限于基础交通设施和人员流动，主要是知识在当地的流动，因此企业在某个地区的聚集可以加快该企业接受新知识的速度，提升技术创新水平。同时，知识的流动可以吸引更多的企业加入该地区，进而不断加大产业集聚带来的溢出效应，促进该地区技术不断创新和经济持续的增长。

马歇尔集聚着重于同行业之间的集聚产生的溢出效应对行业内企业的积极作用，主要是通过"人""财""物"的共享满足集聚区内企业的需求。产业集聚可以使集聚区内企业更容易获得劳动力资源、新技术及便利的基础设施，从而提升集聚区内产业的发展，同时更加吸引区外企业进入集聚区内。随着中国劳动力成本上升、人口红利减少，产业集聚行为可以帮助集聚区内企业获得劳动力资源更加便利。同时，政府相关政策的鼓励，为集聚区或产业集群所在地区修建便利的基础交通设施，进一步刺激企业进入集聚区。

（三）竞争优势理论

迈克尔·波特基于竞争优势理论对产业集群带来的影响进行深度剖析，主要分析"钻石体系"下的产业集群是如何发展的。他发现，产业集群受到"钻石体系"的影响可以拥有更加稳定、安全的发展环境。"钻石体系"对于产业集群的外部发展环境，可以有效调节不同行业要素之间的关联，增强单个企业的竞争力，进一步加快产业集群的发展，为整个集群的发展营造良好的竞争环境。同时，立足于政府和产业集群内的相互作用机制，政府决策对产业集群也将产生正向或负向的影响。在整个"钻石体系"大环境的改变下，也会影响整个产业集群，进而对集群内的竞争环境产生影响。

产业集群在竞争环境下之所以重要，是由于企业在竞争环境中，产业集群大量企业的聚集，可以使企业之间竞争加剧，进而促进创新，提高企业的生产效率，推动集聚区内企业的科研部门的完善和创新中心的建设。同时，产业集群也可以使企业在竞争环境中的风险水平降低，增强企业的整体竞争能力。波特对产业集群进行解释时，主要是从竞争力层面予以分析的，产业集群有助于企业竞争力水平的提升。

正如波特解释的那样，产业集群内企业的竞争行为会进一步刺激企业的技术创新水平，这和中国近些年来对企业的鼓励政策相符，政府鼓励"大众创业、万众创新"，从全国范围出发，鼓励技术创新。创新行为可以使企业自身竞争力增强，同时，对于出口企业进入国际市场可以降低其出口行为所面临的风险，使其出口沉没成本降低，更加有利于增强企业在国际市场上的竞争力。

二、全球价值链的理论基础

(一) 全球价值链的分工理论

全球价值链的分工是处于国际化生产经营过程中的分工，国际贸易是其分工的基础，因此从传统的国际贸易理论来看包含比较静态优势理论、动态优势理论、要素禀赋理论、规模经济理论和交易成本理论，这些理论是全球价值链分工的理论基础。

静态比较优势理论是以亚当·斯密的绝对成本论、大卫·李嘉图的比较成本说和赫克歇尔·俄林的要素禀赋理论为基础，其假设条件是规模报酬不变、产品无差别和技术水平不变等。动态比较优势理论加入了企业生产技术进步和技术扩散的条件，放松了原有静态比较优势理论的假设条件，弥补了静态比较优势在研究中的不足。动态比较优势理论把技术进步作为一种内生变量对国际贸易长期发展进行了分析，主要的理论有"干中学"（Learning by doing）和"技术外溢"（Technology Spillovers）。其中，"干中学"（Learning by doing）理论是 Arrow（1962）年提出，他认为国际贸易过程中经济技术相对落后的国家或行业可以在实际工作中通过边干边学进而促进技术的创新和研发。Krugman（1987）和 Lucas（1988）则是用理论模型分析了技术外溢带来的好处，指出技术外溢是在国际贸易中经济体之间输出技术的结果，进而带动一国经济技术水平提升。

要素禀赋理论也是全球价值链分工的理论之一。要素禀赋理论主要体现在全球价值链分工中一国的要素资源是否丰裕，国家间的要素禀赋水平的差异决定了各国的专业化分工水平（Sanyal 和 Jones，1982；Dixit 和 Grossman，1982）。具体来说，一国的要素禀赋优势突出，直接可以带动其要素优势明显的行业的生产效率，进而提升要素优势行业全球价值链分工水平（Fujita 和 Thisse，2006）。高越和高峰（2005）认为技术水平对企业的国际生产分工相较于比较优势，其影响同样重要。徐康宁和王剑（2006）认为一国的地理优势和要素禀赋优势在一定时间内会影响一国产业的比较优势。王中华和代中强（2009）通过模型推导，进一步证明了劳动力和资本等要素禀赋仍是国际生产分工的主要动因。鞠建东和余心玎（2014）研究也证明了本理论基础，指出自然资源禀赋条件、技术水平和资本要素丰裕仍是影响国际生产分工的重要因素。薛鹏（2016）研究发现要素禀赋在全球价值链分工中的优势在上升，市场的影响力反而在下降。倪红福等（2016）研究也证实了要素优势在全球价值链中的作用，他发现劳动力和资本要素禀赋对全球价值链分工具有明显的促进作用。苏杭等（2017）用中国制造业的数据进行研究，发现中国制造业全球价值链分工水平的提升，劳动力要素禀赋扮演着重要角色。

产业集聚可以形成规模经济效应，规模经济又反过来对企业嵌入全球价值链产生诸多影响。规模经济理论也是一国参与全球价值链分工的基础理论，地区的规模经济可以降低该行业的生产成本、提高地区和行业的生产效率水平，企业可以借助规模经济节省的成本优势，购买更加先进的技术设备，招募高技术水平的工作人员，使企业内部的生产分工更加专业化。规模经济是影响一国参与国际生产分工的因素之一，是一国参与国际生产环节，获取利润的直接影响因素（孙文远和魏昊，2007；王岚和盛斌，2013）。卢锋（2004）发现规模经济可以对行业的专业化水平和垂直专业化水平产生决定性的作用。Grossman和Rossi–Hansberg（2012）研究认为规模经济可以使企业实现专业化生产，内部的专业化会使企业减少相关生产环节的外包，降低企业的生产成本。王慧（2011）通过对山东省制造企业的专业化生产的数据进行分析，发现规模经济对于提高企业的国际生产分工水平意义重大。徐邦栋和高越（2017）以中国企业为研究对象，认为成本降低效应和内部学习效应是规模经济影响全球价值链分工的作用机制。

一国参与全球价值链的分工不单单是由上述相关理论决定的，企业在参与国际化过程中，交易成本理论也是其重要的影响因素（Venables和Baldwin，2011）。交易成本的大小对企业是否进行国际化生产分工进行选择，如果企业在内部的交易成本高于在国际市场上的交易成本，该企业就会选择参与国际生产经营（McLaren，2000；Antràs和Helpman，2008）。交易成本会受到多种因素影响，如知识产权的侵权行为也会使企业的交易成本上升，进而使企业外包减少（Antràs 和 Rodrik，2003）。制度质量也是影响企业交易成本的因素之一，国家之间制度质量不同影响了企业在跨国生产经营中的交易成本上升，进而使企业的国际化生产分工水平降低（Levchenko，2004）。Bridgman 等（2012）通过构建垂直专业化生产模型，进行梳理后发现交易成本的下降使企业之间的中间品贸易增加，进一步加速了企业参与全球价值链分工的进程。刘斌等（2019）研究发现贸易便利化措施可以有效降低企业的交易成本，促进国家间专业化生产分工。

（二）全球价值链的升级动力

国际化生产过程中，产品是由全球生产，而非由一国生产，全球价值链的分工体系是以中间品贸易为主体进行细化分工的，传统的贸易体系已经不能反映一国在全球价值链分工中的真实贸易情况，出现了"所见非所得"的现象（Maurer 等，2010）。传统的国际贸易生产过程是一个国家使用生产要素完成产品的全部生产环节，与其他国家进行交换，其贸易利得都可以为一个国家所拥有。全球价值链分工的环节主要是依据产品的研发、生产、销售和服务等几个环节，各个国家在全球价值链中的价值增值只限于其参与的特定生产环节（Krugman，1995）。那么，到底全球价值链分工中的哪个环节的价值增值程度最高，哪个又是最低呢？宏基集团的创办人施振荣（1992）提出了"微笑曲线"（见图 3-1），这一曲线展示了价值链分工的不同环节上增加值的表现。微笑曲线呈现"U"形，其从产品研发开始到产品的售后服务结束，可以看出整个微笑曲线的两端朝上，利润空间最大，产品的价值增加值更多地体现在两端的研发和营销环节，而中间的制造环节则增加值较低。因此，企业为了追寻更高的利润和增加值水平，会不断进行技术创新和突破，向高增加值的环节移动。

三、产业集聚理论和全球价值链理论的相互关联

产业集聚直接对企业的生产成本、中间投入和技术创新产生影响，而这些因素又是影响企业嵌入全球价值链的重要因素，这说明产业集聚和企业嵌入全球价值链之间存在着深刻的联系。

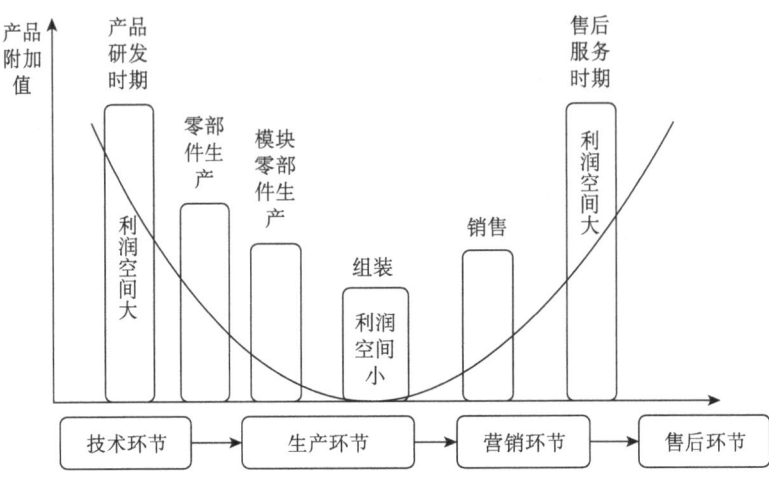

图 3-1 微笑曲线①

首先,产业集聚的内生增长理论重点强调企业的创新能力,企业的技术创新能力是企业在国际竞争中持续发展的源泉,增强企业的创新能力可以使企业在国际市场上具备技术核心竞争优势,进而提升企业嵌入全球价值链的分工地位和贸易利得。同时,较高的利润又可以使企业有更丰厚的资金进行研发,促进企业的发展。

其次,产业集聚形成劳动力"蓄水池"、中间投入共享和规模经济等优势,使企业的生产成本降低,企业产品的出厂价格在国际市场中就具备价格比较优势,使企业嵌入全球价值链。企业嵌入全球价值链后,通过"干中学"和二次的模仿创新进一步提升企业的出口产品质量,促进企业的成长。

最后,全球价值链形成的不同阶段在一定程度上对应企业在生产中的不同环节,全球价值链是以发达国家为主导,发展中国家被动跟随。发展中国家要想扭转这种格局,就要使企业增强技术创新能力和竞争力,参与国际化大生产环节中来,尤其是产业集聚其形成的竞争效应,迫使企业不断地学习新技术、新知识,促进企业的竞争性发展,避免其被市场所淘汰。

---

① 资料来源:施振荣.微笑曲线.竞争力 [J].三联财经.2010 (4):50-52.

综上所述,产业集聚和全球价值链理论是互相关联的,在一定程度上解释了企业参与国际竞争的必要性。

第二节 企业嵌入全球价值链的多阶段生产模型

全球价值链的发展驱动了国际贸易理论的演进以及贸易核算方法的革新(杨翠红等,2020),因此,探讨全球价值链与经典贸易理论之间的联系十分重要。全球价值链的分工既不是传统的产业间贸易,也不是简单的产业内贸易,而是各国之间组成的"工序贸易",跨国生产在全球进行,每个国家负责产品生产工序的某个环节(Grossman 和 Rossi-Hansberg,2008)。企业在国际化的过程中,是通过不同国家之间的多阶段生产完成产品的生产、装配和销售的。因此,本节以 Robert 和 Andreas(2019)的多阶段生产模型为基础,来分析企业多阶段生产需要满足的条件和对企业嵌入全球价值链的影响,以便提升企业嵌入全球价值链的位置。

一、生产部门

按照 Robert 和 Andreas(2019)的做法,假定在一个全球经济体中有多个国家,每个国家有两个部门,制造业和非制造业,非制造业包含农业、自然资源和服务业。国家用 $i, j, k \in \{1, \cdots, C\}$ 表示;制造业用 m 表示;非制造业用 n 表示;每个部门的连续单位商品用 z 表示。

(一)制造业生产函数

1. 基本假定

按照 Yi(2003,2010)的做法,制造业生产是离散的多阶段生产过程,商品在国际化生产中需要经历 S 个生产阶段完成制造($s \in \{1, \cdots, S\}$)。在制造业生产过程中,假设初始阶段投入的要素是劳动要素和一个复合要素,那么,制造业 m 部门生产商品 z 的生产函数如下:

$$q_1^i(z,m) = T_1^i(z,m)\theta_1(m) X^i(z,m)^{\theta_1(m)} l_1^i(z,m)^{1-\theta_1(m)} \quad (3-1)$$

其中，$T_1^i(z,m)$ 为 i 国制造业初始阶段的特定商品生产率；$l_1^i(z,m)$ 和 $X^i(z,m)$ 为生产中使用劳动要素和复合要素的投入数量；$\theta_1(m)$ 为初始阶段中复合要素投入的份额；$\theta_1(m) = [1-\theta_1(m)]^{1-\theta_1(m)}\theta_1(m)^{\theta_1(m)}$ 是标准化参数。

在生产阶段 s>1 的环节进行生产时，需要来自 s-1 阶段的劳动和产出作为中间投入，其生产函数为：

$$q_1^i(z,m) = T_s^i(z,m)\theta_s(m)x_{s-1}^i(z,m)^{\theta_s(m)}l_s^i(z,m)^{1-\theta_s(m)} \qquad (3-2)$$

其中，$T_s^i(z,m)$ 是 s 阶段的生产率；$x_{s-1}^i(z,m)$ 是 s-1 阶段要素投入的使用量；$l_s^i(z,m)$ 是劳动力的数量；$\theta_s(m)$ 是 s-1 阶段投入的成本份额；$\theta_s(m)$ 又是一个标准化参数。并且，商品每个阶段的产出可以在全球任何地点生产，但是每个阶段的产出在国家之间运输时，都会产生双边特定的从价冰山贸易成本 $\tau^{ij}(m)$。

2. 采购投入

假设商品在全球每个国家的不同生产阶段，都是最优生产阶段，此时的价格是最低出厂价。假定 $p_s^j(z,m)$ 是 j 国 s 阶段生产 z 商品的最优出厂价，$p_s^{jk}(z,m) = \tau^{jk}(m)p_s^j(z,n)$ 是商品 z 在目的国 k 的交货价格（此时包含贸易成本），那么 k 国的实际价格（即最优采购价格）为：

$$\tilde{p}_s^k(z,m) = \min_j p_s^{jk}(z,m) \qquad (3-3)$$

对于 s>1 的生产阶段，i 国提供 s 阶段产出的潜在出厂价格为：

$$p_s^j(z,m) = \frac{(w^j)^{1-\theta_s(m)}[\tilde{p}_{s-1}^j(z,m)]^{\theta_s(m)}}{T_s^j(z,m)} \text{ 且 } \tilde{p}_{s-1}^j(z,m) = \min_i p_{s-1}^{ij}(z,m) \qquad (3-4)$$

当阶段 s=1 时，i 国产出的潜在出厂价格为：

$$p_1^i(z,m) = \frac{(w^i)^{1-\theta_1(m)}(P_X^i)^{\theta_1(m)}}{T_1^j(z,m)} \qquad (3-5)$$

其中，P_X^i 是复合要素投入的价格。

（二）非制造业生产函数

1. 基本假定

非制造业部门具备李嘉图贸易模型的特点，按照 Eaton 和 Kortum

（2002）的做法，n 部门生产商品 z 的生产函数如下：

$$q_1^i(z,n) = T_1^i(z,n) \theta_1(n) X^i(z,n)^{\theta_1(n)} l_1^i(z,n)^{1-\theta_1(n)} \quad (3-6)$$

其中，$T_1^i(z,n)$ 为生产率；$l_1^i(z,n)$ 和 $X^i(z,n)$ 为生产中使用的劳动要素和复合要素的投入数量；$\theta(n)$ 为复合要素投入在生产中的占比；$\theta_1(n)$ 为标准化参数；$\tau^{ij}(n)$ 为双边从价冰山贸易成本。

2. 采购投入

对于非制造业的采购投入，相当于决定谁是每个商品到相应目的地的最低成本供应商。假定 $p^j(z,n)$ 是 j 国能够提供的非制造业商品 z 的潜在出厂价格，而 $p^{jk}(z,n) = \tau^{jk}(z,n) p^j(z,n)$ 是目的地 k 国的交货价格，则 k 国的商品 (z,n) 的实际价格为：

$$\tilde{q}^k(z,n) = \min_j p^{jk}(z,n) \quad (3-7)$$

j 国能够提供的非制造业商品 z 的潜在价格本身由 $p^j(z,n) = \dfrac{(w^j)^{1-\theta(n)}(P_X^j)^{\theta(n)}}{T^j(z,n)}$ 给定（P_X^j 是复合要素投入的价格）。

这个过程其实是反映了企业在全球价值链中多阶段生产投入的主要现象，具体表现为 k 国实际购买在 s 阶段产出商品 (z,m) 的价格是国家 j 能够提供该产出的最低价格，决定是国家 j 给出最低价格的条件是其购买 $s-1$ 生产阶段产出时付出的最小成本。因此，在 $s-1$ 生产阶段的潜在供应价格反过来取决于上游 $s-2$ 生产阶段的最优采购，依此类推。最后，在生产 1 阶段，投入供给价格取决于每个国家的综合投入价格，它本身是 S 生产阶段产出的实际价格（给定最优来源）的函数。这种结构在一般均衡问题中产生了一个组合阶段定位问题。对于每一个制造品和采购国，都有 C^s 可能的价值链组合。

二、复合商品和家庭部门

（一）复合商品函数

在每个商品不同的生产组配环节，生产出来非贸易的复合商品 $Q^i(m)$ 和 $Q^i(n)$ 的用途是卖给最终消费者和用于形成复合要素投入。每个行业层

面的复合要素投入指数都是单个商品的柯布—道格拉斯组合函数:

$$Q^i(m) = \exp\left\{\int_0^1 \log[\tilde{q}^i(z,m)]dz\right\} \quad (3-8)$$

$$Q^i(n) = \exp\left\{\int_0^1 \log[\tilde{q}^i(z,n)]dz\right\} \quad (3-9)$$

其中,$\tilde{q}^i(z,m)$ 和 $\tilde{q}^i(z,n)$ 是 i 国购买的制造业和非制造业商品数量（从国内或国外的低成本来源）。对于制造业，$\tilde{q}^i(z,m)$ 代表对 S 阶段商品的购买。这些行业层面的复合商品组合在一起，形成最终聚合商品和复合投入。最终聚合产品的取值为 $F^i = A^i F^i(m)^{\alpha_i} F^i(n)^{1-\alpha_i}$，其中 $F^i(m)$ 和 $F^i(n)$ 表示销售给最终消费者的行业层面复合商品的数量，α^i 为特定国家的制造业支出份额，同时 $A^i = (1-\alpha_i)^{1-\alpha_i}\alpha_i^{\alpha_i}$ 为标准化参数。给定复合投入的函数为 $X^i = BX^i(m)^\beta X^i(n)^{1-\beta}$，同时 $X^i = \int_0^1 X^i(z,m)dz$，$B = (1-\beta)^{1-\beta}\beta^\beta$。最终，加在一起需要满足 $Q^i(m) = F^i(m) + X^i(m)$ 和 $Q^i(n) = F^i(n) + X^i(n)$ 的条件①。

（二）家庭消费部门函数

假定消费者向企业提供非弹性劳动力并消费复合最终产品 F_i，那么，消费者预算约束为：$w^i L^i = P_F^i F^i + TB^i$，其中 w^i 为工资；L^i 为劳动禀赋；P_F^i 为最终综合品价格；TB^i 为名义贸易差额，贸易平衡受消费者预算约束。

三、市场均衡及主要结论

（一）制造业均衡

假设制造业有大量数量有限的制成品，令 $r = \{1,\cdots,R\}$ 代表单个商品②。模型在基础参数上是不连续的，为了使模型得到更好的估计，按照 McFadden (1989)、Robert 和 Andreas (2019) 的做法，采用 logit 平滑 AR 模拟器，使商品的连续性是离散的近似，在此假设下，光滑的离散模型中制造业市场的出清条件为：

---

① 此处制造业和非制造业的商品组合指数是由最终消费数量和中间投入数量所决定的。
② 此处商品是不连续的，因此用 r 表示，而不是用上文的 z 表示。

$$q_s^i(r,m) = \sum_j \tau^{ij}(m)\tilde{q}^j(r,m)\left(\frac{e^{-p_s^{ij}(r,m)/\lambda}}{\sum_k e^{-p_s^{ij}(r,m)/\lambda}}\right) \quad (3-10)$$

$$q_s^i(r,m) = \sum_j \tau^{ij}(m)x_s^j(r,m)\left(\frac{e^{-p_s^{ij}(r,m)/\lambda}}{\sum_k e^{-p_s^{kj}(k,m)/\lambda}}\right) \quad (3-11)$$

其中，$\lambda > 0$，$1 \leq s \leq S$。

(二) 非制造业均衡

按照 Eaton 和 Kortum (2002)、Robert 和 Andreas (2019) 的做法，假定技术参数 $\{T^i(z,n)\}$ 独立服从于 Fréchet 分布，该分布具有形状参数 κ (所有国家通用) 和特定国家的生产率参数 $\{T^i(n)\}$，可以求出封闭情形下的贸易利得和价格指数如下：

$$\pi^{ji}(n) = \frac{T^j(n)[\tau^{ji}(n)w^{j1-\theta(n)}P_X^{j\theta(n)}]^{-\kappa}}{\sum_j T^j(n)[\tau^{ji}(n)w^{j1-\theta(n)}P_X^{j\theta(n)}]^{-\kappa}} \quad (3-12)$$

$$P^i(n) = \exp(\gamma/\kappa)\{\{\sum_j T^j(n)[\tau^{ji}(n)w^{j1-\theta(n)}P_X^{j\theta(n)}]^{-\kappa}\}\}^{-1/\kappa} \quad (3-13)$$

(三) 不同生产阶段 GVC 的分解

按照 Yi (2003, 2008) 的做法，假设全球制造业商品的生产只经历 2 个阶段 (S = 2)，第一阶段的商品主要用于出口，被商品生产的第二阶段直接吸收。在全球价值链贸易中，商品的生产阶段在各国之间是分散的。同时，假定第 1 阶段进口的产品不用于第 2 阶段的出口生产。

基于不同类型的全球价值链之间的区别，首先将 i 国到 j 国第 1 阶段的出口分解如下：

$$EX_1^{ij}(m) = EX_1^{ij}(m,j) + EX_1^{ij}(m,k \neq j) \quad (3-14)$$

其中，$EX_1^{ij}(m,j) = \sum_1^R\left[\frac{e^{-p_1^{ij}(r,m)/\lambda}}{\sum_l e^{-p_1^{ij}(r,m)/\lambda}}\right]\left\{\theta(m)p_2^j(r,m)\tilde{q}^j(z,m)\left[\frac{e^{-p_2^{ij}(r,m)/\lambda}}{\sum_l e^{-p_s^{ij}(r,m)/\lambda}}\right]\right\}$

是 i 国出口的第 1 阶段商品被 j 国直接用于第 2 阶段生产吸收的价值。EX_1^{ij}

$(m,k \neq j) = \sum_{r=1}^R \sum_{k \neq j}\left[\frac{e^{-p_1^{ij}(r,m)/\lambda}}{\sum_l e^{-p_1^{ij}(r,m)/\lambda}}\right]\left\{\theta(m)\tau^{jk}(m)p_2^j(r,m)\tilde{q}^k(z,m)\left[\frac{e^{-p_2^{jk}(r,m)/\lambda}}{\sum_l e^{-p_s^{lk}(r,m)/\lambda}}\right]\right\}$ 是 i 国出口的第 1 阶段商品被 j 国用于第 2 阶段生产并出口的价值①。

---

① $EX_1^{ij}(m,k \neq j) = EX_1^{ij}(m,i) + EX_1^{ij}(m,k \neq i,j)$，其中 $EX_1^{ij}(m,i)$ 为往返贸易，$EX_1^{ij}(m,k \neq i,j)$ 为出口平台贸易。

(四) 模型的主要结论

根据上文模型的设定，可以得出以下结论：首先是最终制成品的双边贸易份额，在贸易过程中 j 国从 i 国购买的最终商品份额作为 j 国最终支出的份额等于 j 国从 i 国购买第二阶段商品的概率。其次是制造业投入的贸易份额，从 i 国到 j 国的输入货物包括第一阶段的货物和第二阶段的货物，这些货物将用于复合投入。按照 Robert 和 Andreas (2019) 估计制造业的贸易成本对距离的弹性是 $\rho(m) = 0.25$。将这种距离弹性与进口商特定贸易成本水平 (τ^j) 的估计相结合，计算出制造业的隐含冰山成本，正如预期设定的那样，双边贸易成本的水平和异质性与采购份额的变化密切相关，产生这种现象的原因是每个国家的贸易成本水平与其支出的偏好高度相关。

同时，不同国家的生产力水平与实际人均收入高度相关。生产力水平也与各个生产阶段相关：在第一阶段具有绝对高生产力的国家，在第二阶段往往也具有绝对高的生产力。出口构成与每个生产阶段的比较优势之间存在明显的正相关关系，其中在第二阶段生产中相对于第一阶段生产中拥有较高生产率的国家，其出口中制成品份额也会更高。在各国生产之间，上游和下游生产阶段的比较优势也存在着相当大的差异，而这些差异是出口中投入要素组合与最终商品组合之间的重要驱动因素。

由此可见，企业在碎片化的国际多阶段生产环节中，技术和贸易成本水平的重要作用。在生产的不同阶段，各国之间的贸易成本直接决定了一国是否能使用全球最低成本来生产商品。同时，在企业不同生产阶段，技术水平的高低也决定了企业是否会进行跨国生产，并且决定了该国企业的生产是处于国际生产环节中的哪个阶段。企业在国际生产环节中的不同生产阶段可以影响其贸易成本和企业的获利水平，该国企业在此生产阶段是否为出口平台，是否能够发挥出口平台的作用，也会直接影响到该国企业在国际市场中的贸易份额和市场竞争力，进而对国内市场产生作用，影响其产业转型升级的速度和质量。

第三节 产业集聚影响企业嵌入全球价值链的作用机制

基于第二节企业多阶段生产的模型分析，可以看出生产技术和贸易成本对企业嵌入全球价值链的影响是非常重要的。因此，本节基于第一节的相关理论基础和第二节的基本结论，对产业集聚影响企业嵌入全球价值链的作用机制进行分析。产业集聚主要通过影响企业的生产技术水平、产业链的前后向关联和专业化分工程度对企业嵌入全球价值链的位置、出口国内附加值率和企业嵌入全球价值链的稳定性产生作用。

一、生产技术水平影响企业嵌入全球价值链的作用机制

产业集聚通过知识、技术等溢出效应，提升企业的技术水平和创新能力，推动产业结构的转型升级，进而会影响企业嵌入全球价值链位置、出口国内附加值率和稳定性，提高企业在国际市场上的竞争力和贸易利得。

（一）产业集聚提升企业技术水平的途径

产业集聚是通过哪些渠道影响企业的技术水平和创新程度呢？一般来说，产业集聚主要通过以下三个渠道影响企业的技术进步：一是知识溢出效应；二是技术溢出效应；三是中间共享机制。

1. 知识溢出效应

具体而言，产业内集聚（专业化集聚）和产业间集聚（多样化集聚）均能够促使企业之间具有不同知识水平、技能水平的人通过技术交流会、学术研讨会等多种形式进行交流学习（吴学花，2004；范剑勇，2006；范剑勇等，2014；张国峰等，2016；刘信恒，2020）。这种企业间的互动式交流能够加速知识、技术在企业之间的传播，同时在交流学习的过程中，不同企业人员的思想碰撞、"头脑风暴"和技术互换，对新知识、新技术

的产生起到了至关重要的推动作用,有利于新知识和新技术的诞生,推动企业生产方式的变革和劳动生产率的提高。新地理经济学理论也证明了上述论点,认为产业集聚相较于产业扩散对集聚区知识的溢出作用更强。同时,产业集聚产生的规模经济效应可以降低单个企业的生产成本、加强企业间的内部学习和模仿效应(徐邦栋和高越,2017),进而提升企业在全球价值链分工的地位。大量本地化企业的聚集,形成规模经济效应,使集聚区的企业共享丰富的劳动力资源、便利的基础设施等,降低生产成本,同时企业间通过相互竞争,互相模仿和学习,可以促进该地区整个产业技术水平和创新能力的提升(罗良文和赵凡,2021)。产业集聚是大量企业在一个相对密集的空间里,整个空间处于相对稳定的状态,可以有效提高知识和技术的传播速度,使集聚区内其他企业能够有条件快速进行吸收、学习、模仿和创新,提升企业的生产率水平,促进整个产业的发展。

2. 技术溢出效应

一般来说,狭义上的技术进步主要是指提供新的中间投入品、新的服务技能以及新的生产工艺,具体表现为能够提高劳动生产率的技术。产业集聚形成的技术溢出效应,会增加企业前期创新研发投入的补偿与回报空间,提升企业的技术水平和创新(Seker,2012)。同行业的企业大量聚集形成的专业化集聚,由于技术的同质性,会增加企业之间的交流、学习机会,促使企业通过引进方法对新技术进行学习、模仿和二次创新,促进企业技术水平的提高。不同行业的集聚,可以使产业形成前后向关联,加速产业的纵向非一体化分工,同时也能使企业更好地立足于集聚区内的柔性、弹性的集聚特征(宣烨和宣思源,2012),增强企业的灵活应变能力,增强自主研发能力,打造安全又稳定的产业链。行业间的多样化技术水平,可以给集聚区内企业提供更多的学习、交流机会,在企业资金和技术实力相对匮乏时,可以借助集聚区内的技术来打开市场。因此,多样化产业集聚形成的溢出效应,可以带动该地区及周边地区企业的快速发展(李强,2016;罗良文和赵凡,2021)。总之,不同产业集聚模式,均会通过行业内或行业间企业的互相学习、模仿和引进新技术及二次对技术进行创新,进而影响企业嵌入全球价值链的程度。

3. 中间共享机制

产业集聚形成的中间共享机制可以使集聚区内的企业降低生产成本，更易获得丰富的劳动力资源、便利完善的基础设施和技术优势（苏丹妮等，2020）。产业集聚带来大量人口的地理集中，可以形成劳动力"蓄水池"，为地区经济的发展提供了充足劳动力。大量劳动力资源的聚集可以使该地区企业节省了搜寻成本，提高企业招募人员的效率，同时也可以减少摩擦性失业，降低该地区整体的失业水平。例如，在产业不断集聚的过程中，某一行业的专业化劳动力和技能可以惠及集聚区内的其他行业，如互联网技术和人工智能等方面可以有助于整个集聚区内其他企业的发展，所以说集聚区内企业都能从劳动力共享中获得经济效益。同时，大量企业的集聚必然会带动周边消费者的聚集，消费者需求的多样性也会倒逼企业进行不断地创新和研发，多样化产业集聚在满足消费者多样性需求时更为契合。企业可以通过建立市场和消费者之间的信息共享、沟通反馈机制，使企业的整体销售和售后流程得到进一步提升。

中间共享机制不只是劳动力资源的共享，同时还包含行业内、行业间的其他技术、原材料等方面的共享。例如，专业化集聚是大量同行业的聚集，其对行业上下游企业的需求会增强，进而带动整个产业链条上下游产业的发展，如原材料、物流运输行业、服务行业、金融行业、销售以及售后行业的不断融合（孙元元和张建清，2017）。专业化集聚带动前后向行业的发展极易形成垂直型的产业链，可以使单个企业节省在市场中的搜寻成本及贸易成本，进一步加速专业化分工体系的建立，提高企业的生产效率。不同行业形成的多样化集聚，会使集聚区内有多样化的技术分布可以满足不同行业学习、交流以及并购重组的需求（杨超等，2020），加速产业间知识溢出程度，可以有效满足企业间技术互补性的需求。多样化集聚区内的政府、大学和科研机构之间的产政学研合作也会加深技术的互补性交流，多元化的学习与创新网络得以建立，为企业的发展提供智囊团，促进企业创新水平和技术水平的提高。集聚区内的大型企业也可以通过和中小企业合作的方式，将一些非核心产业外包给中小企业，这样可以使大型企业和中小企业达到双赢，也可以促进专业化分工体系的建立，进而提高企业的运营效率。这些都说明产业集聚形成的中间共享机制,可以促进企业节省中间交易成本,进而使企业可以有较多的精力投入研发中,改进企业的生产技术,提高整体生产效率。

(二) 技术进步是产业升级的源泉

企业的生产包含中间品和最终品的生产,同时技术创新也在产品生产中扮演着重要角色。为了证明技术进步是产业升级的源泉,本书从中间品市场和最终品市场的均衡条件出发,以此探讨技术进步的重要性。

基于熊彼特的内生增长理论,按照韩峰等 (2021) 的做法,本书假定一国划分为 N 个地区,每个地区有 J 个制造业行业,每个制造业行业只生产一种最终产品;劳动力和中间产品是制造业厂商生产最终产品所需要投入的要素,且所有最终产品和生产要素的交易环境为完全竞争市场;厂商选择使用的中间产品拥有最新技术,中间品部门的技术创新决定了行业乃至整个经济体的技术进步水平,技术创新成功的概率则依赖于中间品厂商的研发投入以及金融、信息传输、科学研究与技术服务等行业的发展和集聚水平。

1. 最终品生产的均衡

首先对制造业最终产品的构造是按照 Aghion 和 Howitt (2009) 对熊彼特增长模型中最终产品生产函数的模型进行设定。假定生产中只投入两种要素:劳动和专业化的中间品,中间品连续且用 1 表示,可得函数如下:

$$Y_{jct} = L_{jct}^{\alpha} \int_0^1 A_{jct,r}^{\alpha} y_{jct,r}^{1-\alpha} d_r \qquad (3-15)$$

公式 (3 – 15) 表示制造业行业最终产品生产中生产技术规模报酬不变,满足凹性特征和稻田条件。其中,Y_{jct} 为 t 年 c 地区 j 行业生产的最终产出;L_{jct} 为 c 地区 j 行业的劳动投入,且有 $\sum_{j=1}^{J} L_{jct} = L_{ct}$,$L_{ct}$ 为 c 地区所有制造业的就业总人数。$y_{jct,r}$ 为生产制造业行业 j 最终产品的专业化中间产品 r;$A_{jct,r}$ 为中间产品 r 的生产效率或技术水平;α 为最终产品生产中劳动力的密集使用程度;$1-\alpha$ 为最终产品生产对中间产品的密集使用程度,且 $0 < \alpha < 1$。

其次,制造业行业生产最终品,实现利润最大化条件,是在劳动力价格 (w_{jct}) 和中间品价格 ($p_{jct,m}$) 给定的情形下,制造业行业的代表性厂商的利润为:

$$\pi_{jet} = P_{jet}L_{jet}^{\alpha}\int_0^1 A_{jet,r}^{\alpha} y_{jet,r}^{1-\alpha} d_r - w_{jet}L_{jet} - \int_0^1 p_{jet,m} y_{jet,r} d_r \qquad (3-16)$$

其中，P_{jet}为 c 地区 j 行业的最终品价格，在劳动力市场和中间品市场完全竞争情况下，对公式（3-16）取最优化的一阶条件，得到制造业最终品市场均衡的条件为：

$$w_{jet} = \alpha P_{jet}L_{jet}^{\alpha-1}\int_0^1 A_{jet,r}^{\alpha} y_{jet,r}^{1-\alpha} d_r \qquad (3-17)$$

$$p_{jet,m} = (1-\alpha)P_{jet}L_{jet}^{\alpha} A_{jet,r}^{\alpha} y_{jet,r}^{-\alpha} \qquad (3-18)$$

2. 中间产品生产的均衡

中间品作为生产某种最终产品的投入品，其生产创新的效率直接决定了最终产品的产出水平和质量。为防止其他中间品厂商通过不断创新中间产品来获取垄断利润，制造业行业内各中间品厂商都会竞相增大研发投入力度来提高中间产品生产效率和生产技术水平，然而研发活动是否能够成功取决于创新风险的大小。

如同最终品生产的假设一样，中间品生产所处的也是完全竞争市场环境，该行业的最终品是中间品生产的要素投入，且以 1∶1 的生产技术进行生产。假设该地区 j 行业第 r 种中间品 $y_{jet,r}$ 创新成功的概率为 $\rho_{jet,r}$，则其创新面临的风险概率为 $1-\rho_{jet,r}$。如果该地区某行业的中间品创新成功，则其中间品生产效率就会提升，假设中间品创新成功后该中间品 $y_{jet,r}$ 的生产效率 $A_{jet,r}$ 优化程度为 $\gamma_j(\gamma_j \geq 1)$，则当期生产效率 $A_{jet,r} = \gamma_j A_{jet-1,r}$；如果创新未成功，则该中间品 $y_{jet,r}$ 的生产效率就会和上一期的生产效率保持一致，即 $A_{jet,r} = A_{jet-1,r}$。

由此可得，制造业行业 j 中的第 r 种中间品厂商通过选择最优最终产品投入量来实现利润最大化。结合式公式（3-18），中间品厂商利润函数可表示为：

$$\pi_{jet,m} = (1-\alpha)P_{jet}L_{jet}^{\alpha} A_{jet,r}^{\alpha} y_{jet,r}^{-\alpha} - P_{jet} y_{jet,r} \qquad (3-19)$$

对公式（3-19）取一阶条件，可得到制造业行业 j 第 r 类中间品厂商的最优产量：

$$y_{jet,r}^* = (1-\alpha)^{2/\alpha} L_{jet} A_{jet,r} \qquad (3-20)$$

公式（3-20）显示，制造业行业 j 中研发生产第 r 类中间品的厂商所获得的最优产量与制造业行业 j 劳动力使用量 L_{jet} 以及第 r 类中间品生产效率 $A_{jet,r}$ 成正比。

将公式（3-20）代入公式（3-19）可得到制造业行业 j 中第 r 类中间投入品厂商的利润：

$$\pi_{jet,r}^{*} = \alpha(1-\alpha)^{(2-\alpha)/\alpha} P_{jet} L_{jet} A_{jet,r} \qquad (3-21)$$

3. 技术进步是制造业结构升级的源泉

将第 r 类中间品厂商的最优产量公式（3-20）代入公式（3-15），可得到劳动力投入量 L_{jet} 时，制造业行业 j 最终产品厂商的最优产量 Y_{jet}^{*} 如下：

$$Y_{jet}^{*} = (1-\alpha)^{2(1-\alpha)/\alpha} L_{jet} A_{jet} \qquad (3-22)$$

其中，$A_{jet} = \int_{0}^{1} A_{jet,r} d_r$ 代表 j 行业各类中间品生产的平均技术进步水平。

本书将均衡时各类中间品创新成功的概率设定为 ρ_{jet}，中间品创新成功的概率主要取决于该行业的研发投入，与具体的中间品品类无关，所以可以设定为 ρ_{jet}。那么，j 行业中间品生产的平均效率可用如下公式表示：

$$A_{jet} = \int_{0}^{1} \gamma_{jc} A_{jet-1,r} \rho_{jet,m} d_m + \int_{0}^{1} A_{jet-1,r} (1-\rho_{jet,m}) d_m$$

$$= \gamma_{jc} A_{jet-1,r} \rho_{jet,m} + A_{jet-1,r}(1-\rho_{jet,m}) = A_{jet-1,r}[(\gamma_{jc}-1)\rho_{jet,m}+1] \qquad (3-23)$$

制造业行业 j 的技术进步增长率可进一步表示为：

$$T_{jet} = \frac{A_{jet} - A_{jet-1}}{A_{jet-1}} = \frac{A_{jet-1}[(\gamma_{jc}-1)\rho_{jet,m}+1] - A_{jet-1}}{A_{jet-1}} \qquad (3-24)$$

可以看出，技术进步是制造业结构升级的根本动力，干春晖等（2011）、杨智峰等（2016）认为产业结构发生转变的原因是每个产业在对技术的要求上和技术吸收能力上存在不同，所以每个产业的增长速度也各不相同。制造业相对于其他行业，技术进步较为显著且对技术水平要求较高，制造业的升级速度更快，在此基础上，为了看出高技术制造业的增长速度和升级过程，本书假设一个制造业通用生产部门，以 CES 生产函数进行生产其最终产品，具体公式如下：

$$Y_{ct} = \left(\sum_{j=1}^{J} \widetilde{\omega}_j Y_{jet}^{\delta} \right)^{1/\delta} \qquad (3-25)$$

其中，Y_{ct} 为产品的总产量；$\widetilde{\omega}_j$ 表示 j 行业最终产品在生产时的重要性，$\delta = (\sigma - 1)/\sigma$，$\sigma$ 为各行业最终产品间的替代弹性且大于 1。

根据上述条件，可以得到制造业通用生产部门的均衡条件为：

$$P_{jet} = P_{ct}\widetilde{\omega}_j (Y_{ct}/Y_{jet})^{1-\delta} \tag{3-26}$$

其中，P_{ct} 为制造业通用产品价格。

若模型中的制造业行业 j 属于技术改进程度（γ_j）较大且技术进步增长率较高的行业，该行业相对于制造业结构中其他行业 g 的产出比值可表示为：

$$\frac{Y_{jet}}{Y_{gct}} = \left[\left(\frac{P_{ct}\widetilde{\omega}_{cj}}{P_{jet}}\right)^{1/(1-\delta)} Y_{ct}\right] \bigg/ \left[\left(\frac{P_{ct}\widetilde{\omega}_{cg}}{P_{gct}}\right)^{1/(1-\delta)} Y_{ct}\right] = \left(\frac{P_{gct}}{P_{jet}} \times \frac{\widetilde{\omega}_j}{\widetilde{\omega}_g}\right)^{1/(1-\delta)} \tag{3-27}$$

由于劳动力市场完全竞争，劳动力要素可在行业间自由流动，因而制造业行业 j 与行业 g 劳动力的边际产品价值相等。由此得到：

$$\alpha P_{jet} L_{jet}^{\alpha-1} \int_0^1 A_{jet,r}^{\alpha} y_{jet,r}^{1-\alpha} d_r = \alpha P_{gct} L_{gct}^{\alpha-1} \int_0^1 A_{gct,r}^{\alpha} y_{gct,r}^{1-\alpha} d_r \tag{3-28}$$

求出最优产量带入，可得：

$$\frac{P_{gct}}{P_{jet}} = \frac{A_{jet}}{A_{gct}} \tag{3-29}$$

由公式（3-29）可知，行业 j 与行业 g 最终产品价格与技术进步水平之间呈反比例关系。进一步结合公式（3-24）、公式（3-27）和公式（3-29），并在等式两边取自然对数和求全微分，得到：

$$\frac{\dot{Y}_{jet}}{Y_{jet}} - \frac{\dot{Y}_{gct}}{Y_{gct}} = \frac{1}{1-\delta}\left(\frac{\dot{A}_{jet}}{A_{jet}} - \frac{\dot{A}_{gct}}{A_{gct}}\right) = \frac{(T_{jet} - T_{gct})}{1-\delta} = \frac{1}{1-\delta}(\gamma_{jc} - \gamma_{gc})\tau_{jet} \tag{3-30}$$

公式（3-30）显示，在其他条件不变的情况下，c 地区制造业行业间的产出增长率差异取决于行业间的创新程度（$\gamma_1, \gamma_2, \gamma_3, \cdots, \gamma_J$）及其创新概率 τ_{jet}。

综上所述，把制造业分为最终产品生产商和与之相关的行业内中间品生产商，技术创新均在其中扮演着重要角色。在中间品的生产过程中，技术创新可以提高中间品的生产效率，降低中间品投入的成本，进而使其在供应最终品时具有更高的优势。反过来，最终品制造商在利用中间品进行生产时，由于选用了最具效率的中间品，其生产过程中产生的整体经济效率更高，进而会推动整个行业的技术进步。所以说，制造业的最终产品和中间产品生产商之间相互依存，互相促进。整个行业的技术创新程度越高，其发展速度也就越快，推动中间品和最终品的持续创新发展，进而使该行业产业转型升级的可能性加大，引领整个行业向更高端化方向演进，提升行业在国际化分工网络中的地位。

（三）企业的技术水平对其嵌入全球价值链的影响

上文证实产业集聚影响企业技术水平的途径，企业技术水平的提升是产业升级的源泉。企业技术水平的提升可以提高企业单个商品的生产效率，使企业以较少的社会必要劳动时间生产出更多的产品，产品在国际市场竞争中就具备了相对较低的价格优势，可以快速融入国际生产分工网络（李强，2016；苏丹妮等，2018）。在国际化生产的今天，一件商品可能来自全球多个国家的加工、装配和销售。企业的技术水平直接影响到企业能否参与国际竞争中，一般而言，发达国家对产品的研发、设计、生产工艺、产品质量和安全环保的要求标准更高，同时消费者的需求更加多样化，这就要求发展中国家的企业在加入全球价值链时必须拥有更高的技术水平，加大研发投入，提升产品的出口质量。尤其是欧美发达国家，除了对产品质量有更高的要求外，其对产品的环保技术要求也很高，技术水平的提升可以推动企业绿色生产效率的发展，使具有较高绿色生产效率的企业在嵌入全球价值链时优势明显，可以嵌入全球价值链的上游环节。同时，提高技术水平，可以与企业相关的中间投入成本，降低企业的生产成本，使其在国际竞争中更加有利。即使是加工贸易企业，其在承包国外订单时也可以借助国外企业提供额外的工艺指导、人才培训以及产品设计等方面的支持，也可能会提升发展中国家技术创新能力（Lopez 和 Yadav，2010）。企业技术水平的进步，带来更多的专利技术申请，其在国际市场中因知识产权等纷争面临的反倾销案件就会减少，使中国企业在国际市场中树立更加良好的形象，提升企业在国际市场上的美誉度。

由上述分析可以看出，产业集聚可以通过知识溢出、技术溢出和中间共享机制提升企业的技术水平，企业技术水平的提升又对企业嵌入全球价值链的位置、国内附加值和稳定性产生影响。因此，本书以全要素生产率作为衡量生产技术水平的指标，对全要素生产率是否在产业集聚模式和企业嵌入全球价值链之间发挥作用进行机制研究，以证明产业集聚模式作用于企业嵌入全球价值链的影响机制。

二、产业链前后向关联对企业嵌入全球价值链的作用机制

企业嵌入全球价值链位置的提高，可以有效促进企业的创新水平、优化产业结构，使国内产业链、供应链更加稳定，进而促进经济高效增长（邵朝对和苏丹妮，2017）。产业集聚作为本地化企业生产体系的表征，集聚产生的溢出效应可以共享信息、技术和人才等资源，促进制造业企业技术创新、生产效率提高和竞争力提升，最终形成网络化、集群化的协同分工格局，推动传统产业优化升级，使中国企业深度参与全球价值链分工，提升其嵌入全球价值链的稳定性。

（一）不同集聚模式的前后向关联

产业集聚使大量企业在同一地区集聚，对集聚区内企业相关联的前后向企业产生巨大影响。企业通过产业间的前后向关联可以推动建立国内生产价值链的上下游关联，如链接客户、供应商、竞争对手、中介机构等，形成有效的国内生产的链条。集聚产业的前后向关联密度也可以加速产业间的合作，提升整个供应链的水平，进而影响企业嵌入全球价值链的程度及稳定性。集聚产生企业间的关联性主要体现为专业化集聚过程中，产业间关联则嵌于多样化集聚之中。

就专业化集聚而言，同行业的企业大量聚集使整个产业链、供应链多以行业内的关联企业为主，一个企业的投入是另一个相关企业的产出，新企业的成立对于处于行业内的产业链的关联企业都是有利可图的。基于经济学中成本最小化理论基础，新企业或新行业的出现必然使与之相关的企业加速集聚，从而形成大规模的生产，带动行业的发展。Abdel-Rahman 和 Fujita（1990）认为企业生产的中间品种类越丰富，产业的产出规模越大，可以共享集聚经济带来的溢出效应。

就多样化集聚而言，不同行业之间的垂直关联效应加速了产业间的技术互补性，可以营造更加多元化的创新网络。多样化集聚区域，是一个开

放的生产系统，不同行业多样化的技术、人才、资源等多元化"蓄水池"（苏丹妮等，2020）可以弥补行业间技术的差异性及企业管理中的短板。同时，行业之间的前后向关联对于原材料、运输、服务等行业的需求更加多样化，可以使不同行业之间协同发展，降低企业市场中搜寻和交易成本，提高生产效率，推动行业间的融合发展，进而带动该地区整体经济的发展，使集聚区内企业更易嵌入全球价值链的上游。

（二）中间投入的前后向关联

如上文所述，不同产业集聚模式的前后向关联渠道不一致，同样的产业集聚也可以通过中间投入的前后向关联影响集聚区内企业的发展。产业集聚通过链接上下游的客户、供应商、中介机构等影响前后向关联行业，进而带动集聚区内企业的整体经济效益提升。具体来说，产业集聚的目的是平衡生产者和消费者之间的关系，同时达到生产商收益最大化和消费者效用最大化的状态。因此，企业和消费者之间的关系可以说是产业集聚的基础，消费者对产品的设计和质量的要求、对产品使用感的反馈都会影响企业的生产和发展。消费者和供应商是企业参与生产发展前后向关联的重要途径。当企业向上游供应商购买原材料或半成品时，这些原材料作为中间投入其成本的高低，直接影响企业的进一步生产，而供应商和制造商之间的紧密联系与合作又进一步使企业的中间投入成本降低。企业可以利用供应商提供的新材料或新零件等信息，把获取的这些知识信息采用新的生产技术进行生产，改进生产环节，提高生产效率；而供应商又可以根据消费者的反馈，按照消费者的真实需求来改进原材料或者零部件，提高生产水平和服务质量。同时，企业的前后向关联生产，也需要找寻合适的渠道，中介机构也是产业的前后向关联的重要途径。集聚区内的中介机构可以有效整合相关政策资源，建立技术、信息、管理、培训、流动和融资等产业服务体系，可以为集聚区内产业链的前后向关联提供有力的支撑，协调企业间的创新活动，为企业生产系统的高效运行提供良好的组织环境。

因此，综合上述产业链前后关联的机制，可以看出产业集聚通过产业链中行业内和行业间的集聚提升企业的产品质量、提高企业的生产率、优化企业的生产成本，进而提高企业嵌入全球价值链的安全性和稳定性。同时，产业链的前后向关联，也为企业在全球生产价值链中的前后向关联奠定基础。通过第二节的多阶段生产模型可以看出，企业在全球价值链的不同生产阶段，承担的角色也不同，其贸易成本和出口平台机制直接影响企业在国际市场中的贸易份额。

三、专业化分工对企业嵌入全球价值链的作用机制

专业化分工是国际化生产以来最重要的分工形式，相对于传统的垂直一体化分工，其灵活性更高，风险更低，是促进区域产业发展和经济增长的重要手段。产业集聚是促进专业化分工的有效手段，在产业集聚过程中，聚集了大量关联企业，产业规模急剧膨胀的同时就会使集聚区内产生对专业化分工的需求，主要有知识分工和劳动分工两种专业化分工形式。知识的专业化分工可以加速专业知识的积累，同时使相关技术人员在专业领域的深造更加有利，能够增加整个社会的知识储备量，进而推动创新的发展；而劳动的专业化分工就是传统地对劳动力进行分工，在集聚区内部各部门之间的生产分工越明确，区域内部就越容易形成一个完整的生产链条，生产环节就更加有效，可以提高企业发展水平（见图3-2）。

（一）行业间的专业化分工

随着科技的发展，产业集聚可以有效促进相关产业间的分工协作，整个产业体系得益于分工的专业化和精细化，吸引更多的企业加入，进而提升整个产业体系的合作效率，促进整个行业的发展，提升地区经济水平和企业的国际竞争力。就制造业而言，其所涉及的领域包含医疗制造业、航空航天制造业和电子信息等行业，这些领域复杂性较强，行业的生产需要多个行业和学科间相互关联。此外，产业集聚也可以使集聚区内企业共享专业化分工的益处，降低单个企业的交易成本。不同的行业间、企业间均存在着运输、管理、信息搜寻、售后等费用，专业化分工体系可以降低企业搜寻的成本，共享信息资源，降低聚集区内信息的不对称性。例如，在非产业集聚区，企业需要招募员工，需要单个企业对员工的个人信息进行筛选、搜寻，增加人力和资金成本，造成时间和资金的浪费。而在进行专

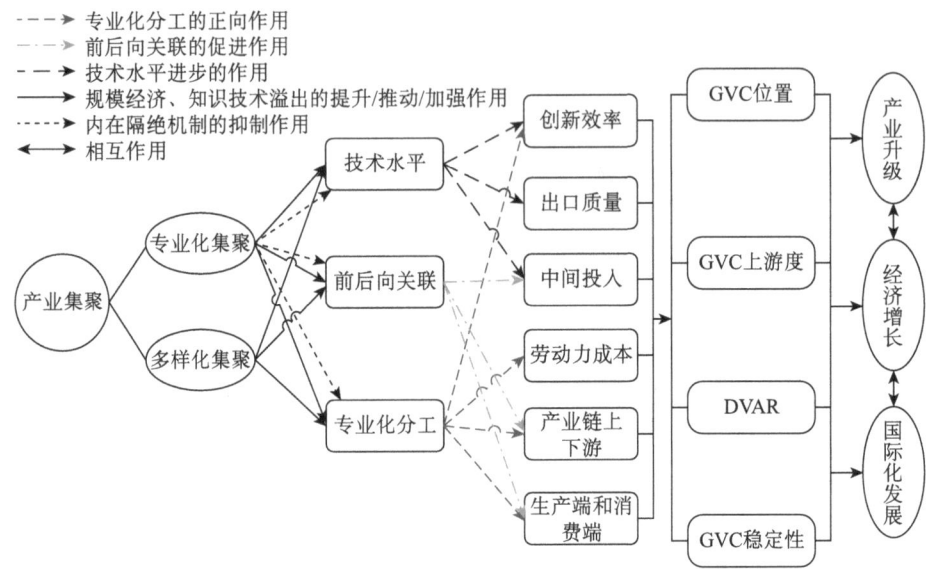

图 3-2　产业集聚影响企业嵌入全球价值链的机制①

业化分工之后,专业化的中介机构会快速地对信息进行搜集,对集聚区内拥有相似技能的员工进行匹配,使集聚区内企业能够更快地找到合适的人才,从而降低企业招聘人才的时间成本和广告成本,提升企业的工作效率,高效的工作可以激活技术人员的创造活力,促进产业集聚的进一步完善,形成良性循环。

(二) 中间品的专业化分工

就中间品生产而言,产业集聚通过专业化分工对企业获得国内中间品种类的途径产生影响,进而可以降低国内中间品的相对价格,使企业整体的生产成本下降,提升企业嵌入全球价值链的程度。具体来说,大量同行业企业的集聚促进中间品供应商形成规模经济,中间品厂商的规模经济效应和品类繁多的产品又给最终品生产提供了更广的范围,进一步降低了国内中间品相对价格 (Ellison 等,2010;Kee 和 Tang,2016),提高企业嵌入全球价值链的位置。同时,中间投入品共享,可以使企业节省生产成本,使企业有更多的资金投入研发创新中,提高企业的生产效率。

---

① 资料来源:作者根据查阅文献,梳理作用机制进行绘制。

（三）劳动力资源的专业化分工

企业处于不同的生产阶段对其技术和劳动力的需求是有差异性的，集聚区内企业大规模集聚所形成的劳动力"蓄水池"会有效增加劳动力市场规模，从而使整个行业劳动力供给增加，同时使企业对劳动力有了更多的选择，同时大量的劳动力资源也会加速劳动力之间的专业化分工，使整个劳动力市场的配置效率提高（Duranton 和 Puga，2004；Blasio 和 Addario，2005）。产业集聚可以通过集聚区内的专业化分工机制，使企业在每个阶段的生产过程中都投入最优的中间投入和生产要素，降低企业的生产成本，从而提升企业在国际市场的竞争力，进而提高企业嵌入全球价值链的位置，提升企业出口国内附加值率，增强企业在全球价值链中的稳定性。

上述理论机制的分析表明，产业集聚可以通过生产技术进步、产业链的前后向关联和专业化分工等机制影响企业的发展水平进而影响企业嵌入全球价值链的程度。工业增加值率是一个企业在生产过程中的盈利水平的体现，也是企业在国际竞争中的基础。生产技术的进步、产业链前后向关联的增强和专业化分工程度的提高均可以提升企业的工业增加值率。因此，本书以工业增加值率作为不同产业集聚模式和企业嵌入全球价值链之间的作用机制，来检验工业增加值率的影响效应。

本章小结

首先，本章梳理了产业集聚影响企业发展的相关理论基础，主要包括内生增长理论、外部性理论和竞争优势理论，解释了产业集聚形成的原因，产业集聚影响企业发展的内在动因以及产业集聚所存在的优势，为本书的实证研究提供了重要的理论基础；同时，本章也梳理了和企业嵌入全球价值链相关的理论，主要有比较静态优势理论、动态优势理论、要素禀赋理论、规模经济理论和交易成本理论等理论，这些理论为下文研究中国企业嵌入全球价值链的位置、出口国内附加值率、企业嵌入全球价值链的稳定性等奠定了理论基础。其次，本章以国际化生产中的企业多阶段生产模型为基础，通过模型分析发现技术进步和贸易成本在企业不同生产阶段中的重要性。最后，通过对理论文献的梳理，发现产业集聚主要通过生产技术水平、产业链的前后向关联和专业化分工等主要机制对企业的技术创新、中间投入、劳动力成本、出口质量及生产端和消费端产生作用，并且以全要素生产率和工业增加值率作为影响机制研究，以验证产业集聚是否通过全要素生产率和工业增加值率的改变影响了企业嵌入全球价值链的水平，进而对经济增长产生影响。

第四章

产业集聚与企业嵌入全球价值链的测度方法及演化

第四章 产业集聚与企业嵌入全球价值链的测度方法及演化

当前，我国经济由高速增长向高质量增长转变，经济发展注重稳中求进，党的十九大明确提出经济高质量发展的要求，经济结构转型升级势在必行。制造业作为国之重器，其发展的速度和质量直接影响到实体经济的未来。国家出台相关的产业政策，支持产业集聚，鼓励技术创新。全球经济竞争日趋激烈，一国在全球经济发展中的话语权，是由其产业发展水平所决定的。当前所处的复杂环境使我们应该更加慎重地对待国家产业未来的发展方向和质量。产业集聚当前发展事实特征是什么，产业集聚会对企业嵌入全球价值链有何影响，是当前研究的重点。

本章的主要内容包括：一是基于产业集聚指标的测度方法，分析不同产业集聚指标测度下中国发展的事实特征，同时对目前中国产业集聚进行梳理及分析；二是基于全球价值链指标的测度特征，分析当前中国制造业企业嵌入全球价值链的水平，进而得出中国企业嵌入全球价值链的事实特征，为接下来的章节做好铺垫；三是对本章内容进行总结。

第一节 产业集聚的测度方法及演化分析

一、产业集聚的测度方法

产业集聚主要是为了测度产业在空间的集聚程度，基于经典的产业经济学研究范式对其进行度量，一般是通过用集聚程度的指标来完成测度的。产业集聚指数的测度主要是用来反映产业在空间分布上的状态，是集中还是分散。当前，对产业集聚指数度量的方法主要是采用国外学者的相关研究，主要包括两大类：一是根据当地从业人数来判断产业的集聚程度，如区位熵指数、赫芬达尔指数；二是根据区域地理位置进行判断，主要包含空间基尼系数（Krugman，1991）和 EG 指数（Ellison 和 Glaeser，1997），它们是用不同空间地理单元中产业经济规模的均衡性进行构造；DO 指数（Duranton 和 Overman，2005）是基于微观企业地理位置信息形成的产业空间分布进行构造。

(一) 区位熵指数

区位熵指数是产业集聚研究中相对较早的测度方法,由哈盖特(P. Huggett)首先提出并在随后的集聚研究中加以应用。区位熵指数的测度一般是用一个地区的从业人数或地区总产值来进行衡量,其数据可得性较强,更适合基础研究。具体地,区位熵指数主要是用一个地区某行业的从业人数占该行业总从业人数的比重与全国该行业从业人数占总从业人数的比重,是"比率之比"。区位熵指数通常以"1"为临界点:如果区位熵指数大于1,则该地区该行业的专业化程度越高,反之,则该行业在该地区尚未形成专业化生产,主要是衡量该地区的专业化程度。具体的公式表示如下:

$$\text{agg}_{ijet} = \frac{(L_{jet} - L_{ijet})/L_{ct}}{L_{jt}/L_t} \tag{4-1}$$

公式 (4-1) 中,分子 $(L_{jet} - L_{ijet})/L_{ct}$ 表示剔除企业 i 自身就业人数 (L_{ijkt}) 后 t 年 c 地区 j 产业就业人数 (L_{jet}) 占 c 地区制造业就业人数 (L_{ct}) 的比例;分母 L_{jt}/L_t 表示 t 年全国 j 产业就业人数 (L_{jt}) 占全国制造业就业人数 (L_t) 的比例。

(二) 赫芬达尔指数

赫芬达尔指数是以企业个数和规模作为测算基础,对所有企业的市场份额的平方和进行计算,主要是反映产业集聚程度中的企业规模差异。赫芬达尔指数最早是由赫希曼(Hirschman)提出,在赫芬达尔(Herfindahl)进一步拓展的基础上发展而来的。在当前的测算中,为了更好体现企业的规模,一般是用企业的从业人数进行具体的测算,可以更好地反映企业的集聚程度,具体公式如下:

$$\text{Herf}_{ijet} = \sum_{i \in \epsilon_j^c} \left(\frac{L_{ijet}}{L_{jet}}\right)^2 \tag{4-2}$$

Herf_{jet} 表示 t 年 c 地区 j 行业的赫芬达尔指数,衡量产业内部的市场结构状况,以下用 H 表示。它反映的是某一产业中以就业人数为标准计算的企业规模分布以及其集聚程度。赫芬达尔指数取值 0—1,如果赫芬达尔指数取值趋于 1 则表示行业的空间集聚程度越高;若趋于 0,则表示行业的空间集聚程度越低,该指数不能衡量和解释产业结构在空间的分布。同时,该指标在测算时由于从业人数或产值的可能性较弱,因此较多用于企业等微观层面的测算中。

(三) 空间基尼系数

空间基尼系数作为衡量一个地区—行业的产业集聚程度的指标,是 Krugman (1991) 对美国制造业集聚程度研究中提出的,他将洛伦兹曲线与传统基尼系数相结合进行空间基尼系数测度,具体公式如下:

$$\text{agg}_{jr} = \sum_{c} (L_{jc}/L_{jr} - L_{c}/L_{r})^{2} \quad (4-3)$$

公式 (4-3) 中,agg_{jr} 表示为 r 省 j 行业的空间基尼系数;L_{jc}/L_{jr} 为 c 城市 j 行业中就业人数占所在 r 省 j 行业就业人数之比;L_{c}/L_{r} 为 c 城市总就业人数占所在 r 省总就业人数的比重。空间基尼系数的值处于 0—1,当空间基尼系数为 0 时,说明该地区产业分布很均匀;当空间基尼系数为 1 时,说明该地区产业完全集中于一个区域。agg_{jr} 值越小,说明该地区产业空间集聚程度就越低;agg_{jr} 值越大,则相反。空间基尼系数是一个地区产业的相关指标占全国该产业总值的比重,该指标忽视了企业规模的差异,不能够准确反映产业的集聚程度。

(四) EG 指数

Ellison 和 Glaeser (1997) 是将行业内单个企业的规模信息进行考虑,同时还考虑了企业的选址、自然优势、地区的空间溢出效应,在此基础上提出了 EG 指数。EG 指数提高了不同产业集聚的相互可比性,其能够较好地计算产业集中度较大而企业分布较分散的情况,是对传统的空间集聚测度指标的补充。在计算 EG 指数把 HHI 指数作为权重,可以对空间基尼系数中未考虑企业规模差异性的问题进行很好的弥补,对于原有的空间基尼系数是一个重大的改进。EG 指数是在空间基尼系数和赫芬达尔指数的基础上构建的,其具体公式如下:

$$EG = \frac{G - [1 - \sum_{c=1}^{n} L_{c}^{2}]H}{[1 - \sum_{c=1}^{n} L_{c}^{2}](1 - H)} \quad (4-4)$$

H 表示的是赫芬达尔指数;G 为空间基尼系数;L_c 代表 c 地区的相关指标占全国的比重,EG 指数的取值范围是 0—1。如果 EG 指数越趋近于 0,则代表产业或行业空间集聚程度越低;如果 EG 指数越趋近于 1,则表示该产业或行业的空间集聚程度越高。虽然 EG 指数考虑了规模因素，但由于数据的搜寻及企业的选址等因素难以满足测算条件，也会影响其准确性。

（五）DO 指数

Duranton 和 Overman（2005）在 EG 指数引入单个企业信息的基础上充分利用企业地理位置信息提出了 DO 集聚指数度量方法。DO 指数主要是通过行业内企业的地理位置信息来计算企业之间的地理距离，从而得到企业间距离的密度分布，以此来表示经济规模加权后的产业集聚程度相对于空间距离的函数。DO 指数方法使用的是企业的地理位置信息，不容易受到空间区域划分的影响，更能够反映产业在不同距离上的集聚指标。微观企业位置的不可获得性增加了 DO 指数的计算难度，但是随着数据的可得性逐渐增强和技术手段的进步，DO 指数的计算也逐渐趋于简单化（陈柯等，2018）。

DO 指数的测算基础是行业内的每个企业的地理位置，具体而言，某个企业是该行业的三分位行业，应先要把该企业的地理位置信息转换为地理学中的经纬度坐标，并计算行业内任意企业间的地理距离，进而估计三分位行业内企业间距离分布的核密度函数。具体来说，单个行业内关于企业距离分布 d 的核密度函数为：

$$\hat{K}(d) = \frac{1}{n(n-1)h} \sum_{i=1}^{n-1} \sum_{j=i+1}^{n} f\left(\frac{d-d_{i,j}}{h}\right) \quad (4-5)$$

二、产业集聚演化的事实特征

一个地区的自然资源、要素禀赋和区位优势，会使经济活动分布呈现不平衡性，进而导致不同的地区拥有不同的产业比较优势。产业集聚使劳动力大量集聚、中间投入共享体系建立和知识传播速度加快会对该地区企业的行为和绩效产生正向外溢效应（Rosenthal 和 Strange，2004），还会加剧当地的市场竞争程度、降低产品价格进而对企业行为和绩效产生竞争效应。

当前，立足拓展多元化对外贸易，使经济开放水平向更深层次、更高质量发展，企业可借助集聚外部性带来的优势，降低其生产成本，加强技术学习和提高创新能力，提升其国际竞争力。产业集聚的溢出效应可以加速地区内部产品的交换，人才的流动，同时可以提升地区内部的创新能力。同时，集聚可通过不同行业之间不同技能人员的流动、不同产品之间的贸易降低企业研发成本，形成多元化的"蓄水池"，可以使产业形成前后向关联，加速产业的纵向非一体化分工，使企业更好地立足于集聚区内的柔性、弹性的集聚特征（宣烨和宣思源，2012），增强企业的灵活应变能力，增强自主研发能力，打造安全又稳定的产业链。

（一）两种集聚模式的基本事实特征

专业化集聚和多样化集聚是产业集聚的两种不同模式，专业化集聚主要反映了同行业之间产业的集聚状况，而多样化集聚主要反映了不同行业之间的集聚状况。图 4-1 是 2000—2014 年中国企业专业化集聚和多样化集聚指标的变化趋势，可以看出样本期内，多样化集聚模式的整体集聚水平较高，整体趋势均处于上升阶段，而专业化集聚指标整体水平较低，但是随着经济的不断发展和经济结构的转型升级，两种集聚模式整体上呈现趋势较平稳。

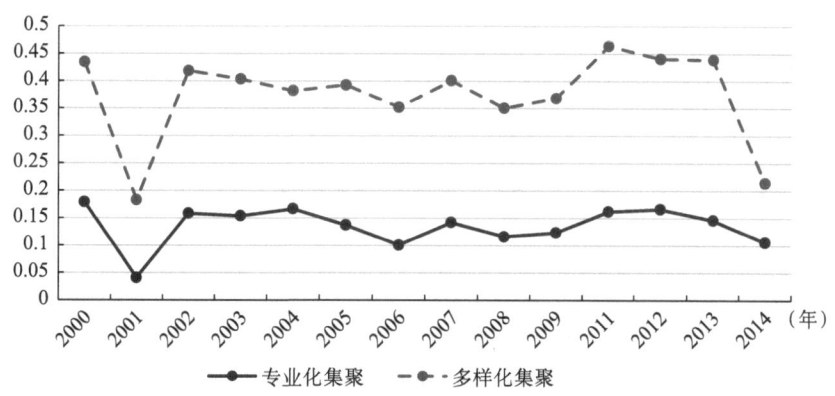

图 4-1 2000—2014 年专业化集聚和多样化集聚指标的变化趋势

注：图中无 2010 年的数据，主要是在数据原始匹配和清洗中，2010 年官方数据缺失，导致无法匹配。

（二）产业集聚分地区的事实特征

图 4-2 和图 4-3 显示，两种集聚模式均是东部地区的集聚程度最高，而中部和西部地区差异不大。出现这种现象的原因是东部地区的经济发展

速度最快，基础设施完善，同时其吸引资金、技术和人才的政策力度更大，这些条件进一步加速了东部地区的产业集聚。图4-2和图4-3显示，三个地区两种集聚模式的均值均以较低的趋势上升，具体来说，专业化集聚模式不同地区的均值均高于多样化集聚模式。

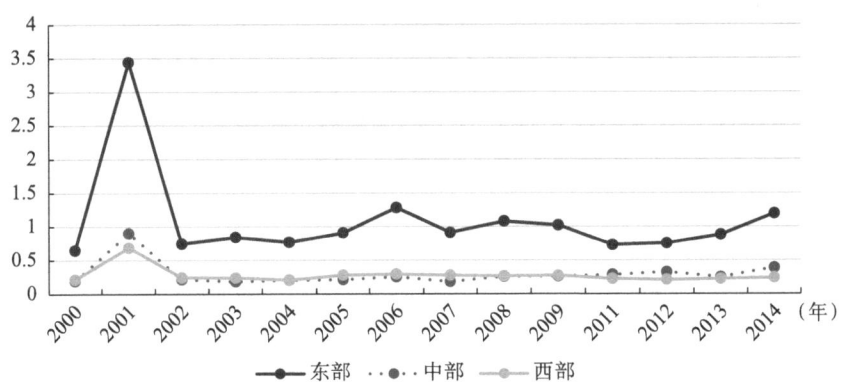

图4-2 2000—2014年中国不同地区的专业化集聚

注：图中无2010年的数据，主要是在数据原始匹配和清洗中，2010年官方数据缺失，导致无法匹配。

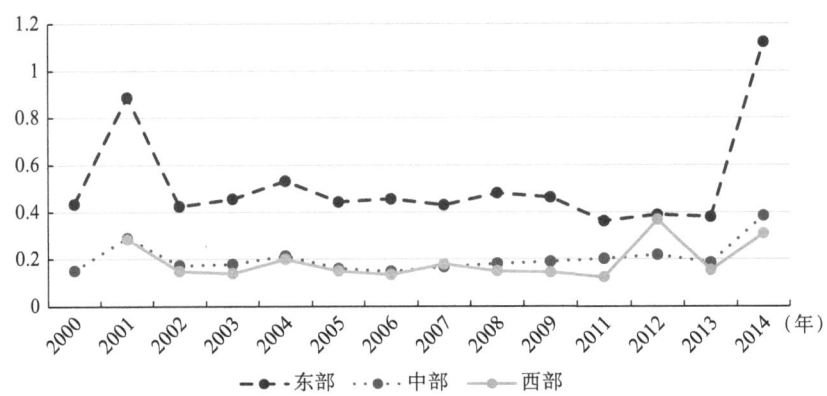

图4-3 2000—2014年中国不同地区的多样化集聚

注：图中无2010年的数据，主要是在数据原始匹配和清洗中，2010年官方数据缺失，导致无法匹配。

（三）产业集聚分行业的事实特征

图4-4和图4-5是不同技术含量产业的专业化集聚和多样化集聚指标图示，就专业化集聚而言，低科技产业的集聚程度最高，高科技产业的

集聚程度最低；就多样化集聚而言，同样是低科技产业的集聚程度最高，而高科技产业次之。出现这种现象的原因一方面是我国在全球化经济发展的过程中，最早是依靠廉价的劳动力和加工贸易推动企业的发展，因此在发展过程中反而是低科技产业的集聚程度最高；另一方面是产业在集聚的过程中也会由于竞争、学习和模仿，使企业内部形成内在隔绝机制，尤其是科技含量高的行业对自身的知识、技术等优势更加注重，更易形成行业壁垒，所以其专业化集聚水平较低。

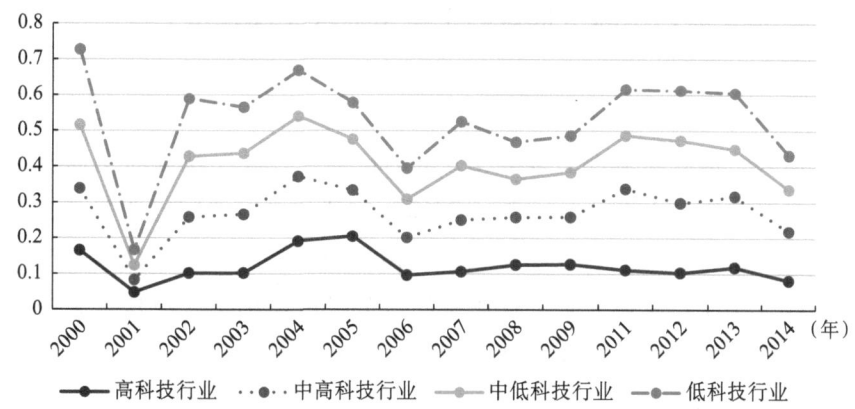

图 4-4　2000—2014 年中国制造业不同行业的专业化集聚

注：图中无 2010 年的数据，主要是在数据原始匹配和清洗中，2010 年官方数据缺失，导致无法匹配。

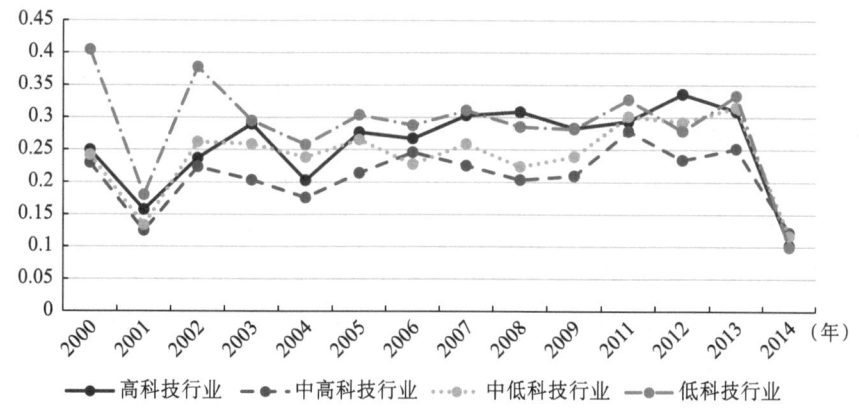

图 4-5　2000—2014 年中国制造业不同行业的多样化集聚

注：图中无 2010 年的数据，主要是在数据原始匹配和清洗中，2010 年官方数据缺失，导致无法匹配。

第二节 中国企业嵌入全球价值链的测度方法及演化分析

一、企业嵌入全球价值链的主要指标及测度方法

(一) 全球价值链的位置指标

根据第一章对全球价值链测度方法的梳理,可以发现当前全球价值链核算的主要方法是以 Koopman 等(2012)构建的国家之间行业参与全球价值链的"经济地位"指标为基础的,其衡量的是某个行业在全球生产环节的价值增值程度,体现为某个行业在参与全球多样化生产中是作为中间品供给者或需求者的相对重要程度。

1. 企业上游度

全球价值链的测度由最初的国家层面测度、发展至行业层面和目前的企业层面测度。现有文献从企业层面测度全球价值链主要是通过企业上游度、下游度等指标进行测度。其中,上游度的指标分为两种主流测度方法,一类是按照 Antràs 等(2012)、Chor 等(2014)的研究思路,利用中国海关数据库数据和世界投入产出表,构建的企业出口上游度;另一类是按照张杰等(2013)、苏丹妮(2020)的做法,利用中国海关数据库和世界投入产出表,构建企业嵌入全球价值链的上游度。

第一种测算企业全球价值链上游度的指标,是按照 Antràs 等(2012)、Chor 等(2014)的研究思路,利用中国海关数据库和世界投入产出表,构建行业上游度和企业出口上游度的指数,以表示行业与企业所处价值链的"物理位置",具体测算方法如下:

$$U_j = 1 \times \frac{F_j}{Y_j} + 2 \times \frac{\sum_{k=1}^{N} d_{ij} F_k}{Y_j} + 3 \times \frac{\sum_{k=1}^{N} \sum_{l=1}^{N} d_{jl} d_{lk} F_k}{Y_j} + \cdots \quad (4-6)$$

其中,Y_j、F_k、d_{jk} 分别表示行业 j 的总产出,行业 i 产出的最后使用

和投入产出表的直接消耗系数。U_j值越大表示该行业在全球价值链供应方面的上游度越高。此处的全球价值链上游度表示的是该行业 j 和最终消费者之间的距离，以 1 为临界点值，如果最终产品的上游度指数越接近 1，表示该行业整体越接近于全球价值链的下游环节；反之，则表示该行业处于全球价值链的上游环节。

最终，根据上述的行业上游度指标可以测算出企业出口层面的全球价值链上游指标，具体如下：

$$U_{it}^{EX} = \sum_{j=1}^{N} \frac{EX_{ijt}}{EX_{it}} U_j \qquad (4-7)$$

其中，EX_{it}为企业的总出口，用加权平均的方法求得上游度指标，主要是看企业总出口中某行业的出口份额占该行业出口与全国总出口的比重。因此，某个特定企业的出口上游度指数变化源于特定行业在企业出口中权重的变化，即$\{EX_{ijt}/EX_{it}\}$。

第二种测算全球价值链上游度的方法是按照张杰等（2013）、苏丹妮等（2020）的做法，利用中国海关数据库和世界投入产出表，构建企业嵌入全球价值链的上游度，这也是本书所使用的企业上游度构建方法，具体测算方法如下：

$$up_{ijtp} = \left\{ IEXP_{ijpt} \times \left[1 - \frac{IMP_{ijtp} + D_{ijtp} + (\theta_j^1 - \theta_j^2) \times EXP_{ijtp}}{EXP_{ijtp}} \right] \times \theta_j^3 \right\} / EXP_{ijtp} \quad (4-8)$$

$$up_{ijto} = \left\{ IEXP_{ijpt} \times \left[1 - \frac{(IMP_{ijto}/Y_{ijt}) \times EXP_{ijto} + D_{ijto} + (\theta_j^1 - \theta_j^2) \times EXP_{ijto}}{EXP_{ijto}} \right] \times \theta_j^3 \right\} / EXP_{ijto}$$

$$(4-9)$$

$$up_{ijtm} = \omega_p \times \left\{ IEXP_{ijpt} \times \left[1 - \frac{IMP_{ijtp} + D_{ijtp} + (\theta_j^1 - \theta_j^2) \times EXP_{ijtp}}{EXP_{ijtp}} \right] \times \theta_j^3 \right\} / EXP_{ijtp} + \omega_o \times$$

$$\left\{ IEXP_{ijpt} \times \left[1 - \frac{[IMP_{ijto}/(Y_{ijt} - EXP_{ijtp})] \times EXP_{ijto} + D_{ijto} + (\theta_j^1 - \theta_j^2) \times EXP_{ijto}}{EXP_{ijto}} \right] \times \theta_j^3 \right\} / EXP_{ijto}$$

$$(4-10)$$

其中，p、o 和 m 分别代表加工贸易、一般贸易和混合贸易企业。

2. 企业下游度

本书下游度的指标主要是按照张杰（2013）、苏丹妮（2020）的做法，利用中国海关数据库和世界投入产出表，构建企业嵌入全球价值链的下游度。

企业下游度，按照 Koopman 等（2010）、张杰等（2013）、Kee 和 Tang（2016）、苏丹妮等（2020）的做法，综合考虑提出的贸易方式、中间贸易代理商与资本品进口问题，用 WIOD 行业层面的测度结果近似替代企业从国内购买的中间品中可能含有进口成分。在此基础上，本书所使用的企业全球价值链下游环节参与度可表示为：

$$\text{down}_{ijtp} = \frac{\text{IIMP}_{ijtp} + D_{ijtp} + (\theta_j^1 - \theta_j^2) \times \text{EXP}_{ijtp}}{\text{EXP}_{ijtp}} \quad (4-11)$$

$$\text{down}_{ijto} = \frac{(\text{IIMP}_{ijto}/Y_{ijt}) \times \text{EXP}_{ijto} + D_{ijto} + (\theta_j^1 - \theta_j^2) \times \text{EXP}_{ijto}}{\text{EXP}_{ijto}} \quad (4-12)$$

$$\text{down}_{ijtm} = \omega_p \times \frac{\text{IIMP}_{ijtp} + D_{ijtp} + (\theta_j^1 - \theta_j^2) \times \text{EXP}_{ijtp}}{\text{EXP}_{ijtp}} + \omega_o \times$$

$$\frac{[\text{IIMP}_{ijto}/(Y_{ijt} - \text{EXP}_{ijtp})] \times \text{EXP}_{ijto} + D_{ijto} + (\theta_j^1 - \theta_j^2) \times \text{EXP}_{ijto}}{\text{EXP}_{ijto}} \quad (4-13)$$

其中，下标 i、j、t、p、o 和 m 分别表示企业、行业、时间、加工贸易、一般贸易和混合贸易。

（二）出口国内附加值率

出口国内附加值率也是反映企业嵌入全球价值链水平的指标之一，企业在参与全球价值链时，其增加值通常由以下四部分组成：一是在最终品出口中使用的国外增加值；二是中间品出口过程中本国增加值直接被目的地进口国吸收；三是生产中使用国外增加值并出口至该国；四是中间品出口中本国增加值直接被进口国使用生产的产品再次出口至第三国。价值链贸易增值分解法可能会高估一国企业嵌入全球价值链的程度，因此 Upward 等（2013）定义了衡量企业出口国内附加值率的指标 DVAR，公式表述为：

$$\text{DVAR} = 1 - [M^p + (M^o \times X^o)/Y - X^p]/X \quad (4-14)$$

M^o 为一般贸易企业的进口中间品份额；M^p 为加工贸易企业的进口中间品份额；X^o、X^p 分别表示企业的一般贸易和加工贸易企业的出口额；X 表示总出口额；Y 表示企业总产出。Upward 等（2013）假定一般贸易的进口中间品同比例在国内销售和出口,加工贸易进口的中间品全部用于出口,而从事一般贸易活动进口的中间品既可被用于出口也可被用于国内销售,即"同比例假设"。根据上述的"同比例假设",式(4-14)可以被改写为:

$$DVAR = (X^p/X)(1 - M^p/X^p) + (X^o/X)[1 - M^o/(Y - X^p)] \quad (4-15)$$

(三)全球价值链的前、后向关联

按照第一章的文献综述,可以发现Wang等(2017b)对全球价值链分工的贸易增加值指标进行了前向和后向分解。前向关联表示全球价值链中GDP流入增加值部分的占比,后向关联表示在最终品生产中贸易增加值占比。Wang等(2017b)的价值链前后向关联指标相较于Wang等(2013),不仅是贸易增值的分解,更是产出部分的分解。

全球价值链的前向分解分为三大部分,主要是针对GDP的分解:一是不参与跨境生产的增加值,这部分增加值是用于国内最终品生产的,满足国内最终需求;二是只涉及传统最终品贸易的增加值,这部分是用于最终出口产品生产中包含的增加值,直接满足的是国外的最终消费,不会参与全球化的分工;三是跨境生产中的增加值,这部分增加值主要是在中间品的生产中产生的,是全球价值链参与的重要指标。第三部分增加值是前向关联中最重要的指标,又可以分为三个小部分:一是在出口至国外的中间品用于生产该国最终品的增加值,这部分增加值被国外最终消费直接吸收,只参与一次跨境生产,是最简单的价值链分工;二是中间品出口后又被进口国生产加工再次销售返回至国内的增加值,这部分增加值最终被出口国吸收;三是中间品出口后被直接进口国吸收进行生产,其产品再次出口到第三国,这部分中间品增加值最终被第三国所消费。其中,后两项经历了至少2次跨境生产经营活动,可以称为复杂的价值链分工。因此,测算全球价值链前向分解的公式如下:

$$GVC\_f = \frac{V\_GVC}{VX} = \frac{V\_GVC\_R}{VX} + \frac{V\_GVC\_D}{VX} + \frac{V\_GVC\_F}{VX} \quad (4-16)$$

其中,GVC_f表示全球价值链的前向关联;VX表示GDP的总额;V_GVC表示本国生产的中间出口品中的增加值部分,这部分按照上述理论又可以分为:V_GVC_R(被进口国直接吸收的增加值)、V_GVC_D(返回出口国被吸收的增加值）和 V_GVC_F（被进口国间接吸收或被第三国吸收的增加值）。

全球价值链的后向关联是对一个国民经济各部门的最终产品和服务总产量百分比的衡量，代表通过上游企业参与 GVC 活动的附加值，可以写作：

$$GVC\_b = \frac{Y\_GVC}{Y} = \frac{Y\_GVC\_R}{Y} + \frac{Y\_GVC\_F}{Y} \tag{4-17}$$

其中，GVC_b 表示后向价值链分工；Y 表示行业总产出；Y_GVC 表示隐含于本国生产的最终产品和服务的增加值，又可分为两部分：Y_GVC_R（被进口国直接吸收的最终产品和服务的增加值）、Y_GVC_F（被进口国间接吸收或被第三国吸收的最终产品和服务的增加值）。

（四）出口技术复杂度

出口技术复杂度是体现一国出口中技术含量水平的，Hausmann、Hwang 和 Rodrik（2007）以贸易中的显示性比较优势的权重为基础，测算其占人均 GDP 的加权平均值，来构建出口产品中收入或生产能力，以此构建出口技术复杂度，来反映一国在全球价值链上的地位。

对出口技术复杂度指标进行构建，文东伟（2011）出口技术复杂度指标用字母 ETC（Export Technology Content）表示，其测算方法是某地区某行业的出口总额与该地区出口总额的比率与新产品产值占总产出的比率之比，具体如式（4-18）所示：

$$ETC_c^j = (EX_c^j / EX_c) \times (NP_c^j / Y_c^j) \tag{4-18}$$

式（3-18）中，C 表示城市；j 表示三分位行业。EX_c^j 和 EX_c 分别为 c 城市 j 行业的出口额；c 表示城市的总出口额。此处以新产品产值来衡量企业的创新程度，NP_c^j 表示 c 城市 j 行业的新产品产值；Y_c^j 为 c 城市 j 行业的工业总产值不变价新规定。

（五）全球价值链稳定性指标

经济的高质量发展离不开安全、稳定的产业链，企业嵌入全球价值链的稳定性，在一定程度上也体现了整个行业的稳定发展程度。经济稳定性是指经济系统受到各种事件干扰后的恢复能力，具体表现为经济波动与经济增长的契合，也就是说一国经济在面临外部冲击后恢复其原增长状态的能力（何剑和张梦婷，2017）。

本书用企业嵌入 GVC 的持续时间来反映企业嵌入 GVC 的稳定性。具体衡量标准为企业从开始进入价值链至退出价值链的时间长度，即企业嵌入全球价值链的持续时间，此处在构建时，参考陈勇兵等（2012）、张杰等（2013）、吕越等（2017）的做法，采用生存分析法来分析企业嵌入全球价值链的持续时间。在样本处理时，着重处理"左删失""右删失"的问题，以及企业嵌入 GVC 持续时间和风险的估计。

二、企业嵌入全球价值链演化的事实特征

（一）贸易增加值的分解方法

根据本书第一章的文献梳理，可以看出对于贸易增加值分解有很多方法进行测度，如 Koopman 等（2010）、Johnson 和 Noguera（2012a，2012b）、KWW（2014）和 WWZ（2015）等，这些方法的测度基本上均使用投入产出表，其根源是 1936 年里昂惕夫提出的经典方程。里昂惕夫的经典投入产出核算方程是以矩阵的形式来表示不同国家、部门之间的投入—产出关系，还包含每个国家和部门中生产一单位产品所需要的中间品投入的数量、种类，以及最终产出的汇总。这种投入产出的计算方法可以对生产的各个环节进行追溯，可以看出最终品生产的每一阶段的投入产出。

具体而言，里昂惕夫投入—产出方法的基本原理是当生产价值 1 美元的出口产品时，国内生产中投入的生产要素创造了生产环节中第一轮的增加值，也就是出口中的直接国内增加值。同时，生产这 1 美元的出口产品时，还需要使用一定的国内中间品，因此国内中间品投入所产生的价值创造在生产环节中的第二轮增加值，也就是出口的间接国内增加值。又因为中间品生产也需要投入其他中间品，这个过程的循环往复，就是整个经济体系的各个阶段的生产。所以，在生产这 1 美元出口产品时，其创造的国内增加值总额等于直接国内增加值和各个中间投入阶段的间接增加值之和。

在实际的测算过程中，传统的里昂惕夫方程对于度量出口中各个阶段

的增加值已经显得不够用了，所以本书按照王直等（2015）提出的贸易增加值中中间投入品的分解方法进行计算。按照产品的生产地和最终被吸收的目的地不同，可以将一个国家的生产进行分解，分解为总产出及总出口（在标准 ICIO 模型中通常为内生变量）进而采用总贸易核算法，对双边中间产品的流向进行分解，可以更加细致地反映贸易的增加值，表 4-1 是国际投入产出表（ICIO）基于三个国家的基础上进行的分解步骤。

表 4-1　　　　　　　　　国际投入产出表（ICIO）

投入			产出								总产出
			中间使用				最终使用				
			S 国	R 国	T 国	ROW	S 国	R 国	T 国	ROW	
			1,…,N	1,…,N	1,…,N	1,…,N					
中间投入	S 国	1,…,N	Z^{ss}	Z^{sr}	Z^{st}	Z^{so}	Y^{ss}	Y^{sr}	Y^{st}	Y^{so}	X^s
	R 国	1,…,N	Z^{rs}	Z^{rr}	Z^{rt}	Z^{ro}	Y^{rs}	Y^{rr}	Y^{rt}	Y^{ro}	X^r
	T 国	1,…,N	Z^{ts}	Z^{tr}	Z^{tt}	Z^{to}	Y^{ts}	Y^{tr}	Y^{tt}	Y^{to}	X^t
	ROW	1,…,N	Z^{os}	Z^{or}	Z^{ot}	Z^{oo}	Y^{os}	Y^{or}	Y^{ot}	Y^{oo}	X^o
增加值			VA^s	VA^r	VA^t	VA^o					
总投入			$(X^s)'$	$(X^r)'$	$(X^t)'$	$(X^o)'$					

首先，在 ICIO 模型中，假设有 G 个国家 $(s,r=1,2,\cdots,G)$，各个国家有 N 个行业 $(i,j=1,2,\cdots,N)$，Z^{sr} 为 r 国使用 s 国生产的中间品的矩阵；Y^{sr} 为 r 国使用 s 国生产的最终品矩阵；X^s 为 s 国的总产出矩阵；VA^s 为 s 国的增加值矩阵；$V^s = VA^s X^s$ 为 s 国的增加值系数矩阵；$A^{sr} = Z^{sr} X^r$ 为 r 国的单位总产出对 s 国的直接消耗系数矩阵。

根据表 4-1，在不考虑世界其他地区的情况下，假定只有 3 个国家，表 4-1 就可以转化为矩阵形式，具体如下：

$$\begin{bmatrix} Z^{ss} & Z^{sr} & Z^{st} \\ Z^{rs} & Z^{rr} & Z^{rt} \\ Z^{ts} & Z^{tr} & Z^{tt} \end{bmatrix} + \begin{bmatrix} Y^{ss} + Y^{sr} + Y^{st} \\ Y^{rs} + Y^{rr} + Y^{rt} \\ Y^{ts} + Y^{tr} + Y^{tt} \end{bmatrix} = \begin{bmatrix} X^s \\ X^r \\ X^t \end{bmatrix} \quad (4-19)$$

根据投入产出表，设定投入系数 $A^{sr} \equiv Z^{sr}(\widehat{X^r})^{-1}$，则有下式：

$$\begin{bmatrix} A^{ss} & A^{sr} & A^{st} \\ A^{rs} & A^{rr} & A^{rt} \\ A^{ts} & A^{tr} & A^{tt} \end{bmatrix} \begin{bmatrix} X^s \\ X^r \\ X^t \end{bmatrix} + \begin{bmatrix} Y^{ss} + Y^{sr} + Y^{st} \\ Y^{rs} + Y^{rr} + Y^{rt} \\ Y^{ts} + Y^{tr} + Y^{tt} \end{bmatrix} = \begin{bmatrix} X^s \\ X^r \\ X^t \end{bmatrix} \qquad (4-20)$$

对式（4-20）进行移项，提取相同项后，可得到最终需求所拉动的总产出公式如下：

$$\begin{bmatrix} X^s \\ X^r \\ X^t \end{bmatrix} = \begin{bmatrix} B^{ss} & B^{sr} & B^{st} \\ B^{rs} & B^{rr} & B^{rt} \\ B^{ts} & B^{tr} & B^{tt} \end{bmatrix} \begin{bmatrix} Y^{ss} + Y^{sr} + Y^{st} \\ Y^{rs} + Y^{rr} + Y^{rt} \\ Y^{ts} + Y^{tr} + Y^{tt} \end{bmatrix} \qquad (4-21)$$

其中，按照里昂惕夫的经典公式，公式（4-21）中，$B = (I - A)^{-1}$。

根据式（4-21），按照最终品的不同需求，可以将代表 R 国总产出的 X^r 分解如下：

$$X^r = B^{rs}Y^{ss} + B^{rs}Y^{sr} + B^{rs}Y^{st} + B^{rr}Y^{rs} + B^{rr}Y^{rr} + B^{rr}Y^{rt} + B^{rt}Y^{rt}B^{rt}Y^{rt} \qquad (4-22)$$

由公式（4-22）可得，S 国向 R 国的中间出口可以分解为如下公式：

$$Z^{sr} = A^{sr}X^r$$
$$= A^{sr}(B^{rs}Y^{ss} + B^{rs}Y^{sr} + B^{rs}Y^{st} + B^{rr}Y^{rs} + B^{rr}Y^{rr} + B^{rr}Y^{rt} + B^{rt}Y^{rt} + B^{rt}Y^{rt}) \qquad (4-23)$$

随后，根据式（4-23）中对中间出口的分解，可以将一国的总出口分解不同来源地增加值和最终吸收地来源。

其次，为了求解进一步增加值，首先定义 S，R，T 国的增加值系数为 $V^s \equiv VA^s(X^s)^{-1}$，$V^r \equiv VA^r(X^r)^{-1}$，$V^t \equiv VA^t(X^t)^{-1}$，可得完全增加值系数为：

$$VB = \begin{bmatrix} V^s & V^r & V^t \end{bmatrix} \begin{bmatrix} B^{ss} & B^{sr} & B^{st} \\ B^{rs} & B^{rr} & B^{rt} \\ B^{ts} & B^{tr} & B^{tt} \end{bmatrix}$$
$$= [V^sB^{ss} + V^rB^{rs} + V^tB^{ts}, V^sB^{sr} + V^rB^{rr} + V^tB^{tr}, V^sB^{st} + V^rB^{rt} + V^tB^{tt}] \qquad (4-24)$$

式（4-24）中的结果向量可以分解为所有国家和部门的增加值，其中该公式中的每一个表示都是一单位最终产品产出的分解，这是根据价值来源方向和产业间对最终产品分解后向关联的方法。对于 S 国，则有：

$$V^s B^{ss} + V^r B^{rs} + V^t B^{ts} = u \tag{4-25}$$

有公式（4-25），进一步假设 E^{sr} 表示 S 国向 R 国的中间品和最终品出口之和，则 $E^{sr} = A^{sr}X^r + Y^{sr}$，S 国的总出口即向 R 国和 T 国的出口之和为 $E^s = A^{rs}X^r + Y^{sr} + A^{st}X^t + Y^{st}$，同理，$E^r = A^{rs}X^s + Y^{rs} + A^{rt}X^t + Y^{rt}$，$E^t = A^{ts}X^s + Y^{ts} + A^{tr}X^r + Y^{tr}$，结合公式（4-20），可得：

$$\begin{bmatrix} A^{ss} & 0 & 0 \\ 0 & A^{rr} & 0 \\ 0 & 0 & A^{tt} \end{bmatrix} \begin{bmatrix} X^s \\ X^r \\ X^t \end{bmatrix} + \begin{bmatrix} Y^{ss} + E^s \\ Y^{rs} + E^r \\ Y^{ts} + E^t \end{bmatrix} = \begin{bmatrix} X^s \\ X^r \\ X^t \end{bmatrix} \tag{4-26}$$

整理可得到如下：

$$\begin{bmatrix} X^s \\ X^r \\ X^t \end{bmatrix} = \begin{bmatrix} L^{ss}Y^{ss} + L^{ss}E^s \\ L^{rr}Y^{rr} + L^{rr}E^r \\ L^{tt}Y^{tt} + L^{tt}E^t \end{bmatrix} \tag{4-27}$$

其中，$L^{ss} = (I - A^{ss})^{-1}$，$L^{rr} = (I - A^{rr})^{-1}$，$L^{tt} = (I - A^{tt})^{-1}$，由此可得 S 国对 R 国的中间出口为：

$$Z^{sr} = A^{sr}X^r - A^{sr}L^{rr}Y^{rr} + A^{sr}L^{rr}E^r \tag{4-28}$$

结合式（4-23）、式（4-25）和式（4-28），可得 S 国对 R 国出口 E^{sr} 可以分解如下：

$$E^{sr} = Z^{sr} + Y^{sr} = A^{sr}X^r + Y^{sr} = A^{sr}(B^{rs}Y^{ss} + B^{rs}Y^{sr} + B^{rs}Y^{st} + B^{rr}Y^{rs} + B^{rr}Y^{rr} + B^{rr}Y^{rt} + B^{rt}Y^{rt} + B^{rt}Y^{rt}) + Y^{sr} = (V^s B^{ss})'\#Y^{sr} + (V^r B^{rs})'\#Y^{sr} + (V^t B^{ts})'\#Y^{sr} + (V^s B^{ss})'\#(A^{sr}X^r) + (V^r B^{rs})'\#(A^{sr}X^r) + (V^t B^{ts})'\#(A^{sr}X^r) = (V^s B^{ss})'\#Y^{sr} + (V^s L^{ss})'\#(A^{sr}B^{rr}Y^{rr}) + (V^s L^{ss})'\#(A^{sr}B^{rt}Y^{tt}) + (V^s L^{ss})'\#(A^{sr}B^{rr}Y^{rs}) + (V^s L^{ss})'\#(A^{sr}B^{rt}Y^{ts}) + (V^s L^{ss})'\#(A^{sr}B^{rs}Y^{ss}) + (V^s L^{ss})'\#[A^{sr}B^{rs}(Y^{sr} + Y^{st})] + (V^s B^{ss} - V^s L^{ss})'\#(A^{sr}X^r) + (V^r B^{rs})'\#Y^{sr} + (V^r B^{rs})'\#(A^{sr}L^{rr}Y^{rr}) + (V^r B^{rs})'\#(A^{sr}L^{rr}E^r) + (V^t B^{ts})'\#Y^{sr} + (V^t B^{ts})'\#(A^{sr}L^{rr}Y^{rr}) + (V^t B^{ts})'\#(A^{sr}L^{rr}E^r)① \tag{4-29}$$

（二）中国制造业出口贸易增加值分解的事实特征

根据式（4-29），按照贸易增加值的来源一共可以分为 16 项，对

---

① 上标 "'" 表示矩阵的转置，符号 # 表示分块矩阵点乘。

这 16 项进行梳理，可以得到如表 4-2 解释的贸易增加值份额的代码及含义。

表 4-2　　　　　　　　出口总额的分解代码及其含义

指标代码	指标含义
DVA（DVA = DVAF + DVAI + DVAR）	最终被国外吸收的国内增加值
DVAF	以最终品出口的国内增加值
DVAI	直接被进口国吸收的中间品出口国内附加值
DVAR	被进口国生产向第三国出口所吸收的中间品出口国内附加值
RDV（RDV = RDVF + RDVI）	返回并最终被本国吸收的国内增加值
RDVF	通过最终产品返回到母国的中间品
RDVI	以中间品形式返回到母国的中间品
FVA（FVA = FVAF + FINI）	本国生产出口的国外增加值
FVAF	以最终品出口的国外增加值/其他国的增加值
FINI	以中间品出口的国外增加值/直接进口国的增加值
PDC（PDC = DDC + FDC）	纯重复计算的部分——这是由于中间产品贸易多次跨越国界引起的
DDC	来自国内账户的纯重复计算部分
FDC	来自国外账户的纯重复计算部分

同时，根据制造业 ISICRev3、ICIO 行业代码和中国制造业代码的不同，参照 BEC 对制造业的分类，对这三种代码之间的关系进行查找、翻译和转换，最终得到如表 4-3 所示的匹配后的中国制造业代码。

表 4-3　　　　　　中国制造业和 ICIO 制造业的对应关系

ISIC Rev. 3	ICIO 行业代码	中国行业代码	行业名称
C10 - C12	C05	C13 - C16	食品、饮料和烟草制品的制造
C13 - C15	C06	C17 - C19	纺织品、服装及皮革制品的制造
C16	C07	C20	木材和软木制品的制造，但家具除外；草编制品用稻草和编织物制成的制品
C17	C08	C22	纸及纸制品制造
C18	C09	C23	记录媒体的印刷和复制
C19	C10	C25	焦炭和精炼石油产品的制造
C20	C11	C26	化工及化工产品制造

续表

ISIC Rev.3	ICIO 行业代码	中国行业代码	行业名称
C21	C12	C27	基本药品和药剂制剂的制造
C22	C13	C29	橡胶、塑料制品制造
C23	C14	C30	其他非金属矿产品的生产
C24	C15	C32–C33	基本金属制造
C25	C16	C34	金属制品制造（机械及设备除外）
C26	C17	C40	计算机、电子、光学产品制造
C27	C18	C39	电气设备制造
C28	C19	C41	机械设备制造
C29	C20	C37	汽车、挂车及半挂车制造
C30	C21	C36	其他运输设备制造
C31_C32	C22	C21	制造的家具；其他制造业
C33	C23	C35	机械设备的维修及安装

资料来源：作者根据 BEC 分类方法、ISIC Rev.3、ICIO 和中国制造业分类整理而得。

根据 WWZ（2015）方法和 2000—2014 年 WIOT 数据[①]，测算出中国制造业出口贸易中隐含的各部分增加值及所占比例（见表 4-4）。可以看出，中国制造业出口的 DVA 在 2000 年占出口贸易总额的 80.41%，2005 年下降到 72.65%，此后又开始了较为稳定的上升，在 2014 年达到 78%。中国制造业出口 DVAR 占比均较低，在 2010 年之后开始了上升趋势，说明中国企业在国际贸易中的利得稳步提高。

表 4-4　　　　　　　中国制造业出口贸易总额分解结果　　　　　　（单位：%）

年份	DVA	DVAF	DVAI	DVAR	RDV	RDVF	RDVI	FVA	FVAF	FVAI	PDC	FDC	DDC
2000	80.41	51.41	18.15	10.85	0.82	0.26	0.56	15.49	11.68	3.81	3.28	3.02	0.26
2001	80.99	51.87	18.36	10.76	0.94	0.32	0.62	14.87	11.26	3.61	3.20	2.92	0.28
2002	78.90	49.87	18.36	10.67	1.12	0.40	0.72	16.24	12.28	3.96	3.73	3.33	0.40
2003	75.39	47.84	17.25	10.20	1.24	0.47	0.77	18.83	14.25	4.58	4.52	3.98	0.54

---

① WIOD 发布了 2013 年和 2016 年两个版本的投入产出表，其中又包括了包含多个国家的世界投入产出表（WIOT）和仅包含单个国家多部门的国别投入产出表（NIOT），为了保持研究的一致性，本书选取的是世界投入产出表（WIOT）。

续表

年份	DVA	DVAF	DVAI	DVAR	RDV	RDVF	RDVI	FVA	FVAF	FVAI	PDC	FDC	DDC
2004	72.67	45.17	17.15	10.35	1.34	0.52	0.82	20.70	15.49	5.21	5.28	4.60	0.68
2005	72.65	45.89	16.86	9.90	1.27	0.49	0.78	20.80	15.58	5.22	5.27	4.51	0.76
2006	72.62	45.17	17.02	10.43	1.34	0.53	0.81	20.37	15.16	5.21	5.66	4.77	0.89
2007	72.63	45.13	17.29	10.21	1.21	0.35	0.84	20.55	15.19	5.36	5.61	4.69	0.92
2008	74.19	44.59	18.65	10.95	1.33	0.37	0.96	19.07	13.66	5.41	5.42	4.53	0.89
2009	77.98	49.09	18.92	9.97	1.54	5.23	1.01	16.29	11.88	4.41	3.98	3.44	0.53
2010	75.45	46.00	18.94	10.51	1.80	0.61	1.19	17.63	12.49	5.14	4.86	4.18	0.68
2011	75.45	44.73	19.57	11.15	2.05	0.70	1.35	17.18	11.86	5.32	5.07	4.35	0.72
2012	76.71	45.81	20.21	10.69	2.16	0.71	1.45	16.23	11.21	5.02	4.91	3.92	0.99
2013	77.01	44.49	21.51	11.01	2.28	0.69	1.59	15.72	10.42	5.30	4.98	3.95	1.03
2014	78.00	43.51	22.97	11.52	2.32	0.70	1.62	15.13	9.18	4.95	4.55	3.56	0.98

资料来源：作者根据 2000—2014 年 ICIO 数据库计算而得。

（三）中国企业嵌入全球价值链的事实特征

企业嵌入全球价值链的位置并不是一成不变的，企业在发展过程中会不断调整自己的出口战略，通过技术进步和产品创新等途径提升自己在全球范围内的竞争力，从而可以提升自身在全球价值链中的地位，获得更高的出口附加值。本书利用张杰等（2013）、Kee 和 Tang（2016）、苏丹妮等（2020）的方法计算了参与全球价值链企业的位置，上游度、下游度指数及企业出口的国内增加值率，并从以下几个方面进行分析：

1. 企业嵌入全球价值链的上下游、位置及出口的国内附加值率

如图 4-6 所示，总体来看，无论是企业嵌入全球价值链的位置、上游度、下游度或者是企业出口国内附加值率均有提升，但是总体较低。就企业参与全球价值链的上游度而言，从 2000 年的 0.0334 上升至 2014 年的 0.0738，上升幅度较为显著；就企业出口附加值率而言，虽然在 2014 年有所下降，但整体上升较为明显。这都说明中国企业在进行更深层次地融入全球价值链，在国际贸易中的贸易份额在不断上升。

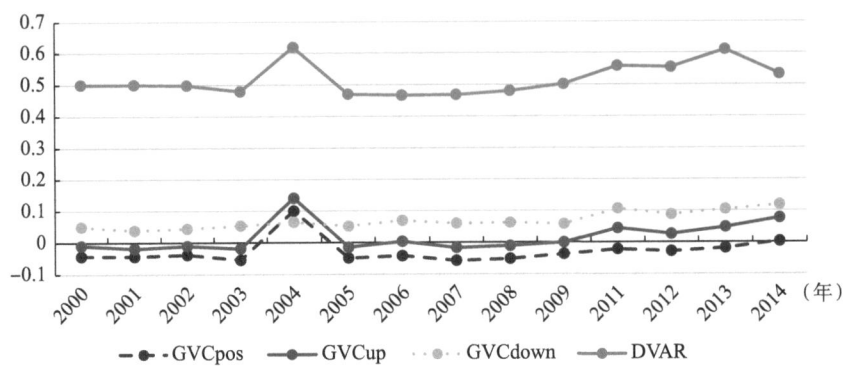

图4-6　2000—2014年企业嵌入GVC的位置、上下游度及出口国内附加值率

注：图中无2010年的数据，主要是在数据原始匹配和清洗中，2010年官方数据缺失，导致无法匹配。

2. 不同地区企业的全球价值链位置及出口国内附加值率

中国不同地区的企业面临的自然资源、人力资源等要素禀赋不同，区域位置必然会影响到不同地区企业嵌入全球价值的程度，正如倪红福和夏杰长（2016）所说的，全球价值链分工体系不仅是国家与国家之间的分工，更是延伸至一国之内的产业发展，由此形成了国内价值链，尤其是对于中国而言，其不同地理区域差异性更为明显。因此，本书进一步测算了中国不同地区的企业嵌入全球价值链位置及出口DVAR的情况，如图4-7和图4-8所示。

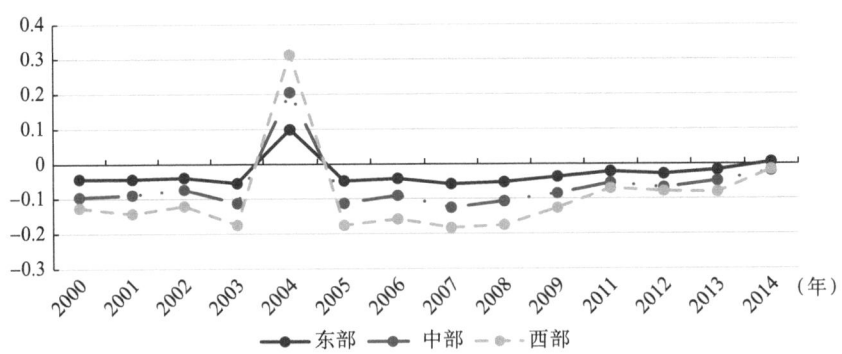

图4-7　2000—2014年不同地区企业嵌入GVC位置

注：图中无2010年的数据，主要是在数据原始匹配和清洗中，2010年官方数据缺失，导致无法匹配。

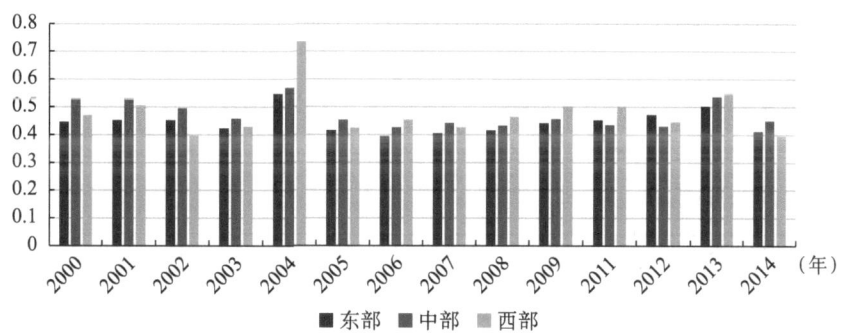

图 4-8　2000—2014 年不同地区企业的出口国内附加值率

注：图中无 2010 年的数据，主要是在数据原始匹配和清洗中，2010 年官方数据缺失，导致无法匹配。

图 4-7 和图 4-8 可以看出，2000—2014 年中国企业嵌入全球价值链的地位为负，其中东部地区的企业全球价值链参与的地位最高，平均值为 -0.0288，中部和西部地区企业全球价值链的地位分别为 -0.0384、-0.0338。主要是由于中国东部地区在改革开放后，政府的经济政策倾斜度较大，使经济发展整体较快。同时，东部地区优越的地理条件和便利的交通运输条件也为企业生产发展奠定了良好的基础，故而东部地区企业处于价值链较高的位置。中西部地区相对闭塞，经济发展相对滞后，较为落后的生产模式使其处于较低的价值链环节。就企业的出口国内附加值率而言，东部、中部、西部三个地区整体处于上升趋势，差异不明显。

3. 不同行业嵌入全球价值链的上游度

不同行业的技术含量，直接影响其出口质量，图 4-9 和图 4-10 是不同技术含量的产业其嵌入全球价值链的上游度及企业出口增加值率的体现。从图 4-9 可以看出，高科技行业在整体上嵌入全球价值链的上游度最高，中高科技行业、低科技行业和中低科技行业虽然较低，但总体也处于上升趋势。这说明我国企业整体嵌入全球价值链的上游度在提升，尤其是随着我国科技实力的不断增强，高科技行业在国际贸易中的上游嵌入度更加深入。

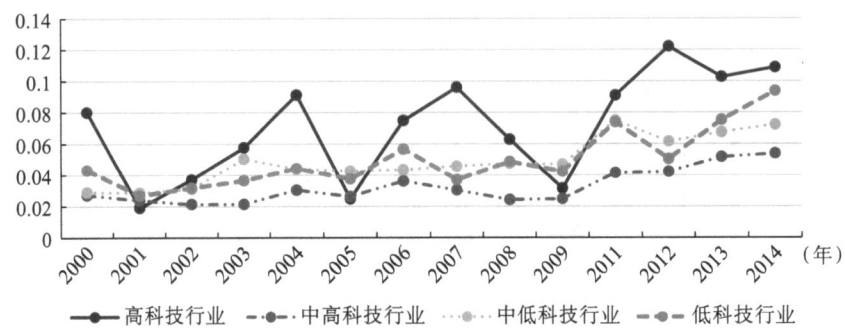

图 4-9 2000—2014 年不同行业嵌入 GVC 的上游度

注：图中无 2010 年的数据，主要是在数据原始匹配和清洗中，2010 年官方数据缺失，导致无法匹配。

从图 4-10 可以看出，在样本期内中国制造业的出口国内附加值率整体趋势较为平稳，有小幅度上升。其中，中高科技行业的出口国内附加值率最高，这说明在出口环节中高科技行业最易获得国际贸易中的贸易份额，更易使企业的整体获益程度提高。

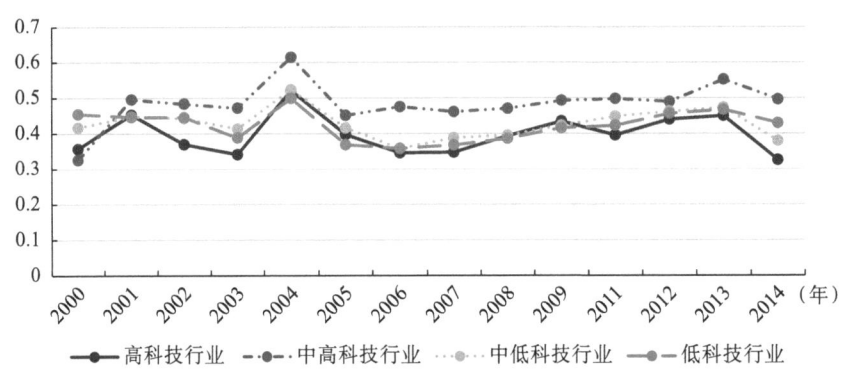

图 4-10 2000—2014 年不同行业的出口国内附加值率

注：图中无 2010 年的数据，主要是在数据原始匹配和清洗中，2010 年官方数据缺失，导致无法匹配。

4. 不同企业所有制的全球价值链上游度

不同所有制企业可能在嵌入全球价值链的表现上各有不同，如图 4-11 所示。总体而言，这五种所有制企业嵌入全球价值链的上游度均得到提升。平均而言，首先是中外合资企业的全球价值链上游度最高；其次是私营企业，然后是集体企业和外商独资企业；最后是国有企业。这主要与我国积极引进外资,促进合作的政策有关,中外合资企业在跨国生产中一般均拥有较高的生产技术水平和政策、资金的支持,因此其嵌入全球价值链的上游度较高。发展最快的是私营企业,得益于更加开放的贸易环境和国家对私有企业的政策鼓励,其在样本期内嵌入全球价值链的提升最为明显。

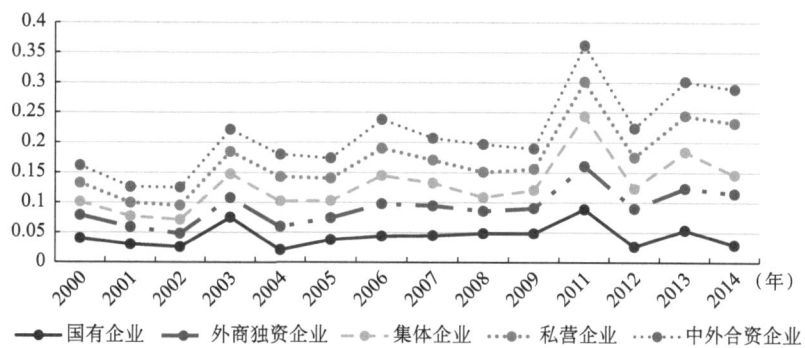

图 4-11 2000—2014 年不同所有制企业嵌入 GVC 的上游度

注:图中无 2010 年的数据,主要是在数据原始匹配和清洗中,2010 年官方数据缺失,导致无法匹配。

5. 进出口企业的全球价值链上游度

如图 4-12 所示,通过进口和出口分别计算企业的上游度。从整体上来看,进口和出口企业嵌入全球价值链的变化方向是一致的,均处于上升趋势。同时,图 4-12 可以看出,进口企业嵌入全球价值链的程度较高于出口企业,其增加幅度更加显著。

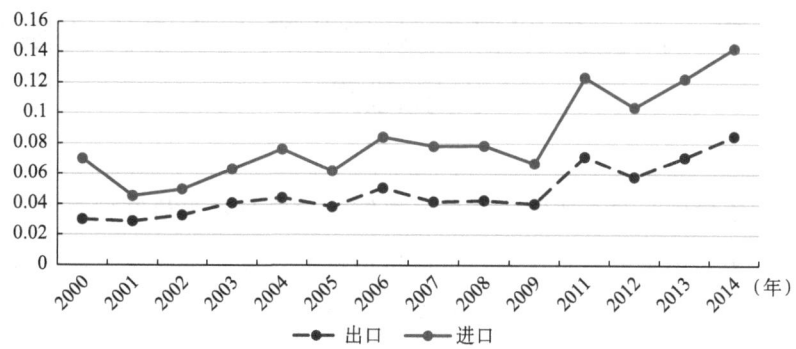

图 4-12 2000—2014 年进出口企业嵌入 GVC 的上游度

注:图中无 2010 年的数据,主要是在数据原始匹配和清洗中,2010 年官方数据缺失,导致无法匹配。

6. 不同贸易方式企业的全球价值链上游度

按照贸易方式的不同，可以划分为一般贸易企业、加工贸易企业、混合贸易企业三种贸易类型，其中一般贸易和加工贸易是最为主要的贸易方式。本书基于贸易的不同方式，分别测算了加工贸易、一般贸易和混合贸易企业的全球价值链上游度，并绘制了其变动趋势，如图4-13所示。研究发现，三种贸易方式嵌入全球价值链上游度均有较高的提升，且变动幅度区别不大。

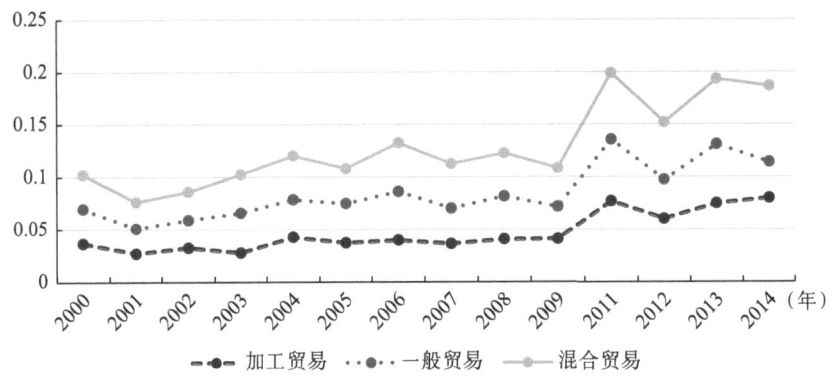

图4-13　2000—2014年不同贸易方式企业嵌入GVC的上游度

注：图中无2010年的数据，主要是在数据原始匹配和清洗中，2010年官方数据缺失，导致无法匹配。

第三节　产业集聚模式和企业嵌入全球价值链的发展趋势

产业集聚模式和企业嵌入全球价值链的关系是本书研究的核心，专业化集聚、多样化集聚对企业嵌入全球价值链的位置、上游度、嵌入度和下游度的影响主要体现在图4-14和图4-15。图4-14是专业化集聚模式和企业嵌入全球价值链的位置、上游度、下游度和嵌入度的年均值的散点关系图，从图中可以看出专业化集聚模式的图形走势对企业嵌入全球价值链的位置、上游度、下游度和嵌入度均产生较为明显的提升作用，企业的嵌入度趋势基本和专业化集聚模式的走势持平。

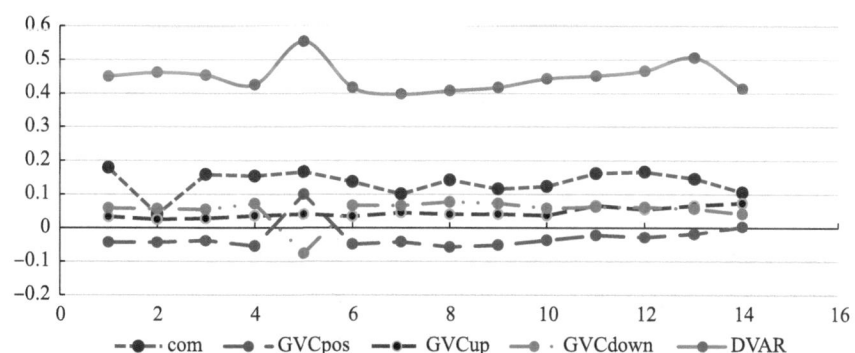

图 4-14　2000—2014 年专业化集聚和企业嵌入 GVC 的相关关系

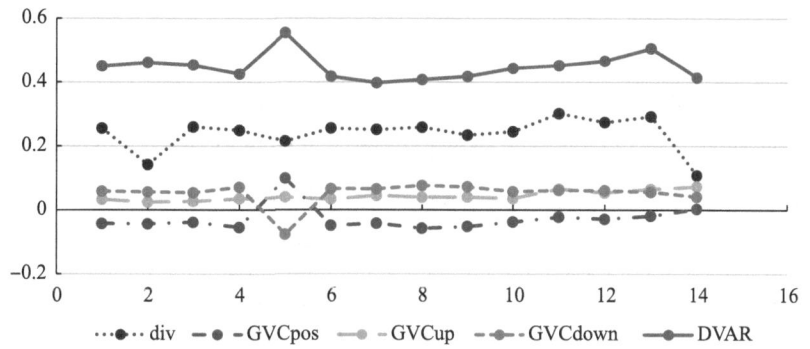

图 4-15　2000—2014 年多样化集聚和企业嵌入 GVC 的相关关系

同时，图 4-15 是多样化集聚模式和企业嵌入全球价值链的位置、上游度、下游度和嵌入度的年均值的散点关系图，可以看出，除了个别年份的突出异常之外，企业嵌入 GVC 的整体变化趋势也是和多样化集聚的走势整体趋于一致。

本章小结

本章首先对产业集聚和全球价值链的测算指标进行梳理；其次，通过中国制造业微观企业数据进行测算，分析了中国制造业企业专业化集聚和多样化集聚的整体发展状况，并对中国企业嵌入全球价值链的位置、上下游度和出口国内附加值率进行分析，得出以下重要结论：

一是两种产业集聚模式整体上均处于上升趋势，但是中国制造业的多样化集聚程度明显高于专业化集聚模式，其增加比例较高，变化趋势更加显著；而专业化集聚虽整体上升，但趋势较小。就地区而言，两种集聚模式均是东部地区的集聚程度最高；就行业而言，两种集聚模式均是低技术行业的集聚程度最高，不同之处在于专业化集聚的高科技行业集聚程度最低，而多样化集聚的高科技行业也处于较高水平。

二是通过对企业嵌入全球价值链位置、上下游度和出口国内附加值率测算研究发现，企业嵌入全球价值链的位置会随着经济的发展程度而出现改变。就地区而言，东部地区企业嵌入全球价值链的位置最高；就行业而言，高科技行业嵌入全球价值链的上游度最高；就不同企业所有制而言，中外合资企业和私营企业嵌入全球价值链的位置高于其他企业类型；就进出口方向而言，进口企业嵌入全球价值链的上游度高于出口企业；就贸易类别而言，混合贸易企业嵌入全球价值链的上游度最高，一般贸易企业次之，加工贸易企业嵌入全球价值链的上游度指数最低。同时，研究发现企业出口国内附加值率在样本期均处于上升状态，说明企业在国际生产环节中的获利水平在不断提高。就地区而言，东部地区企业的出口国内附加值率最高；就行业而言，中高科技行业和中低科技行业的出口国内附加值率高于高科技行业和低科技行业。

第五章

产业集聚模式对企业嵌入全球价值链位置的影响

第五章 产业集聚模式对企业嵌入全球价值链位置的影响

通过第四章对产业集聚模式和企业嵌入全球价值链事实特征分析，接下来本书将利用中国企业的相关经验数据对不同产业集聚模式影响企业嵌入全球价值链的具体机制进行实证检验。正如前文所分析的，企业嵌入全球价值链的位置、企业出口所蕴含的国内增加值、企业嵌入全球价值链的稳定性都是反映企业嵌入全球价值链的关键指标，在接下来的内容中，本书主要从产业集聚模式影响企业嵌入全球价值链的位置、出口国内附加值率和嵌入全球价值链的稳定性等方面进行模型设定和实证检验。

正如 Williamson（1965）所指出的，经济发展初期的集聚是必要的，在工业化的起步阶段，要素的空间集聚必然会带来经济效率的提高，这在许多学者的研究中也得到了充分的检验。那么，不同产业集聚模式产生的集聚效应是否可以提升企业嵌入全球价值链的位置呢？为了回答这一问题，本章以中国微观企业层面的数据为基础，实证检验了不同产业集聚模式对企业嵌入全球价值链位置的影响，并探讨其背后的作用机制。

第一节 计量模型设定、数据处理和指标说明

一、计量模型的设定

为考察不同产业集聚模式对企业嵌入全球价值链位置的影响，本章主要借鉴 Levchenko（2007）、戴翔和金碚（2014）、苏丹妮等（2020）的做法，将本章的模型设定如下：

$$GVC_{pos\ ijct} = \alpha + \beta_1 Com_{jct} + \beta_2 Rdi_{jct} + X_{ijct} + \lambda_c + \lambda_t + \varepsilon_{ijct} \qquad (5-1)$$

模型（5-1）中，下标 i、j、c 和 t 分别表示企业、行业、城市和年份。其中，被解释变量 $GVC_{pos\ ijct}$ 表示 t 年 c 城市 j 行业 i 企业的全球价值链的位置；解释变量 Com_{jct} 表示 t 年 c 城市 j 行业的专业化集聚水平；Rdi_{jct} 表示 t 年 c 城市 j 行业的多样化集聚水平；X_{ijct} 为企业层面、行业层面和城市层面的控制变量合集；λ_c 和 λ_t 分别表示城市和年份固定效应；ε_{ijct} 表示随

机误差项。β_1 和 β_2 是本章核心解释变量的系数,衡量两种产业集聚模式对企业嵌入全球价值位置的影响。

二、数据的处理

本章研究涉及两种产业集聚指标、全球价值链地位指标、全球价值链上游度和下游度指标,因此,所用到的主要有三个数据库:一是包含微观企业层面的数据库—中国工业企业数据库和中国海关数据库;二是行业层面的数据库—世界投入—产出数据库;三是城市层面的数据库—中国城市统计年鉴。

(一) 中国工业企业数据库

本章使用的数据是 2000—2014 年中国工业企业数据库[①],由于中国工业企业数据库存在主要数据指标缺失、指标不清晰、样本错配等问题,本章在借鉴 Brandt 等 (2012) 的方法基础上,对基础样本进行匹配,同时,根据文章的需要对数据作进一步改进处理。首先,由于不同时期的行政区域代码的标准具有差异性,本章依据 GBT2260—2002 为基准版本,对中国历年不同的行政区划按照此版本进行统一整理,以便于本章按照市级代码进行匹配,因为越细致的行政代码处理越能显示更加精确的集聚模式(苏丹妮等,2018),其中主要的地区代码缺失时,采用手动的方法按城市名称设置城市代码。其次,为避免同一家企业在同一年的重复出现,本章使用企业名称、企业法人代码、企业地址、企业邮编等不同的匹配信息滚动识别是否为同一家企业。最后,参考施炳展等 (2014) 的做法,根据本章需要,剔除了固定资产、流动资产和固定资产年均余额大于总资产的企业,同时剔除了就业人数、出口交货值、工业总产值、工业销售收入、中间增加值小于 0 和缺失值的企业。

(二) 中国海关数据库

本章使用的是 2000—2014 年海关总署关于产品层面的交易数据对企

---

① 数据说明:由于中国工业企业 2010 年数据库大量企业数据缺失和失真,本书所使用的数据不包含 2010 年的指标。

业嵌入全球价值链的位置进行核算。首先，对海关总署数据进行处理，把月度数据加总为年度数据，并对取值不合理的数据和重复变量进行剔除；其次，进行全球价值链位置核算时，贸易代理商、中间投入品的间接进口和资本品进口等均会影响计算的准确性，因此本章借鉴单豪杰（2008）、Ahn 等（2010）、张杰等（2013）的做法对此进行处理。

（三）中国工企和海关数据库的匹配

根据以上两个数据库的清洗，本章对 2000—2014 年中国工业企业数据库和中国海关数据按照企业名称进行逐年匹配，最终得到企业数为 76906 家，观测值 251418 个。

（四）世界投入—产出数据库（WIOD）

世界投入—产出表可全面系统地反映国民经济各部门之间的投入产出关系，揭示生产过程中各部门之间相互依存和相互制约的经济技术联系。本书主要使用 WIOD 数据库 2000—2014 年进行行业层面的 FVA、DVA 和 DVAR_intex 测算，以便计算企业所属的行业的各类增加值比率，方便计算企业嵌入全球价值链的位置指标。

（五）城市统计年鉴

企业的发展、产业的升级离不开城市提供的经济资源，本书主要使用 2000—2014 年的城市统计年鉴对城市层面的控制变量进行测度。

三、指标说明

（一）被解释变量

1. 全球价值链位置指标（GVCpos）

被解释变量的构建，主要参考张杰等（2013）、Kee 和 Tang（2016）、苏丹妮等（2020）的做法，如下所示：

$$GVC_{pos\ ijct} = \ln(1 + GVC_{up\ ijct}) - \ln(1 + GVC_{down\ ijct}) \qquad (5-2)$$

其中，i、j、c 和 t 的含义与模型（4-1）相同，GVC_{pos} 为企业嵌入全球价值链的位置；GVC_{up} 为企业嵌入全球价值链的上游度；GVC_{down} 为企业嵌入全球价值链的下游度。

2. 全球价值链上游度指标（GVCup）

本章对企业嵌入全球价值链上游度指标测度时，参考张杰等（2013）的做法，首先对中间品进口额和资本累计折旧额进行计算，以便对这些影响计算正确性的因素进行剔除，保证本章计算结果的合理性。

具体而言，按照张杰等（2013）的做法，对中间产品进口额进行计算。这主要是因为贸易代理商的存在，一方面可能使企业出现过度进口或过度出口现象，直接使用海关数据进行测算可能会产生偏差；另一方面企业在贸易过程中可能存在间接进口中间品或间接进口资本品都可能使计算出现偏误[①]，这两种情况都可能使企业嵌入全球价值链的位置被高估。因此将企业名称中包含"进出口""经贸""贸易""科贸""外经"等信息的企业标记为中间贸易商进行识别，对中间产品进口额计算如下：

$$\text{IMP}_{ijtk} = \frac{\text{IMP}_{ijtk}^{\text{custom}}}{(1 - \sum_{k=1}^{n} \beta_{kt} \text{INTERATE}_{kt})} \quad (5-3)$$

其中，k 代表三种贸易方式；IMP_{ijtk} 为不同贸易方式的企业中间品进口额；$\text{IMP}_{ijtk}^{\text{custom}}$ 为海关记录的不同贸易方式企业的进口中间产品额；$\sum_{k=1}^{n} \beta_{kt} \text{INTERATE}_{kt}$ 为不同贸易方式的进口额加权与中间贸易代理商进口额占出口额的比率乘积之和。

其次，本章使用单豪杰（2008）计算的我国制造业的固定资产折旧率（$\delta = 10.96\%$），采用张杰等（2013）的做法对资本品进口[②]的处理。假定企业存活了 T≥1 期，那么企业在 t≤T 时期进口的资本品，需要在剩下的每期中减去该期相对应的折旧，j 企业在 t 期进口的资本品假定为 IMP_{ijtk}，采用式（5-3）方法来估算企业实际的资本品总进口额。企业在 t 期的资本折旧累积额为：

$$D_{ijtk} = \sum_{t=1}^{T} \delta \times \text{IMPK}_{ijtk} \quad (5-4)$$

最后，按照上文求解的中间品进口额 IMP_{ijtk} 和资本累计折旧额 D_{ijtk}，同时依据 Upward 等（2013）和苏丹妮等（2020）的做法，假定一般贸易

---

① 按广泛经济类别（Broad Economic Categories，BEC）分类，将国际贸易商品分为中间品、资本品和消费品三种基本货物类别。

② 资本品主要包括机器设备（BEC 代码为 41、521），中间品包括投入生产的初级品（111、21、31）、半成品（121、22、322）和零部件（42、53）。

的进口中间品同比例在国内销售和出口，加工贸易进口的中间品全部用于出口，可以计算得到企业嵌入全球价值链的上游度指标，具体公式如下：

$$\text{GVCup}_{ijtp} = \left\{ \text{IEXP}_{ijpt} \times \left[1 - \frac{\text{IMP}_{ijtp} + D_{ijtp} + (\theta_j^1 - \theta_j^2) \times \text{EXP}_{ijtp}}{\text{EXP}_{ijtp}} \right] \times \theta_j^3 \right\} / \text{EXP}_{ijtp} \tag{5-5}$$

$$\text{GVCup}_{ijto} = \left\{ \text{IEXP}_{ijpt} \times \left[1 - \frac{(\text{IMP}_{ijto}/Y_{ijt}) \times \text{EXP}_{ijto} + D_{ijto} + (\theta_j^1 - \theta_j^2) \times \text{EXP}_{ijto}}{\text{EXP}_{ijto}} \right] \times \theta_j^3 \right\} / \text{EXP}_{ijto} \tag{5-6}$$

$$\text{GVCup}_{ijtm} = \omega_p \times \left\{ \text{IEXP}_{ijpt} \times \left[1 - \frac{\text{IMP}_{ijtp} + D_{ijtp} + (\theta_j^1 - \theta_j^2) \times \text{EXP}_{ijtp}}{\text{EXP}_{ijtp}} \right] \times \theta_j^3 \right\} / \text{EXP}_{ijtp} + \omega_o \times$$

$$\left\{ \text{IEXP}_{ijpt} \times \left\{ 1 - \frac{[\text{IMP}_{ijto}/(Y_{ijt} - \text{EXP}_{ijtp})] \times \text{EXP}_{ijto} + D_{ijto} + (\theta_j^1 - \theta_j^2) \times \text{EXP}_{ijto}}{\text{EXP}_{ijto}} \right\} \times \theta_j^3 \right\} / \text{EXP}_{ijto} \tag{5-7}$$

其中，p、o 和 m 分别代表加工贸易、一般贸易和混合贸易企业。IMP_{ijtp} 表示加工贸易企业的中间品进口份额；$(\text{IMP}_{ijto}/Y_{ijt}) \times \text{EXP}_{ijto}$ 表示为一般贸易企业的份额；Y_{ijt} 表示企业销售额（国内销售额和出口之和）；$\text{EXP}_{ijtn}(n=p,o)$ 表示考虑了从中间贸易代理商处间接出口后企业的总出口额；$\text{IEXP}_{ijpt}(n=p,o)$ 表示考虑了通过中间贸易代理商出口中间产品后企业的实际中间产品出口额；$D_{ijtn}(n=p,o)$ 表示企业资本折旧累积额；θ_j^1、θ_j^2、θ_j^3 分别为企业所在行业间接进口比例、返回增加值比例和企业所在行业中间产品的间接出口比例；ω_p 和 ω_o 分别为混合贸易企业中以加工贸易和一般贸易形式出口的比重。

3. 全球价值链下游度指标（GVCdown）

根据以上对中间进口品、资本折旧额和全球价值链上游度指标的计算过程，可以求解得出企业嵌入全球价值链下游度（GVCdown）的指标，具体公式如下：

$$\text{GVCdown}_{ijtp} = \frac{\text{IMP}_{ijtp} + D_{ijtp} + (\theta_j^1 - \theta_j^2) \times \text{EXP}_{ijtp}}{\text{EXP}_{ijtp}} \tag{5-8}$$

$$\text{GVCdown}_{ijto} = \frac{(\text{IMP}_{ijto}/Y_{ijt}) \times \text{EXP}_{ijto} + D_{ijto} + (\theta_j^1 - \theta_j^2) \times \text{EXP}_{ijto}}{\text{EXP}_{ijto}} \tag{5-9}$$

$$GVCdown_{ijtm} = \omega_p \times \frac{IMP_{ijtp} + D_{ijtp} + (\theta_j^1 - \theta_j^2) \times EXP_{ijtp}}{EXP_{ijtp}} + \omega_o \times$$

$$\frac{[IMP_{ijto}/(Y_{ijt} - EXP_{ijtp})] \times EXP_{ijto} + D_{ijto} + (\theta_j^1 - \theta_j^2) \times EXP_{ijto}}{EXP_{ijto}} \quad (5-10)$$

其中，GVCdown 变量中所含变量的基本含义解释，与 GVCup 变量相同。

（二）解释变量

1. 专业化集聚模式（Com）

专业化集聚指标，主要参考 Martin 等（2011）、章韬和申洋（2020）的方法构建。赫芬达尔指数可以更好地反映出行业的垄断程度，因此本书采用赫芬达尔指数倒数加 1 取对数的模式来构建本书的核心解释变量专业化集聚模式，如式（5-11）所示：

$$Com_{jct} = \ln[(1/Herf_{ijct}) + 1] \quad (5-11)$$

$$Herf_{ijct} = \sum_{i \in \epsilon_j^c} \left(\frac{L_{ijct}}{L_{jct}}\right)^2 \quad (5-12)$$

式（5-11）和式（5-12）中，i、j、c 和 t 含义同模型（5-1），其中 $Herf_{ijct}$ 为企业所在行业的赫芬达尔指数，即 c 城市 j 行业的行业内垄断程度，也即专业化集聚程度。Com_{jct} 是 $Herf_{ijct}$ 的倒数加 1 的对数，用它来衡量 t 年 c 城市 j 行业的行业外部性程度。L_{ijct} 为 i 企业的就业人数；L_{jct} 为 j 行业的就业人数。

2. 多样化集聚模式（Rdi）

多样化集聚指标，参考 Martin 等（2011）、范剑勇（2014）、章韬和申洋（2020）来构建，具体如下：

$$Rdi_{jct} = \ln\left\{\left[1/\left(\sum_{j'}^{j} \left|\frac{L_{j'ct}}{L_{ct}} - \frac{L_{j't}}{L_t}\right|\right)\right] + 1\right\} \quad (5-13)$$

式（5-13）中，多样化集聚指标为 t 年 c 城市 j 行业就业人数的比例占 c 城市的比例与 j 行业占全国的比例的绝对值偏差和的倒数，它衡量的是 t 年 c 城市 j 行业的雅各布外部性，即该行业面临经济的多样性。$L_{j'ct}$ 为 t 年 c 城市除 j 行业以外的就业人数；$L_{j't}$ 为 t 年全国除 j 行业以外的就业人数。

（三）控制变量

1. 企业层面控制变量

结合研究产业集聚对企业影响文献的常规做法（范剑勇等，2015；毛其淋和许家云，2016），本书考虑了如下企业层面因素：(1) 资本密集度 (capital)，参考钟昌标（2007）的做法，以企业的资本总额除以销售收入作为代理指标；(2) 企业年龄（age），将当期年份加1减去企业成立时间并取对数来衡量企业年龄；(3) 加工贸易企业虚拟变量（PO），如果企业的所有制类型是加工贸易企业，则 PO 取值为 1，否则为 0；(4) 国有企业虚拟变量（SOE），如果企业的所有制类型是国有企业，则 SOE 取值为 1，否则为 0；(5) 外资企业虚拟变量（FOE），如果企业的所有制类型是外资企业，则 FOE 取值为 1，否则为 0。

2. 行业和城市层面控制变量

因为本书切入点为产业集聚对企业嵌入全球价值链位置的作用，产业集聚和企业嵌入全球价值链的位置也会受到行业和城市层面因素的影响，故行业层面的因素借鉴 Lu、Tao 和 Zhu（2017）和韩峰等（2021）的做法，本书在模型中控制了行业层面和城市层面可能影响产业集聚的潜在因素，主要有以下方面：(1) 行业新产品密集度（INPD），按照四位码行业加总企业新产品产值与工业总产值，用行业新产品产值与行业工业总产值的比值衡量；(2) 行业平均工资（Iwage），按照四位码行业计算行业平均工资并取对数值表示；(3) 行业融资约束（IFC），按照四位码行业分别加总企业利息支出以及固定资产总额，用行业利息支出与行业固定资产比值衡量；(4) 人力资本（EDU）以中学和大学在校人数占总人口比重表示。

（四）主要变量的描述性统计

各变量的描述性统计情况如表 5-1 所示，其中被解释变量企业嵌入全球价值链的位置的最大值为 7.4309，最小值为 -1.1030，而平均值为 0.0036，说明中国制造业企业嵌入全球价值链的位置普遍较低。其余变量的特征如表 5-1 所示，数据整体较为规范，无明显异常值。

表 5-1　　主要变量的描述性统计

主要变量	样本数量	均值	标准差	极小值	极大值
GCVpos	195 365	0.0036	0.2349	-1.1030	7.4309
GVCup	213 203	0.7238	0.2322	0.4351	8.8703
Com	251 418	0.1319	0.2633	0.0123	3.8286
Rdi	248 188	0.2327	0.2677	0.0022	8.3429
age	248 169	3.0317	0.7736	1	8.6009
SOE	251 418	0.0437	0.2044	0	1
FOE	251 418	0.2502	0.4331	0	1
capital	251 359	0.2926	0.3501	-1.8734	9.0561
INPD	251 418	0.0438	0.0682	0	0.6955
Iwage	251 418	17.7970	1.8330	9.1716	20.9154
IFC	251 418	0.7137	0.0087	0.6122	0.8644
PO	251 418	0.1249	0.3306	0	1
EDU	247 453	2.4142	2.9935	0	8.6634

第二节　基准回归结果及异质性分析

一、基准回归结果分析

表5-2是计量模型（5-1）的基准回归结果，报告了产业集聚模式对企业嵌入全球价值链位置的影响，可以看出核心解释变量均在1%水平上显著。其中第（1）列只加入了核心解释变量，第（2）列进一步加入了企业层面的控制变量，第（3）列对基准回归加入了城市层面和行业层面的控制变量，三列均对年份和城市进行固定效应控制。

表 5-2　　　　　　　　　　GVCpos 的基准回归结果

	(1)	(2)	(3)
Com	-0.0121***	-0.0099***	-0.0093***
	(0.0022)	(0.0022)	(0.0023)
Rdi	0.0098***	0.0123***	0.0114***
	(0.0022)	(0.0023)	(0.0024)
age		0.0038***	0.0037***
		(0.0008)	(0.0008)
SOE		0.0007	-0.0007
		(0.0028)	(0.0029)
FOE		0.0084***	0.0089***
		(0.0013)	(0.0014)
capital		0.0025	0.0008
		(0.0017)	(0.0017)
PO		-0.0256***	-0.0263***
		(0.0018)	(0.0018)
INPD			-0.0208**
			(0.0090)
IFC			-0.4203***
			(0.0653)
EDU			-0.0005
			(0.0003)
lwage			-0.0026***
			(0.0003)
_cons	-0.0004	-0.0100**	0.3371***
	(0.0042)	(0.0048)	(0.0463)
N	192820	190272	187515
R^2	0.0103	0.0118	0.0124
年份固定	是	是	是
城市固定	是	是	是

注：(1) 所有回归均对年份效应和城市效应进行控制，如有单独说明的例外；(2) 控制变量包含企业年龄、国有企业、外商独资企业、行业新产品密度、人力资本、行业融资约束、资本密集度、加工贸易企业、行业工资水平，如有特殊说明除外；(3) 显著性水平：* $p<0.1$ 表示在 10% 水平上显著，** $p<0.05$ 表示在 5% 水平上显著，*** $p<0.01$ 表示在 1% 水平上显著；(4) 括号内小数为标准误。

根据表 5-2 第 (1) 列的回归结果，在不加入企业层面、行业层面和城市层面的控制变量时，Com 的系数为 -0.0021，Rdi 的系数为 0.0098，且在 1% 的水平上显著。第（3）列加入了控制变量后结果依然显著。可见，专业化集聚模式使企业嵌入全球价值链的位置平均下降 -0.0093，多样化集聚模式使企业嵌入全球价值链的位置平均上升 0.0114。专业化集聚模式出现这种现象的原因主要是专业化集聚模式是同行业的集聚，行业内新产品的学习、模仿和竞争效应本身会对集聚区内的企业产生一种内在隔绝机制，单个企业为了使自身得到更好的发展，一般会申请技术专利保护本企业的创新，企业间的技术共享机制会被削弱；同时，同行业企业的相互学习、模仿等机制使集聚区内单个企业嵌入全球价值链时的优势被削弱，因此专业化集聚模式对企业嵌入全球价值链起到负向抑制作用。多样化集聚模式由于是不同行业的集聚，行业间的技术、管理等经验的互相学习和模仿、二次创新机制有利于企业攀升全球价值链，因此促进了企业嵌入全球价值链位置的提升。

就控制变量而言，企业的年龄（size）对企业嵌入全球价值链的位置有正向提升作用，这符合我们的预期，企业生存时间越长，从产业集聚中吸收溢出效应的能力更强；外资企业（FOE）的虚拟变量显示外资企业对企业嵌入全球价值链有明显的提升作用；加工贸易企业（PO）和行业融资约束（IFC）对企业嵌入全球价值链的提升作用为负。结合上文产业集聚模式对企业嵌入全球价值链位置的相关分析，专业化集聚模式对企业嵌入全球价值链地位产生显著的负向影响，多样化集聚则明显提升了企业嵌入全球价值链的地位。可以看出，对于不同的产业集聚模式，由于其行业间和行业内竞争机制的差异对企业攀升全球价值链产生的影响不同，因此在实行产业集聚政策时，要有针对性的侧重，以便增强企业嵌入全球价值链的地位，增加企业在国际市场上的竞争力。

二、异质性分析

本书为了进一步验证基准回归的准确性，从企业嵌入全球价值链的不同程度的异质性出发，考察产业集聚模式对企业嵌入全球价值链的位置、上游度等指标的影响,并进行异质性分析。因此,本章借鉴苏丹妮等(2020)的做法对企业嵌入全球价值链的上游度指标进行了测算,并进行计量模型设定,具体如下:

$$GVC_{up\ ijet} = \alpha + \beta_1 Com_{jct} + \beta_2 Rdi_{jct} + X_{ijet} + \lambda_c + \lambda_t + \varepsilon_{ijet} \quad (5-14)$$

模型(5-14)中,下标 i、j、c 和 t 同模型(5-1)。其中,模型(5-14)被解释变量 $GVC_{up\ ijet}$ 表示企业嵌入全球价值链的上游度指标,其余变量解释同模型(5-1)。

(一)基于企业嵌入 GVC 位置的异质性分析

1. 不同贸易类别

表5-3是不同贸易类别的产业集聚对企业嵌入全球价值链地位影响的检验结果。总体而言,专业化集聚对加工贸易和混合贸易企业嵌入全球价值链位置的影响显著为负,而多样化集聚对一般贸易和混合贸易企业嵌入全球价值链位置的影响显著为正。这和基准结论相符,尤其是对于加工贸易而言,其主要是工序化的操作,技术含量较低,因此集聚反而不利于其嵌入全球价值链的位置;而对于一般贸易企业,其通常具有相对较高的技术水平,创新能力也较强,可以更好地学习、模仿和吸收行业间的知识和技术溢出,增强其在国际市场上的竞争力和生存能力,因此多样化集聚的溢出效应对其影响更加显著。

表5-3　　　　不同贸易类别企业 GVCpos 的回归结果

	加工贸易	一般贸易	混合贸易
Com	-0.0212*	-0.0016	-0.0093***
	(0.0110)	(0.0066)	(0.0030)
Rdi	-0.0074	0.0144**	0.0175***
	(0.0090)	(0.0063)	(0.0030)
age	0.0021	0.0019	0.0013
	(0.0023)	(0.0019)	(0.0009)
SOE	-0.0065	-0.0042	-0.0022
	(0.0312)	(0.0062)	(0.0033)
FOE	0.0077	0.0062	0.0063***
	(0.0047)	(0.0054)	(0.0015)

续表

	加工贸易	一般贸易	混合贸易
capital	-0.0026	-0.0023	-0.0015
	(0.0058)	(0.0045)	(0.0020)
INPD	0.0064	0.0278	-0.0163
	(0.0373)	(0.0284)	(0.0125)
IFC	-0.5677**	-0.1557	-0.0704
	(0.2246)	(0.2217)	(0.0818)
EDU	0.0007	0.0035	-0.0005
	(0.0075)	(0.0053)	(0.0030)
lwage	0.0012	0.0004	-0.0008
	(0.0017)	(0.0015)	(0.0006)
_cons	0.3691**	0.0438	0.0532
	(0.1755)	(0.1596)	(0.0598)
N	26648	20431	140436
R^2	0.0386	0.0573	0.0112
年份固定	是	是	是
城市固定	是	是	是

注：(1) 所有回归均对年份效应和城市效应进行控制，如有单独说明的例外；(2) 控制变量包含企业年龄、国有企业、外商独资企业、行业新产品密度、人力资本、行业融资约束、资本密集度、加工贸易企业、行业工资水平，如有特殊说明除外；(3) 显著性水平：* $p<0.1$ 表示在10%水平上显著，** $p<0.05$ 表示在5%水平上显著，*** $p<0.01$ 表示在1%水平上显著；(4) 括号内小数为标准误。

2. 企业性质

根据企业所有制差异，把企业分为国有企业、外商独资企业、集体企业、私营企业和中外合资企业五种，表5-4是企业所有制差异的产业集聚影响企业嵌入全球价值链地位的回归结果。其中，专业化集聚对外商独资企业和中外合资企业嵌入全球价值链地位的抑制作用显著，而多样化集聚对私营企业、集体企业和中外合资企业嵌入全球价值链地位的影响显著为正。尤其是对私营企业的影响更加显著，这主要因为私营企业之所以能参与全球生产环节，其本身就具备较高的知识、技术水平，同时具备较好地学习和吸收新知识的能力，更易吸收多样化集聚过程中产生知识、技术溢出效应带来的好处。

表 5-4 不同所有制企业 GVCpos 的回归结果

	国有企业	外商独资企业	集体企业	私营企业	中外合资企业
Com	0.0024	-0.0127*	-0.0095	-0.0064	-0.0086**
	(0.0083)	(0.0066)	(0.0083)	(0.0039)	(0.0042)
Rdi	0.0057	0.0082	0.0168**	0.0305***	0.0162***
	(0.0049)	(0.0072)	(0.0077)	(0.0051)	(0.0050)
age	0.0029	0.0022	0.0031	-0.0015	0.0040**
	(0.0021)	(0.0021)	(0.0026)	(0.0018)	(0.0017)
capital	-0.0022	0.0026	0.0130	-0.0012	-0.0031
	(0.0044)	(0.0036)	(0.0082)	(0.0051)	(0.0034)
INPD	0.0205	-0.0591***	0.0711**	0.0147	-0.0139
	(0.0234)	(0.0208)	(0.0362)	(0.0188)	(0.0186)
IFC	-0.2978	-0.3646**	0.0877	-0.4357***	-0.3617***
	(0.2474)	(0.1546)	(0.2571)	(0.1315)	(0.1214)
EDU	-0.0021*	-0.0008	0.0007	0.0003	-0.0008
	(0.0012)	(0.0007)	(0.0014)	(0.0008)	(0.0006)
lwage	-0.0011	-0.0044***	-0.0023**	-0.0005	-0.0040***
	(0.0013)	(0.0007)	(0.0011)	(0.0007)	(0.0006)
PO	-0.0397***	-0.0188***	-0.0284***	-0.0294***	-0.0268***
	(0.0056)	(0.0061)	(0.0049)	(0.0030)	(0.0037)
_cons	0.2253	0.3628***	-0.0708	0.3146***	0.3206***
	(0.1752)	(0.1085)	(0.1827)	(0.0942)	(0.0867)
N	7890	45484	8955	39177	41227
R^2	0.0406	0.0101	0.0288	0.0181	0.0135
年份固定	是	是	是	是	是
城市固定	是	是	是	是	是

注：(1) 所有回归均对年份效应和城市效应进行控制，如有单独说明的例外；(2) 控制变量包含企业年龄、国有企业、外商独资企业、行业新产品密度、人力资本、行业融资约束、资本密集度、加工贸易企业、行业工资水平，如有特殊说明除外；(3) 显著性水平：* $p<0.1$ 表示在10%水平上显著，** $p<0.05$ 表示在5%水平上显著，*** $p<0.01$ 表示在1%水平上显著；(4) 括号内小数为标准误。

3. 不同地区差异

表 5-5 是基于不同地区企业的产业集聚模式影响全球价值链位置的实证检验结果。按照苏丹妮等（2018）的方法，把中国整体分为东部、中

部、西部三个地区①,对三个地区分别做分组回归。从表 5-5 中的回归结果可以看出,专业化集聚对中部、东部地区企业嵌入全球价值链的影响显著为负,多样化集聚仅对东部地区企业嵌入全球价值链的影响显著为正,对中部、西部地区虽为正,但不显著。具体来看,多样化集聚虽然对三个地区的影响均为正值,但只有东部地区的系数显著,这主要是由于东部地区的经济发展基础好,企业之间的交互作用更强,因此对东部地区企业嵌入全球价值链的位置呈现正向促进作用。

表 5-5　　　　东部、中部、西部地区 **GVCpos** 的回归结果

	东部地区	中部地区	西部地区
Com	-0.0096***	-0.0090**	-0.0066
	(0.0027)	(0.0044)	(0.0081)
Rdi	0.0131***	0.0056	0.0070
	(0.0028)	(0.0046)	(0.0061)
age	0.0035***	0.0049**	0.0050
	(0.0008)	(0.0023)	(0.0034)
SOE	0.0002	0.0034	-0.0171**
	(0.0034)	(0.0061)	(0.0077)
FOE	0.0089***	0.0153**	-0.0084
	(0.0014)	(0.0070)	(0.0104)
capital	0.0013	-0.0046	0.0006
	(0.0019)	(0.0038)	(0.0063)
INPD	-0.0245**	0.0350	-0.0304
	(0.0095)	(0.0302)	(0.0412)
IFC	-0.4686***	0.4151*	-0.2695
	(0.0689)	(0.2431)	(0.3122)
EDU	-0.0005	0.0013	0.0007
	(0.0003)	(0.0040)	(0.0012)
Iwage	-0.0027***	-0.0011	-0.0009
	(0.0003)	(0.0011)	(0.0017)

---

① 东部地区:北京、天津、河北、辽宁、上海、江苏、浙江、福建、山东、广东、海南。中部地区:山西、吉林、黑龙江、安徽、江西、河南、湖北、湖南。西部地区:广西、重庆、四川、陕西、贵州、云南、甘肃、青海、宁夏、新疆、内蒙古。西藏、海南因为数据缺失严重,故剔除。

续表

	东部地区	中部地区	西部地区
PO	-0.0251***	-0.0364***	-0.0378***
	(0.0019)	(0.0054)	(0.0073)
_cons	0.3724***	-0.2961*	0.2002
	(0.0488)	(0.1726)	(0.2206)
N	172706	10333	4440
R^2	0.0119	0.0244	0.0430
年份固定	是	是	是
城市固定	是	是	是

注：（1）所有回归均对年份效应和城市效应进行控制，如有单独说明的例外；（2）控制变量包含企业年龄、国有企业、外商独资企业、行业新产品密度、人力资本、行业融资约束、资本密集度、加工贸易企业、行业工资水平，如有特殊说明除外；（3）显著性水平：* $p<0.1$ 表示在10%水平上显著，** $p<0.05$ 表示在5%水平上显著，*** $p<0.01$ 表示在1%水平上显著；（4）括号内小数为标准误。

4. 不同行业差异

本书最终使用的企业数据是来自于制造业的企业，因此在参考 OECD 制定的 ISIC 产业分类标准的基础上①，同时借鉴王琳和王茹（2012）、顾国达等（2017）的做法，把制造业分为高科技产业、中高科技产业、中低科技产业和低科技产业进行分组回归，如表5-6所示。可以看出，专业化集聚对中低技术产业和低技术产业嵌入全球价值链地位的作用显著为负，多样化集聚对中高技术产业、中低技术产业和低技术产业嵌入全球价值链地位的影响显著为正，对高技术产业影响虽为正，但不显著。

表5-6　　　　　　不同产业技术含量 GVCpos 的回归结果

	高技术产业	中高技术产业	中低技术产业	低技术产业
Com	-0.0168	-0.0040	-0.0074*	-0.0249***
	(0.0177)	(0.0026)	(0.0038)	(0.0086)
Rdi	0.0077	0.0107***	0.0107**	0.0148***
	(0.0100)	(0.0034)	(0.0043)	(0.0052)

---

① ISIC Rev. 3 不同科技含量企业的分类标准：高科技产业，行业代码为24, 23, 30, 32, 33, 353；中高科技产业，行业代码为24ex2423, 29, 31, 34, 352, 359；中低科技产业，行业代码为23, 25-28, 351；低科技产业，行业代码为15-17, 19-22, 36-37。

续表

	高技术产业	中高技术产业	中低技术产业	低技术产业
age	-0.0009	0.0018*	0.0062***	0.0022
	(0.0036)	(0.0010)	(0.0013)	(0.0018)
SOE	0.0168*	-0.0031	-0.0045	-0.0001
	(0.0100)	(0.0056)	(0.0051)	(0.0057)
FOE	0.0039	0.0043**	0.0166***	0.0082**
	(0.0073)	(0.0017)	(0.0023)	(0.0035)
capital	-0.0023	0.0037	-0.0005	-0.0062
	(0.0063)	(0.0028)	(0.0029)	(0.0040)
INPD	-0.0418	-0.1627***	-0.0137	0.0097
	(0.0333)	(0.0422)	(0.0156)	(0.0175)
IFC	-1.3874***	0.2047**	-0.3671***	0.0210
	(0.3572)	(0.0956)	(0.1195)	(0.1976)
EDU	-0.0002	-0.0005	-0.0006	0.0000
	(0.0016)	(0.0004)	(0.0006)	(0.0008)
Iwage	0.0097***	-0.0043***	-0.0017*	-0.0003
	(0.0020)	(0.0004)	(0.0010)	(0.0009)
PO	-0.0250***	-0.0252***	-0.0243***	-0.0299***
	(0.0081)	(0.0022)	(0.0032)	(0.0046)
_cons	0.8743***	-0.0869	0.2801***	-0.0127
	(0.2629)	(0.0700)	(0.0856)	(0.1401)
N	12470	60247	72731	36426
R^2	0.0262	0.0247	0.0104	0.0119
年份固定	是	是	是	是
城市固定	是	是	是	是

注：(1) 所有回归均对年份效应和城市效应进行控制，如有单独说明的例外；(2) 控制变量包含企业年龄、国有企业、外商独资企业、行业新产品密度、人力资本、行业融资约束、资本密集度、加工贸易企业、行业工资水平，如有特殊说明除外；(3) 显著性水平：* $p<0.1$ 表示在10%水平上显著，** $p<0.05$ 表示在5%水平上显著，*** $p<0.01$ 表示在1%水平上显著；(4) 括号内小数为标准误。

5. 不同城市规模

本章在借鉴寇冬雪（2021）的基础上，结合样本期实际情况，按其常住人口的数量进行分类，分为特大城市（≥400万）、大型城市（200—

400万)、中型城市（100—200万）和小型城市（≤100万）。表5-7是基于城市规模大小的异质性进行分组回归的结果，可以看出，专业化集聚模式对中型城市和小型城市企业嵌入全球价值链的位置起到显著的抑制作用，而多样化集聚模式均显著提高不同城市规模企业嵌入全球价值链的位置。由此可见，两种集聚模式对城市规模不同的企业的作用也不一样，对于多样化集聚，各个城市规模内的企业集聚均可以有效促进知识、技术和资金的流动，促进企业的发展。

表5-7 不同城市规模 GVCpos 的回归结果

	特大城市	大型城市	中型城市	小型城市
Com	-0.0033	0.0168	-0.0133***	-0.0088***
	(0.0047)	(0.0348)	(0.0050)	(0.0034)
Rdi	0.0073*	0.0332*	0.0159**	0.0155***
	(0.0043)	(0.0195)	(0.0073)	(0.0034)
age	0.0016	0.0047	0.0023	0.0042***
	(0.0014)	(0.0047)	(0.0030)	(0.0011)
SOE	-0.0035	-0.0123	0.0397***	-0.0023
	(0.0043)	(0.0279)	(0.0108)	(0.0052)
FOE	0.0060**	0.0025	0.0139**	0.0080***
	(0.0025)	(0.0064)	(0.0058)	(0.0021)
capital	-0.0047*	0.0087	0.0118*	0.0016
	(0.0027)	(0.0095)	(0.0070)	(0.0027)
INPD	-0.0127	0.0082	-0.0393	-0.0248*
	(0.0168)	(0.0659)	(0.0360)	(0.0128)
IFC	-0.4041***	-0.2621	-0.7696***	-0.2109**
	(0.1344)	(0.3540)	(0.2791)	(0.0926)
EDU	-0.0002	0.2302	0.1123	0.0004
	(0.0004)	(0.1627)	(0.0852)	(0.0005)
Iwage	-0.0020***	0.0018	-0.0019	-0.0025***
	(0.0007)	(0.0022)	(0.0013)	(0.0005)
PO	-0.0276***		-0.0342***	-0.0246***
	(0.0034)		(0.0066)	(0.0025)
_cons	0.3416***	0.0795	0.5695***	0.1635**
	(0.0954)	(0.2571)	(0.1986)	(0.0656)

续表

	特大城市	大型城市	中型城市	小型城市
N	52913	4206	11467	88165
R^2	0.0147	0.0099	0.0163	0.0130
年份固定	是	是	是	是
城市固定	是	是	是	是

注：(1) 所有回归均对年份效应和城市效应进行控制，如有单独说明的例外；(2) 控制变量包含企业年龄、国有企业、外商独资企业、行业新产品密度、人力资本、行业融资约束、资本密集度、加工贸易企业、行业工资水平，如有特殊说明除外；(3) 显著性水平：* $p<0.1$ 表示在10%水平上显著，** $p<0.05$ 表示在5%水平上显著，*** $p<0.01$ 表示在1%水平上显著；(4) 括号内小数为标准误。

（二）基于企业嵌入 GVC 上游度的异质性分析

1. 贸易类别不同

表 5-8 是不同贸易类别企业的产业集聚影响企业嵌入全球价值链上游度的计量检验结果。总体而言，专业化集聚仅对混合贸易企业嵌入全球价值链的上游度起到显著的抑制作用，而多样化集聚对一般贸易企业和混合贸易企业嵌入全球价值链上游度的作用显著为正，对加工贸易企业嵌入全球价值链上游度起到负向抑制作用。这主要是加工贸易企业本身技术含量较低，多样化的集聚带来的交叉溢出效应，反而不利于这些企业吸收集聚带来的好处，而一般贸易企业和混合贸易企业在多样化集聚的过程中，由于其贸易性质和企业自身实力，更易吸收多样化集聚不同行业交叉发展带来的知识溢出效应和产业链前后向关联带来的好处。

表 5-8　　　　不同贸易类别企业 GVCup 的回归结果

	加工贸易	一般贸易	混合贸易
Com	-0.0126	0.0006	-0.0081***
	(0.0090)	(0.0061)	(0.0030)
Rdi	-0.0128*	0.0140***	0.0160***
	(0.0070)	(0.0054)	(0.0030)
age	0.0022	0.0003	0.0004
	(0.0018)	(0.0017)	(0.0009)
SOE	0.0151	-0.0083	-0.0003
	(0.0191)	(0.0052)	(0.0033)

续表

	加工贸易	一般贸易	混合贸易
FOE	0.0023	0.0079*	0.0035**
	(0.0034)	(0.0047)	(0.0015)
capital	0.0011	-0.0017	-0.0042**
	(0.0042)	(0.0037)	(0.0020)
INPD	0.0158	0.0205	-0.0175
	(0.0267)	(0.0242)	(0.0124)
IFC	-0.1936	-0.1136	-0.0627
	(0.1753)	(0.1885)	(0.0817)
EDU	0.0009	0.0027	-0.0018
	(0.0057)	(0.0050)	(0.0030)
Iwage	0.0025*	0.0000	-0.0004
	(0.0013)	(0.0013)	(0.0006)
_cons	0.8069***	0.7613***	0.7439***
	(0.1341)	(0.1354)	(0.0597)
N	39882	24426	140436
R^2	0.0131	0.0118	0.0064
年份固定	是	是	是
城市固定	是	是	是

注：(1) 所有回归均对年份效应和城市效应进行控制，如有单独说明的例外；(2) 控制变量包含企业年龄、国有企业、外商独资企业、行业新产品密度、人力资本、行业融资约束、资本密集度、加工贸易企业、行业工资水平，如有特殊说明除外；(3) 显著性水平：* $p<0.1$ 表示在10%水平上显著，** $p<0.05$ 表示在5%水平上显著，*** $p<0.01$ 表示在1%水平上显著；(4) 括号内小数为标准误。

2. 企业性质

表5-9是不同企业所有制差异的产业集聚影响全球价值链上游度的回归结果。其中，多样化集聚仅对集体企业嵌入GVC的上游度均显著为正，专业化集聚则对所有企业均不显著。

表5-9 不同所有制企业 GVCup 的回归结果

	国有企业	外商独资企业	集体企业	私营企业	中外合资企业
Com	0.0029	-0.0113	0.0184	-0.0095	-0.0079
	(0.0118)	(0.0273)	(0.0194)	(0.0076)	(0.0132)

续表

	国有企业	外商独资企业	集体企业	私营企业	中外合资企业
Rdi	-0.0008	-0.0043	0.0439***	0.0039	0.0110
	(0.0070)	(0.0219)	(0.0149)	(0.0100)	(0.0140)
age	0.0058**	-0.0117*	0.0095*	-0.0040	0.0106**
	(0.0028)	(0.0064)	(0.0049)	(0.0036)	(0.0048)
capital	-0.0032	0.0193	0.0122	-0.0015	-0.0064
	(0.0055)	(0.0137)	(0.0149)	(0.0097)	(0.0085)
INPD	0.0413	-0.0418	0.1992**	-0.0182	0.1625***
	(0.0338)	(0.0760)	(0.0776)	(0.0428)	(0.0501)
IFC	-0.2493	0.8457	-0.7300	-0.6783**	-0.5267
	(0.3813)	(0.5836)	(0.5751)	(0.2963)	(0.4172)
EDU	0.0003	-0.0034	-0.0044	0.0009	0.0033*
	(0.0017)	(0.0030)	(0.0027)	(0.0018)	(0.0019)
Iwage	0.0016	-0.0052*	-0.0001	-0.0001	-0.0012
	(0.0018)	(0.0027)	(0.0022)	(0.0015)	(0.0019)
_cons	0.8477***	0.3119	1.2701***	1.2387***	1.0586***
	(0.2682)	(0.4091)	(0.4029)	(0.2101)	(0.2949)
N	2216	2511	2685	8076	4822
R^2	0.0152	0.0170	0.0226	0.0044	0.0152
年份固定	是	是	是	是	是
城市固定	是	是	是	是	是

注：(1) 所有回归均对年份效应和城市效应进行控制，如有单独说明的例外；(2) 控制变量包含企业年龄、国有企业、外商独资企业、行业新产品密度、人力资本、行业融资约束、资本密集度、加工贸易企业、行业工资水平，如有特殊说明除外；(3) 显著性水平：* $p<0.1$ 表示在 10% 水平上显著，** $p<0.05$ 表示在 5% 水平上显著，*** $p<0.01$ 表示在 1% 水平上显著；(4) 括号内小数为标准误。

3. 不同地区差异

表 5-10 是不同地区企业的产业集聚模式影响其嵌入全球价值链上游度的回归结果。可以看出，多样化集聚模式仅对东部地区企业嵌入全球价值链上游度有正向的提升作用，并且在 1% 水平上显著，东部地区的系数为 0.0144。这主要是因为东部地区有人力资本、资金的优势，会加强多样化集聚外部性溢出效应。专业化集聚仅对西部地区有显著的抑制作用，对其他地区影响不显著。

表 5-10　　　　　　　东部、中部、西部地区 GVCup 的回归结果

	东部地区	中部地区	西部地区
Com	-0.0047	-0.0029	-0.0260*
	(0.0070)	(0.0049)	(0.0153)
Rdi	0.0144**	0.0078	-0.0073
	(0.0061)	(0.0064)	(0.0093)
age	0.0017	-0.0019	-0.0098**
	(0.0019)	(0.0029)	(0.0050)
SOE	-0.0097	-0.0102	-0.0037
	(0.0062)	(0.0069)	(0.0109)
FOE	0.0082*	-0.0105	0.0032
	(0.0049)	(0.0127)	(0.0264)
capital	0.0007	-0.0044	0.0060
	(0.0042)	(0.0061)	(0.0112)
INPD	0.0388*	0.0629*	-0.0873
	(0.0231)	(0.0374)	(0.0589)
IFC	-0.4749***	0.7721**	-1.0822*
	(0.1838)	(0.3845)	(0.6030)
EDU	0.0010	-0.0016	-0.0035*
	(0.0009)	(0.0057)	(0.0020)
lwage	-0.0007	-0.0014	0.0014
	(0.0008)	(0.0015)	(0.0027)
_cons	1.0589***	0.1787	1.5861***
	(0.1294)	(0.2698)	(0.4242)
N	21281	2168	961
R^2	0.0029	0.0121	0.0478
年份固定	是	是	是
城市固定	是	是	是

注：(1) 所有回归均对年份效应和城市效应进行控制，如有单独说明的例外；(2) 控制变量包含企业年龄、国有企业、外商独资企业、行业新产品密度、人力资本、行业融资约束、资本密集度、加工贸易企业、行业工资水平，如有特殊说明除外；(3) 显著性水平：* $p<0.1$ 表示在 10% 水平上显著，** $p<0.05$ 表示在 5% 水平上显著，*** $p<0.01$ 表示在 1% 水平上显著；(4) 括号内小数为标准误。

4. 不同行业差异

表 5-11 是对四种科技含量的实证回归结果，可以看出专业化集聚对所有行业嵌入全球价值链的上游度均不显著，而多样化集聚仅对高科技产业嵌入全球价值链上游度影响显著为正。

表 5-11　　　　　不同技术含量行业 GVCup 的回归结果

	高技术产业	中高技术产业	中低技术产业	低技术产业
Com	-0.0157	-0.0005	-0.0053	0.0026
	(0.0540)	(0.0067)	(0.0065)	(0.0219)
Rdi	0.0354*	0.0046	0.0052	0.0091
	(0.0187)	(0.0071)	(0.0079)	(0.0120)
age	-0.0094	-0.0014	0.0053**	0.0000
	(0.0070)	(0.0022)	(0.0027)	(0.0042)
SOE	-0.0164	0.0022	-0.0068	-0.0156
	(0.0171)	(0.0103)	(0.0080)	(0.0114)
FOE	-0.0197	0.0080	0.0146*	0.0089
	(0.0258)	(0.0051)	(0.0076)	(0.0144)
capital	-0.0085	-0.0011	-0.0024	0.0036
	(0.0152)	(0.0058)	(0.0056)	(0.0089)
INPD	-0.0491	-0.1068	-0.0128	0.1017**
	(0.0846)	(0.0800)	(0.0349)	(0.0419)
IFC	-1.2287*	-0.1880	0.0774	0.1342
	(0.7225)	(0.2411)	(0.2868)	(0.4951)
EDU	0.0012	0.0022**	0.0017	-0.0028
	(0.0036)	(0.0011)	(0.0014)	(0.0023)
Iwage	0.0106***	-0.0023**	-0.0012	-0.0010
	(0.0039)	(0.0010)	(0.0020)	(0.0024)
_cons	1.4877***	0.8850***	0.6598***	0.6372*
	(0.5248)	(0.1755)	(0.2015)	(0.3544)
N	2211	7789	9235	4976
R^2	0.0267	0.0066	0.0064	0.0079
年份固定	是	是	是	是
城市固定	是	是	是	是

注：(1) 所有回归均对年份效应和城市效应进行控制，如有单独说明的例外；(2) 控制变量包含企业年龄、国有企业、外商独资企业、行业新产品密度、人力资本、行业融资约束、资本密集度、加工贸易企业、行业工资水平，如有特殊说明除外；(3) 显著性水平：* $p<0.1$ 表示在 10% 水平上显著，** $p<0.05$ 表示在 5% 水平上显著，*** $p<0.01$ 表示在 1% 水平上显著；(4) 括号内小数为标准误。

5. 不同城市规模

表5-12是基于城市规模异质性进行分组回归的结果,可以明显看出专业化集聚模式对中型城市和小型城市企业嵌入全球价值链的上游度起到显著的抑制作用,对其他城市规模不显著;多样化模式集聚对特大城市、中型城市、小型城市企业嵌入全球价值链的上游度有显著的正向促进作用,并且均在1%以上显著,对大型城市的影响系数虽为正,但不显著。

表5-12　　　　　　不同城市规模 GVCup 的回归结果

	特大城市	大型城市	中型城市	小型城市
Com	-0.0033	-0.0152	-0.0116**	-0.0095***
	(0.0048)	(0.0107)	(0.0049)	(0.0033)
Rdi	0.0073*	0.0077	0.0149**	0.0138***
	(0.0042)	(0.0076)	(0.0069)	(0.0032)
age	-0.0010	0.0013	-0.0015	0.0015
	(0.0013)	(0.0019)	(0.0028)	(0.0010)
SOE	-0.0057	-0.0070	0.0367***	-0.0051
	(0.0041)	(0.0080)	(0.0103)	(0.0049)
FOE	0.0018	0.0055*	0.0090	0.0010
	(0.0023)	(0.0030)	(0.0055)	(0.0019)
capital	-0.0027	0.0038	0.0063	-0.0007
	(0.0025)	(0.0042)	(0.0065)	(0.0025)
INPD	0.0017	-0.0120	-0.0241	-0.0101
	(0.0149)	(0.0246)	(0.0339)	(0.0120)
IFC	-0.4690***	-0.3878***	-0.7331***	-0.2905***
	(0.1217)	(0.1457)	(0.2600)	(0.0879)
EDU	0.0010	0.0045	0.0990	0.0011**
	(0.0010)	(0.0530)	(0.0805)	(0.0004)
lwage	-0.0025***	-0.0001	-0.0009	-0.0017***
	(0.0006)	(0.0008)	(0.0012)	(0.0004)
_cons	1.0976***	0.9800***	1.2529***	0.9387***
	(0.0855)	(0.1049)	(0.1851)	(0.0623)
N	59635	36889	12429	95791
R^2	0.0046	0.0040	0.0090	0.0032

续表

	特大城市	大型城市	中型城市	小型城市
年份固定	是	是	是	是
城市固定	是	是	是	是

注：（1）所有回归均对年份效应和城市效应进行控制，如有单独说明的例外；（2）控制变量包含企业年龄、国有企业、外商独资企业、行业新产品密度、人力资本、行业融资约束、资本密集度、加工贸易企业、行业工资水平，如有特殊说明除外；（3）显著性水平：* $p<0.1$ 表示在10%水平上显著，** $p<0.05$ 表示在5%水平上显著，*** $p<0.01$ 表示在1%水平上显著；（4）括号内小数为标准误。

第三节 稳健性及内生性检验

一、稳健性检验

计量检验过程可能会产生异方差、自相关等问题，为了消除这些潜在的计量问题，本章的稳健性检验主要是通过关键变量指标对数化、替换标准误、剔除极端值、替换被解释变量的方式进行。

（一）关键变量指标对数化

对数化指标可以降低模型的异方差性，为了消除模型设定时可能存在的异方差问题，本章在计算主要变量指标时，对被解释变量、解释变量以及部分的控制变量均采取了对数化形式，来保证计量结果的稳健性，本章所有的计量回归结果均是对关键指标取对数的实证检验结果。

（二）替换标准误

本章在基准回归检验时采用的是最常规的标准误计算的，表5-13的第（1）列、第（2）列、第（3）列是本章使用更加稳健的robust标准误计算的企业嵌入全球价值链位置的实证结果，对比表5-2可以看出，增加了robust稳健标准误之后，和表5-2的回归结果的系数是高度相似的，其核心解释变量的显著性和方向均未发生变化，因此可以证实本章的计量模型设定具有稳健性。

表 5-13　　替换标准误、更换被解释变量、剔除极端值的稳健性检验

	Robust 稳健标准误		更换被解释变量		剔除极端值	
	GVCpos	GVCpos	nGVCpos	nGVCpos	GVCpos	GVCpos
	(1)	(2)	(3)	(4)	(5)	(6)
Com	-0.0133***	-0.0135***	-0.0155***	-0.0123***	-0.0133***	-0.0135***
	(0.0020)	(0.0021)	(0.0028)	(0.0029)	(0.0028)	(0.0029)
Rdi	0.0134***	0.0139***	0.0108***	0.0088***	0.0134***	0.0139***
	(0.0033)	(0.0036)	(0.0030)	(0.0032)	(0.0029)	(0.0031)
age	0.0069***	0.0071***	0.0062***	0.0053***	0.0069***	0.0071***
	(0.0010)	(0.0010)	(0.0012)	(0.0012)	(0.0010)	(0.0010)
SOE	0.0042	0.0039	0.0040	-0.0033	0.0042	0.0039
	(0.0034)	(0.0036)	(0.0039)	(0.0041)	(0.0039)	(0.0040)
FOE	0.0176***	0.0174***	-0.0044**	-0.0038*	0.0176***	0.0174***
	(0.0019)	(0.0019)	(0.0021)	(0.0021)	(0.0018)	(0.0018)
capital	-0.0003	-0.0003	-0.0261***	-0.0313***	-0.0003	-0.0003
	(0.0022)	(0.0023)	(0.0025)	(0.0026)	(0.0023)	(0.0023)
PO	-0.0479***	-0.0484***	-0.0488***	-0.0491***	-0.0479***	-0.0484***
	(0.0021)	(0.0022)	(0.0025)	(0.0025)	(0.0023)	(0.0024)
INPD		-0.0215		0.0380***		-0.0215
		(0.0151)		(0.0128)		(0.0140)
IFC		-0.2225**		-0.3539***		-0.2225**
		(0.0955)		(0.0949)		(0.0972)
EDU		-0.0009**		0.0018***		-0.0009**
		(0.0004)		(0.0003)		(0.0004)
Iwage		-0.0011		-0.0070***		-0.0011
		(0.0007)		(0.0005)		(0.0007)
_cons	-0.0135	0.1736**	-0.0205***	0.3542***	-0.0135	0.1736**
	(0.0210)	(0.0743)	(0.0056)	(0.0670)	(0.0212)	(0.0735)
N	168873	166116	140568	138245	168873	166116
R^2	0.0298	0.0298	0.0232	0.0254	0.0298	0.0298
年份固定	是	是	是	是	是	是
城市固定	是	是	是	是	是	是

注：(1) 所有回归均对年份效应和城市效应进行控制，如有单独说明的例外；(2) 控制变量包含企业年龄、国有企业、外商独资企业、行业新产品密度、人力资本、行业融资约束、资本密集度、加工贸易企业、行业工资水平，如有特殊说明除外；(3) 显著性水平：* $p<0.1$ 表示在10%水平上显著，** $p<0.05$ 表示在5%水平上显著，*** $p<0.01$ 表示在1%水平上显著；(4) 括号内小数为标准误。

(三) 剔除极端值

对变量指标采取对数化形式以及替换 robust 稳健标准误,还不能完全说明计量模型设定是稳健的,因此本章采取了剔除极端值的方法,进一步证明本章计量模型设定是正确的、稳健的。本章的样本是 2000—2014 年,在此期间,我国处于经济快速发展时期,我国的四个直辖市(北京、上海、天津、重庆)拥有丰富的自然资源和雄厚的经济基础优势,更容易吸引人才、资金的流入,也就可以更加快速地吸引相关产业的集聚,其集聚的行业数目和规模可能会明显高于其他城市。因此,本章剔除了四个直辖市的指标,表 5-13 的第 (5) 列和第 (6) 列是剔除极端城市之后的回归结果,可以看出其结果和表 4-2 相比,主要核心解释变量的方向和显著性依然没有发生变化。

(四) 更换被解释变量

更换核心变量也是稳健性检验的主要途径,本章使用的企业嵌入全球价值链位置指标是在参考 Upward 等 (2013)、张杰等 (2013)、Kee 和 Tang (2016)、苏丹妮等 (2020) 的基础上考虑了贸易中间进口品的问题。此处,在不考虑间接进口和返回增加值的问题,对企业嵌入全球价值链的位置指标进行重新测算,得到全新的被解释变量—全球价值链位置指标 (nGVCpos),并把其带入模型 (5-1) 进行回归分析,其估计结果报告在表 5-13 的第 (3) 列和第 (4) 列,可以看出本章的核心结论仍然成立。

二、内生性检验

(一) DID 构造工具变量

本书使用的计量模型是 OLS 回归,可能因为模型存在的内生性问题导致估计结果是有偏的、非一致的。研究表明,出口企业本身就具有更高的生产率 (Melitz, 2003),因此可能是因为出口企业自身生产率较高,更易吸收产业集聚的外溢效应,或者是集聚区政府的政策就是为了吸引质量更高的企业 (苏丹妮等, 2018),因此出口企业可能存在自选择效应,即出口技术创新水平更高的企业更倾向于集聚,而非集聚产生的正外部性使企业嵌入全球价值链的位置提高。因此，本章采用构造工具变量的方法来检验模型可能存在的内生性问题。

对于反向因果关系可能造成的内生性，本书采用双重差分方法构造工具变量进行回归，检验模型的正确性。人口的迁移、人口数量的增长和居住环境的集中都可能会加速产业的集聚。因此，本书以加入 WTO 前后城市人口的数量是否超过 200 万人作为构建工具变量的依据，城市人口数量的外生性在于样本期内的人口迁移是一个循序渐进的过程，而非出现大规模的人口涌入，造成城市人口数量的激增；WTO 的外生性在于是否加入世贸组织是取决于当时的会员国的决议（章韬和申洋，2020）。因此，本书选取专业化集聚和多样化集聚指标，在此基础上采用双重差分法构造工具变量如下：

$$Com_{jct} = \alpha_1 Treatment_c + \alpha_2 Post02_t + \alpha_3 Treatment_c \times Post02_t + X_{ct} + \lambda_{ict} + \varepsilon_{ijct} \tag{5-15}$$

$$Rdi_{ijct} = \alpha_1 Treatment_c + \alpha_2 Post02_t + \alpha_3 Treatment_c \times Post02_t + X_{ct} + \lambda_{ict} + \varepsilon_{ijct} \tag{5-16}$$

其中，$Treatment_c = 1$ 表示 c 城市所在地区是人口数量低于 200 万的；$Post02_t = 1$ 表示的是 2002 年之后的年份，同时 λ_{ict} 表示控制了年份和城市效应。之后，我们用 DID 方法构造的专业化和多样化集聚指标的拟合值作为工具变量带入模型（5-1）进行计量回归，结果如表 5-14 所示。

表 5-14　　DID 工具变量及 2SLS 的内生性检验结果

	构造 DID 工具变量					2SLS	
	Com	GVCpos	Rdi	GVCpos	GVCpos	GVCpos	
	(1)	(2)	(3)	(4)	(5)	(6)	(7)
WTO×城市规模	0.0555***		0.0266***				
	(0.0018)		(0.0017)				
Com 拟合值		-0.1279***			-0.3501***		
		(0.0153)			(0.0260)		
Rdi 拟合值				0.0629*	0.5577***		
				(0.0325)	(0.0520)		
Com						-0.0269***	
						(0.0059)	

续表

	构造 DID 工具变量					2SLS	
	Com	GVCpos	Rdi	GVCpos	GVCpos	GVCpos	
	(1)	(2)	(3)	(4)	(5)	(6)	(7)
Rdi							0.0183***
							(0.0062)
age	-0.0006	0.0031***	0.0035***	0.0032***	0.0011*	0.0033***	0.0063***
	(0.0010)	(0.0006)	(0.0009)	(0.0006)	(0.0006)	(0.0006)	(0.0006)
SOE	0.0490***	0.0158***	0.1941***	-0.0048	-0.0814***	0.0114***	0.0032
	(0.0038)	(0.0024)	(0.0036)	(0.0067)	(0.0093)	(0.0023)	(0.0025)
FOE	-0.0545***	0.0084***	-0.0572***	0.0195***	0.0281***	0.0141***	0.0155***
	(0.0018)	(0.0014)	(0.0017)	(0.0022)	(0.0023)	(0.0012)	(0.0011)
capital	-0.0036	0.0040***	-0.0006	0.0052***	0.0040***	0.0051***	0.0008
	(0.0023)	(0.0015)	(0.0021)	(0.0015)	(0.0015)	(0.0015)	(0.0014)
INPD	-0.0036	-0.0497***	-0.1142***	-0.0420***	0.0123	-0.0482***	-0.0155*
	(0.0109)	(0.0070)	(0.0101)	(0.0079)	(0.0091)	(0.0070)	(0.0083)
IFC	1.4773***	0.0194	0.2220***	-0.2062***	0.2355***	-0.1393**	-0.1425**
	(0.0878)	(0.0589)	(0.0816)	(0.0550)	(0.0624)	(0.0517)	(0.0572)
EDU	-0.0160***	-0.0022***	-0.0153***	-0.0009*	0.0025***	-0.0011***	-0.0001
	(0.0003)	(0.0002)	(0.0003)	(0.0005)	(0.0005)	(0.0002)	(0.0002)
PO	0.0404***	-0.0425***	0.0563***	-0.0511***	-0.0647***	-0.0462***	-0.0526***
	(0.0022)	(0.0015)	(0.0021)	(0.0023)	(0.0026)	(0.0014)	(0.0014)
lwage	-0.0001	-0.0018***	-0.0132***	-0.0009*	0.0055***	-0.0018***	-0.0015***
	(0.0004)	(0.0003)	(0.0004)	(0.0005)	(0.0007)	(0.0003)	(0.0005)
_cons	-0.8737***	0.0094	0.3445***	0.1264***	-0.3851***	0.1032***	0.0778*
	(0.0618)	(0.0405)	(0.0574)	(0.0399)	(0.0546)	(0.0384)	(0.0415)
N	153009	119295	150943	117675	117675	119289	117675
R^2	0.0312	0.0140	0.0717	0.0150	0.0148	0.0112	0.0979
年份固定	是	是	是	是	是	是	是
城市固定	是	是	是	是	是	是	是

注：(1) 所有回归均对年份效应和城市效应进行控制，如有单独说明的例外；(2) 控制变量包含企业年龄、国有企业、外商独资企业、行业新产品密度、人力资本、行业融资约束、资本密集度、加工贸易企业、行业工资水平，如有特殊说明除外；(3) 显著性水平：* $p<0.1$ 表示在10%水平上显著，** $p<0.05$ 表示在5%水平上显著，*** $p<0.01$ 表示在1%水平上显著；(4) 括号内小数为标准误。

表 5-14 是模型（5-1）与工具变量的回归结果，其中专业化集聚和多样化集聚的工具变量是对"WTO×城市规模"回归的拟合值。如表 5-14 所示，在第一阶段回归中，"WTO×城市规模"显著为正，确保了工具变量与内生变量的相关性要求。当用一阶段的拟合值替换模型（5-1）中的专业化集聚和多样化集聚变量时，专业化集聚的回归结果显著为负，而多样化集聚回归结果显著为正，工具变量的回归结果和之前表 5-2 的基准回归结果保持一致，验证了基准回归结果的准确性。

（二）2SLS 检验

本章采用 2SLS 方法，找寻合适的工具变量，进一步处理产业集聚可能存在的内生性问题。本章选用历史人口数据作为构造工具变量的方式，工具变量外生性的要求使相对固定的人口、地理或历史等变量可以作为选取较好的工具变量。因此，按照 Combes 等（2010）、苏丹妮等（2019）的做法，选取历史人口数据为产业集聚指标计算的工具变量。本章选取 1998 年县级层面人口数的对数值为产业集聚的工具变量，采用 2SLS 方法进行回归估计。如表 5-14 所示，在处理了内生性之后，工具变量的回归结果与基准回归基本一致。综上而言，本书选取的工具变量是较为合理的，结果显示，即使考虑了可能存在的内生性问题，不同产业集聚影响企业嵌入全球价值链的位置仍具有显著性，表现为专业化集聚起到显著的抑制作用，多样化集聚则显著为正，因此本章的核心结论依旧成立。

第四节　机制检验

一、工业增加值比率

正如第三章所讨论的，产业集聚可以通过影响企业的生产技术水平、产业间的前后向关联程度、专业化分工水平进而对企业嵌入全球价值链的位置产生影响。在企业国际化的过程中，简单工序生产获得的微薄利润已经不能满足企业加入国际化大生产环节的需求,企业在全球价值链中的位置直接影响到一国在国际生产中的参与程度和贸易利得。单个企业若想在国际市场中获得更高的贸易份额,就要从企业多阶段生产环节中不断进行完善。

工业增加值比率可以反映一个地区工业企业盈利能力和发展水平,其增加值率的高低直接决定着一个地区的发展水平和效益水平。一个地区的工业增加值率越高,隐含的企业附加值就越高,盈利水平也就更好,投入产出效果也会越佳,对企业嵌入全球价值链地位的作用也就越强。

本书研究的主要是制造业企业集聚对其嵌入全球价值链的影响,因此本书从企业生产环节中的工业增加值入手,主要借鉴 De Loecker 和 Warzynski(2012)的生产函数法测算企业的工业增加值比率,以此判断产业集聚过程中是否受到了企业的工业增加值比率的影响,进而对企业嵌入全球价值链的位置产生影响,具体公式如下:

$$\sigma_{ijet} = i\_c_{ijet}/s\_i_{ijet} \qquad (5-17)$$

其中,σ_{ijet} 表示企业 j 工业增加值占销售额的比重,根据工业企业数据库的工业增加值和销售额数据直接计算而来。

为了探讨产业集聚模式是否受到了企业工业增加值比率的影响使企业嵌入全球价值链位置变动,本书借鉴张杰等(2013)、邵朝对等(2019)的做法,按照以下思路,构建调节效应的计量模型。

首先,检验不同产业集聚模式对企业工业增加值比率的影响,并将计量模型设定如下:

$$\sigma_{ijet} = \alpha + \beta_1 Com_{jet} + \beta_2 Rdi_{jet} + X_{ijet} + \lambda_c + \lambda_t + \varepsilon_{ijet} \qquad (5-18)$$

其中,被解释变量 σ_{ijet} 表示企业的工业增加值比率;解释变量 Com_{jet} 和 Rdi_{jet} 的含义同模型(5-1)。

其次,对两种集聚模式和工业增加值比率做调节变量,同时进行模型设定,做调节效应回归,以便检验两种集聚模式是否受到了企业工业增加值比率的影响,进而对企业嵌入全球价值链的位置产生作用,具体模型如下:

$$GVC_{posijet} = \alpha + \beta_1 Com_{jet} + \beta_2 Rdi_{jet} + \beta_3 Com_{ijet} \times \sigma_{ijet} + \beta_4 Rdi_{jet} \times \sigma_{ijet} + \sigma_{ijet} + X_{ijet} + \lambda_c + \lambda_t + \varepsilon_{ijet} \qquad (5-19)$$

表 5-15 是模型（5-18）和模型（5-19）的计量回归结果，其中表 5-15 中第（1）列和第（2）列给出了第一步不同产业集聚模式对企业的工业增加值比率影响的计量结果，第（3）列和第（4）列给出了第二步产业集聚模式与工业增加值比率调节效应的计量结果。具体而言，从表 5-15 中第（1）列和第（2）列可以看出，专业化集聚和多样化集聚两种模式的回归系数均显著为正，表明两种产业集聚模式均能提升企业的工业增加值比率。从表 5-15 中第（3）列可以看出，两种集聚模式与工业增加值比率的交互项显著为负，结合两种集聚模式本身的回归系数，说明两种集聚模式均受到了工业增加值比率的影响。其中，工业增加值比率的提高可以有效缓解专业化集聚模式对企业嵌入全球价值链位置的抑制作用，而多样化集聚也受到了工业增加值比率的影响，抑制了其全球价值链位置的下降。

表 5-15　产业集聚模式与工业增加值比率对企业 GVCpos 的机制检验

	σ_{ijet} (1)	σ_{ijet} (2)	GVCpos (3)	GVCpos (4)
Com	0.0280*** (0.0013)		-0.0050*** (0.0019)	
Rdi		0.0120*** (0.0013)		-0.0007** (0.0003)
Com × σ_{ijet}			-0.0426** (0.0181)	
Rdi × σ_{ijet}				-0.0493*** (0.0128)
σ_{ijet}			-0.0013 (0.0034)	0.0078** (0.0033)
age	0.0051*** (0.0004)	0.0047*** (0.0004)	0.0010* (0.0005)	0.0023*** (0.0006)
SOE	-0.0019 (0.0015)	-0.0045*** (0.0016)	0.0040* (0.0020)	0.0058*** (0.0020)
FOE	0.0041*** (0.0007)	0.0044*** (0.0007)	0.0089*** (0.0010)	0.0089*** (0.0010)

续表

	σ_{ijet} (1)	σ_{ijet} (2)	GVCpos (3)	GVCpos (4)
capital	0.0068***	0.0100***	-0.0000	0.0038***
	(0.0009)	(0.0009)	(0.0013)	(0.0012)
INPD	-0.0141***	-0.0055	-0.0367***	-0.0263***
	(0.0048)	(0.0048)	(0.0078)	(0.0066)
IFC	-0.5025***	-0.4469***	-0.0422	-0.2153***
	(0.0390)	(0.0392)	(0.0581)	(0.0515)
EDU	-0.0024***	-0.0024***	-0.0013***	-0.0005***
	(0.0001)	(0.0001)	(0.0003)	(0.0001)
Iwage	0.0031***	0.0033***	-0.0017***	-0.0034***
	(0.0002)	(0.0002)	(0.0004)	(0.0002)
PO	-0.0029***	-0.0018**	-0.0586***	-0.0594***
	(0.0009)	(0.0009)	(0.0012)	(0.0012)
_cons	0.5141***	0.4587***	0.0277	0.1772***
	(0.0274)	(0.0276)	(0.0421)	(0.0363)
N	170444	162247	134091	132427
R^2	0.0123	0.0127	0.0407	0.0854
年份固定	是	是	是	是
城市固定	是	是	是	是

注：(1) 所有回归均对年份效应和城市效应进行控制，如有单独说明的例外；(2) 控制变量包含企业年龄、国有企业、外商独资企业、行业新产品密度、人力资本、行业融资约束、资本密集度、加工贸易企业、行业工资水平，如有特殊说明除外；(3) 显著性水平：* $p<0.1$ 表示在10%水平上显著，** $p<0.05$ 表示在5%水平上显著，*** $p<0.01$ 表示在1%水平上显著；(4) 括号内小数为标准误。

二、全要素生产率

在本书第三章理论机制的分析中，可以看出产业集聚通过知识、技术以及产业间前后向关联等效应影响企业的技术进步。通过技术进步的基本模型分析，也可以看出技术进步在企业生产和产业升级中的重要性。本章以企业生产时的全要素生产率（TFP_{ijet}）作为指标来衡量企业的技术水平，检验产业集聚是否受到了企业全要素生产率的影响，进而作用于企业全球价值链的位置。

本书主要借鉴鲁晓东和连玉君（2012）的方法和模型计算全要素生产率。为了探讨产业集聚模式是否受到企业生产率的影响进而使企业嵌入全球价值链位置产生变动，本书借鉴张杰等（2013）、邵朝对等（2019）的做法，参照以下思路构建模型。

第一步，检验产业集聚对企业全要素生产率的影响，并将检验模型设置为：

$$TFP_{ijet} = \alpha + \beta_1 Com_{jet} + \beta_2 Rdi_{jet} + X_{ijet} + \lambda_c + \lambda_t + \varepsilon_{ijet} \quad (5-20)$$

其中，被解释变量 TFP_{ijet} 表示企业全要素生产率，解释变量的含义同模型（5-1）一样。

第二步，采用如下计量模型验证产业集聚是否受到企业全要素生产率影响进而对企业嵌入全球价值链位置产生作用，具体的调节效应模型是：

$$GVCpos_{ijet} = \alpha + \beta_1 Com_{jet} \times TFP_{ijet} + \beta_2 Rdi_{jet} \times TFP_{ijet} + \beta_3 TFP_{ijet} + X_{ijet} + \lambda_c + \lambda_t + \varepsilon_{ijet} \quad (5-21)$$

表5-16是模型（5-20）和模型（5-21）的计量回归结果。表5-16中第（1）列、第（2）列给出了第一步产业集聚模式与企业生产率的检验结果。从表5-16中可知，专业化集聚和多样化集聚两种集聚模式对企业全要素生产率的估计系数均显著为正，表明两种集聚模式都能够提高企业的全要素生产率，这和范剑勇等（2014）、苏丹妮等（2020）的研究结果一致。既然如此，那产业集聚模式是否受到了企业全要素生产率提高的影响，进而对企业嵌入全球价值链的位置产生作用呢？表5-16中第（3）列和第（4）列给出了第二步的检验结果，结果显示，产业集聚模式与企业生产率的交互项方向一致且为负，意味着两种产业集聚模式均受到企业全要素生产率提高而产生调节效应进而对企业嵌入全球价值链位置的降低起到抑制作用。

表 5-16　产业集聚与 TFP 对企业 GVCpos 的机制检验

	TFP (1)	TFP (2)	GVCpos (3)	GVCpos (4)
Com	0.0114 ***		-0.0027 *	
	(0.0012)		(0.0014)	
Rdi		0.0492 ***		-0.0047 ***
		(0.0085)		(0.0015)
Com × TFP			-0.0054 ***	
			(0.0011)	
Rdi × TFP				-0.0026 **
				(0.0012)
TFP			0.0116 ***	0.0120 ***
			(0.0004)	(0.0003)
age	-0.0319 ***	0.1887 ***	0.0022 ***	
	(0.0023)	(0.0029)	(0.0005)	
SOE	-0.0927 ***	-0.3232 ***	0.0137 ***	0.0155 ***
	(0.0087)	(0.0115)	(0.0019)	(0.0019)
FOE	-0.0261 ***	-0.0617 ***	0.0157 ***	0.0155 ***
	(0.0040)	(0.0051)	(0.0009)	(0.0009)
capital	-1.1431 ***	-1.3206 ***	0.0180 ***	0.0183 ***
	(0.0049)	(0.0064)	(0.0012)	(0.0012)
INPD	0.6016 ***	-0.5346 ***	-0.0480 ***	-0.0476 ***
	(0.0305)	(0.0332)	(0.0059)	(0.0059)
IFC	5.8265 ***	7.6935 ***	-0.2781 ***	-0.2854 ***
	(0.2148)	(0.2562)	(0.0441)	(0.0441)
EDU	-0.0076 ***	-0.0283 ***	-0.0003 **	-0.0003 ***
	(0.0009)	(0.0007)	(0.0001)	(0.0001)
lwage	-0.0200 ***	-0.0461 ***	-0.0020 ***	-0.0021 ***
	(0.0016)	(0.0013)	(0.0002)	(0.0002)
PO	0.0251 ***	-0.3084 ***	-0.0485 ***	-0.0475 ***
	(0.0052)	(0.0068)	(0.0012)	(0.0012)
_cons	0.3538 **	-0.5516 ***	0.1521 ***	0.1642 ***
	(0.1568)	(0.1804)	(0.0310)	(0.0310)

续表

	TFP (1)	TFP (2)	GVCpos (3)	GVCpos (4)
N	244175	241386	189701	190001
R^2	0.5401	0.1905	0.0210	0.0204
年份固定	是	是	是	是
城市固定	是	是	是	是

注：(1) 所有回归均对年份效应和城市效应进行控制，如有单独说明的例外；(2) 控制变量包含企业年龄、国有企业、外商独资企业、行业新产品密度、人力资本、行业融资约束、资本密集度、加工贸易企业、行业工资水平，如有特殊说明除外；(3) 显著性水平：$^*p<0.1$ 表示在10%水平上显著，$^{**}p<0.05$ 表示在5%水平上显著，$^{***}p<0.01$ 表示在1%水平上显著；(4) 括号内小数为标准误。

以上整个机制检验过程说明，不同产业集聚模式均受到企业的工业增加值比率和全要素生产率的影响，进而对其嵌入全球价值链的位置产生影响。由此说明，企业可以通过提高工业增加值和不断进行技术创新使企业在全球价值链的位置得到攀升，进而巩固中国企业在全球价值链中的分工，增加贸易份额。

本章小结

企业嵌入全球价值链的位置反映了企业在国际市场中的竞争力，本章研究发现表征本地化生产体系的两种产业集聚模式对企业嵌入全球价值链的位置和上游度会产生不同影响。本章研究中的重要结论为专业化集聚对企业嵌入全球价值链位置的影响为负，多样化集聚的影响则为正。不同于我们对产业集聚影响企业嵌入全球价值链的固有观念，本章发现两种模式的影响具有典型的差异性，这可能是本章的一项重大实证结果研究创新。可能的原因是专业化集聚模式为行业内集聚，其行业内的竞争、学习和模仿等形成企业的内在隔绝机制降低了企业嵌入全球价值链的位置；而多样化集聚模式为行业间集聚，其行业间的知识、技术溢出效应以及产业间的前后向关联机制提高了企业嵌入全球价值链的位置。

具体而言，本章结合样本期数据的特点，首先构建了产业集聚模式对企业嵌入全球价值链位置影响的实证模型，从全球价值链位置角度考察了两种集聚模式对其影响的差异性和异质性；其次采用关键指标对数化、替换标准误、剔除极端值和更换被解释变量等方法对模型设定的稳健性进行检验。同时，为了避免模型可能存在的内生性，本章使用DID构造工具变量和2SLS两阶段最小二乘法对模型的内生性进行检验，验证了本章计量模型设定的正确性；最后，为了更加深入地研究产业集聚模式对企业嵌入全球价值链位置的影响机制，本章采用企业的工业增加值率和全要素生产率两个指标进行测度。通过调节效应研究发现，不同产业集聚模式均会受到工业增加值率和全要素生产率调节效应的影响进而对企业嵌入全球价值链位置产生不同的作用。

第六章

产业集聚模式对企业全球价值链嵌入度的影响

正如前文所分析的，企业出口所蕴含的国内增加值也是决定企业嵌入全球价值链程度的重要衡量指标，企业出口国内附加值率的上升意味着在国际生产环节中使用了更多的国内中间品，在国际贸易中能够获得更加丰厚的贸易利得。已有研究表明，企业出口的国内附加值率可以更加准确地反映一国参与国际分工的程度和其在国际贸易中的真实贸易利得（张杰等，2013）。因此，本章将从产业集聚的不同模式对企业全球价值链嵌入度的影响进行实证检验。本章以中国微观企业层面的数据为基础，以企业出口国内附加值率作为衡量企业嵌入全球价值链程度的指标，从企业层面深入分析不同产业集聚模式影响下企业全球价值链嵌入度变化背后的原因和影响机制。

第一节　计量模型设定、数据处理和指标说明

一、计量模型的设定

为考察不同产业集聚模式对企业嵌入全球价值链的影响，本章从企业出口国内附加值率的角度出发，来设定企业全球价值链嵌入度的计量模型。在参考张杰等（2013）、苏庆义（2016），邵朝对和苏丹妮（2019）的基础上，将本章的计量模型设定如下：

$$\text{DVAR}_{ijet} = \alpha + \beta_1 \text{Com}_{jet} + \beta_2 \text{Rdi}_{jet} + X_{ijet} + \lambda_j + \lambda_c + \lambda_t + \varepsilon_{ijet} \quad (6-1)$$

模型（6-1）中，下标 i、j、c 和 t 分别表示企业、行业、地区和年份。其中，被解释变量 DVAR_{ijet} 表示 t 年 c 地区 j 行业 i 企业出口的国内附加值率（即全球价值链嵌入度），如上文所述，以此来表征企业嵌入全球价值链的程度。解释变量 Com_{jet} 为 j 行业的专业化集聚水平；Rdi_{jet} 为 j 行业的多样化集聚水平；X_{ijet} 为企业层面、行业层面和地区层面的控制变量合集；λ_j、λ_c 和 λ_t 分别表示行业、省份和年份固定效应；ε_{ijet} 表示随机误差项。β_1 和 β_2 是本章核心解释变量的系数，衡量两种产业集聚模式对企业

出口国内附加值率的影响。

二、数据的处理

本章研究涉及两种产业集聚指标、全球价值链地位指标、全球价值链上游度和下游度指标,因此,所用到的数据库有 3 个:一是包含微观企业层面的数据库—中国工业企业数据库和中国海关数据库;二是行业层面的数据库—世界投入—产出数据库;三是城市层面的数据库—中国城市统计年鉴。

(一) 中国工业企业数据库

本章使用的数据是 2000—2014 年中国工业企业数据库,由于中国工业企业数据库存在主要数据指标缺失、指标不清晰、样本错配等问题,本章在借鉴 Brandt 等 (2012) 的方法基础上,对基础样本进行匹配,同时根据文章的需要对数据作进一步改进处理。首先,由于不同时期的行政区域代码的标准具有差异性,本章依据 GBT2260—2002 为基准版本,对中国历年不同的行政区划按照此版本进行统一整理,以便按照市级代码进行匹配,因为越细致的行政代码处理越能显示更加精确的集聚模式(苏丹妮等,2018),其中主要的地区代码缺失时,采用手动的方法按城市名称设置城市代码。其次,为避免同一家企业在同一年的重复出现,本章使用企业名称、企业法人代码、企业地址、企业邮编等不同的匹配信息滚动识别是否为同一家企业。最后,参考施炳展等 (2014) 的做法,根据本章需要,剔除了固定资产、流动资产和固定资产年均余额大于总资产的企业,同时剔除了就业人数、出口交货值、工业总产值、工业销售收入、中间增加值小于零和缺失值的企业。

(二) 中国海关数据库

本章使用的是 2000—2014 年海关总署关于产品层面的交易数据对企业嵌入全球价值链的位置进行核算。首先,对海关总署数据进行处理,把月度数据加总为年度数据,并对取值不合理的数据和重复变量进行剔除;其次,进行全球价值链位置核算时,贸易代理商、中间投入品的间接进口和资本品进口等均会影响计算的准确性,因此本章借鉴单豪杰(2008)、Ahn 等(2010)、张杰等(2013)的做法对此进行处理。

(三)中国工企和海关数据库的匹配

根据以上两个数据库的清洗,本章对 2000—2014 年中国工业企业数据库和中国海关数据按照企业名称进行逐年匹配,最终得到企业数为 76906 家,251418 个观测值。

(四)世界投入—产出数据库(WIOD)

世界投入—产出表可全面系统地反映国民经济各部门之间的投入产出关系,揭示生产过程中各部门之间相互依存和相互制约的经济技术联系。本书主要使用 WIOD 数据库 2000—2014 年进行行业层面的 FVA、DVA 和 DVAR_intex 测算,以便计算企业所属的行业的各类增加值比率,方便计算企业嵌入全球价值链的位置指标。

(五)城市统计年鉴

企业的发展、产业的升级离不开城市提供的经济资源,本书主要使用 2000—2014 年的城市统计年鉴对城市层面的控制变量进行测度。

三、指标说明

(一)被解释变量

被解释变量为企业全球价值链嵌入度,即出口国内附加值率($DVAR_{ijet}$),由于贸易代理商、中间品进口和资本品折旧等影响其测算正确性的因素存在,故本书采用张杰等(2013)的做法,对出口国内附加值率($DVAR_{ijet}$)进行测算,具体如下:

首先,对企业嵌入全球价值链的上游度中的中间产品进口额和企业资本折旧累积额进行计算。按照张杰等(2013)的做法,贸易代理商的存在,一方面可能使企业出现过度进口或过度出口现象,直接使用海关数据进行测算可能会产生偏差;另一方面企业在贸易过程中可能存在间接进口中间品或间接进口资本品都可能使计算出现偏误,这两种情况都可能使企业嵌入全球价值链的位置被高估。因此,按照上文对中间贸易代理商的识别，对中间产品进口额计算如下：

$$\text{IMP}_{ijtk} = \frac{\text{IMP}_{ijtk}^{\text{custom}}}{(1 - \sum_{k=1}^{n} \beta_{kt} \text{INTERATE}_{kt})} \quad (6-2)$$

其中，k 代表三种贸易方式；IMP_{ijtk} 为企业中间品进口额；$\text{IMP}_{ijtk}^{\text{custom}}$ 为海关记录的企业进口中间产品额；$\sum_{k=1}^{n} \beta_{kt} \text{INTERATE}_{kt}$ 为不同贸易方式的进口额加权与中间贸易代理商进口额占出口额的比率乘积之和。

其次，本章使用单豪杰（2008）计算的我国制造业的固定资产折旧率（$\delta = 10.96\%$），采用张杰等（2013）的做法对资本品进口的处理，假定企业存活了 T≥1 期，那么企业在 t≤T 时期进口的资本品，需要在剩下的每期中减去该期相对应的折旧，j 企业在 t 期进口的资本品假定为 IMP_{ijtk}，采用公式（6-2）方法来估算企业实际的资本品总进口额。企业在 t 期的资本折旧累积额为：

$$D_{ijtk} = \sum_{t=1}^{T} \delta \times \text{IMPK}_{ijtk} \quad (6-3)$$

最后，按照 Upward 等（2013）和苏丹妮等（2020）的做法，假定一般贸易的进口中间品同比例在国内销售和出口，加工贸易进口的中间品全部用于出口。本章的被解释变量企业出口的国内附加值率（DVAR_{ijct}），具体公式如下所示：

$$\text{DVAR}_{ijtp} = 1 - \frac{\text{IMP}_{ijtp} + D_{ijtp} + (\theta_j^1 - \theta_j^2) \times \text{EXP}_{ijtp}}{\text{EXP}_{ijtp}} \quad (6-4)$$

$$\text{DVAR}_{ijto} = 1 - \frac{(\text{IMP}_{ijto}/Y_{ijt}) \times \text{EXP}_{ijto} + D_{ijto} + (\theta_j^1 - \theta_j^2) \times \text{EXP}_{ijto}}{\text{EXP}_{ijto}} \quad (6-5)$$

$$\text{DVAR}_{ijtm} = \omega_p \times \left[1 - \frac{\text{IMP}_{ijtp} + D_{ijtp} + (\theta_j^1 - \theta_j^2) \times \text{EXP}_{ijtp}}{\text{EXP}_{ijtp}} \right] + \omega_o \times$$

$$\left\{ 1 - \frac{[\text{IMP}_{ijto}/(Y_{ijt} - \text{EXP}_{ijtp})] \times \text{EXP}_{ijto} + D_{ijto} + (\theta_j^1 - \theta_j^2) \times \text{EXP}_{ijto}}{\text{EXP}_{ijto}} \right\} \quad (6-6)$$

式（6-4）、式（6-5）和式（6-6）分别代表加工贸易、一般贸易和混合贸易三类企业的出口国内附加值率。其中，下标 p、o、m 依次为加工贸易、一般贸易和混合贸易。IMP_{ijto}、IMP_{ijtp} 是通过 BEC 分类标准识别的经过中间贸易代理商处理后企业总的中间品进口额。Y_{ijt} 表示企业销售额（国内销售额和出口之和）；$\text{EXP}_{ijtn}(n = p, o)$ 表示企业的总出口额；IEXP_{ijpt}

(n=p,o)表示企业的实际中间产品出口额；D_{ijtn}(n=p,o)表示企业资本折旧累积额；θ_j^1、θ_j^2、θ_j^3 分别为企业所在行业间接进口比例、返回增加值比例和企业所在行业中间产品的间接出口比例；ω_p 和 ω_o 分别为混合贸易企业中以加工贸易和一般贸易形式出口的比重。

（二）解释变量

1. 专业化集聚模式（Com）

专业化集聚指标，主要参考 Martin 等（2011）、章韬和申洋（2020）的方法构建。赫芬达尔指数可以更好地反映出行业的垄断程度，因此本书采用赫芬达尔指数倒数加 1 取对数的模式来构建本书的核心解释变量专业化集聚模式，如式（6-7）所示。

$$\text{Com}_{jct} = \ln[(1/\text{Herf}_{ijct})+1] \qquad (6-7)$$

$$\text{Herf}_{ijct} = \sum\nolimits_{i\in\epsilon_j^c}\left(\frac{L_{ijct}}{L_{jct}}\right)^2 \qquad (6-8)$$

式（6-7）和式（6-8）中，i、j、c 和 t 含义同模型（6-1），其中 Herf_{ijct} 为企业所在行业的赫芬达尔指数，即 c 地区 j 行业的行业内垄断程度，也即专业化集聚程度。Com_{jct} 是 Herf_{ijct} 的倒数加 1 的对数，用它来衡量 t 年 c 地区 j 行业的行业外部性程度。L_{ijct} 为 i 企业的就业人数；L_{jct} 为 j 行业的就业人数。

2. 多样化集聚模式（Rdi）

多样化集聚指标，参考 Martin 等（2011）、范剑勇（2014）、章韬和申洋（2020）来构建，具体如下：

$$\text{Rdi}_{jct} = \ln\left\{\left[1/\left(\sum\nolimits_{j'}^{j}\left|\frac{L_{j'ct}}{L_{ct}}-\frac{L_{j't}}{L_t}\right|\right)\right]+1\right\} \qquad (6-9)$$

式（6-9）中，多样化集聚指标为 t 年 c 地区 j 行业就业人数的比例占 c 地区的比例与 j 行业占全国的比例的绝对值偏差和的倒数，它衡量的是 t 年 c 地区 j 行业的雅各布外部性，即该行业面临经济的多样性。$L_{j'ct}$ 为 t 年 c 地区除 j 行业以外的就业人数；$L_{j't}$ 为 t 年全国除 j 行业以外的就业人数。

（三）控制变量

1. 企业层面的控制变量

本书考虑了如下企业层面因素：

（1）资本密集度（capital），参考钟昌标（2007）的做法，以企业的资本总额除以销售收入作为代理指标；（2）企业年龄（age），采用毛其淋和许家云（2016）的做法，将当期年份加1减去企业成立时间并取对数来衡量企业年龄；（3）加工贸易企业虚拟变量（PO），如果企业的所有制类型是加工贸易企业，则PO取值为1，否则为0；（4）国有企业虚拟变量（SOE），如果企业的所有制类型是国有企业，则SOE取值为1，否则为0；（5）外资企业虚拟变量（FOE），如果企业的所有制类型是外资企业，则FOE取值为1，否则为0。

2. 行业和城市层面控制变量

本书在模型中控制了行业层面和城市层面可能影响产业集聚的潜在因素，主要有以下方面：（1）行业新产品密集度（INPD），按照四位码行业加总企业新产品产值与工业总产值，用行业新产品产值与行业工业总产值的比值衡量。（2）行业平均工资（Iwage），按照四位码行业计算行业平均工资并取对数值表示。（3）行业融资约束（IFC），按照四位码行业分别加总企业利息支出以及固定资产总额，用行业利息支出与行业固定资产比值衡量。（4）人力资本（EDU）以中学和大学在校人数占总人口比重表示。

（四）变量的描述性统计

各变量的描述性统计情况如表6-1所示，其中被解释变量企业全球价值链嵌入度的最大值为1.2817，最小值为-3.0693，而平均值为0.4442。其余变量的特征如表6-1所示，数据整体较为规范，无明显异常值。

表6-1　　　　　　　　主要变量的描述性统计

主要变量	样本数量	均值	标准差	极小值	极大值
DVAR	216 664	0.4442	0.3204	-3.0693	1.2817
Com	251 418	0.1319	0.2633	0.0123	3.8286
Rdi	248 188	0.2327	0.2677	0.0022	8.3429
age	248 169	3.0317	0.7736	1	8.6009

续表

主要变量	样本数量	均值	标准差	极小值	极大值
SOE	251 418	0.0437	0.2044	0	1
FOE	251 418	0.2502	0.4331	0	1
capital	251 359	0.2926	0.3501	−1.8734	9.0561
INPD	251 418	0.0438	0.0682	0	0.6955
IFC	251 418	0.7137	0.0087	0.6122	0.8644
EDU	247 453	2.4142	2.9935	0	8.6634
PO	251 418	0.1249	0.3306	0	1
lwage	251 418	17.7970	1.8330	9.1716	20.9154

第二节 基准回归结果及异质性分析

一、基准回归结果分析

表6-2是计量模型（6-1）的基准回归结果，可以看出无论是否加入控制变量，核心解释变量两种集聚模式均在1%水平上显著为正。

表6-2第（1）列只加入核心解释变量，第（2）列进一步加入了企业层面的控制变量，第（3）列加入了地区和行业层面的控制变量，同时均对年份、省份和行业进行固定效应控制。在不加入企业层面、行业层面和城市层面的控制变量时，Com的系数为0.0425，Rdi的系数为0.0268，且在1%的水平上显著。表6-2第（3）列在加入了全部控制变量后结果依然显著为正，核心解释变量（专业化集聚）使企业出口国内附加值率平均上升0.0331，核心解释变量（多样化集聚）使企业全球价值链嵌入度平均上升0.0122。

就控制变量而言，企业年龄（age）对企业全球价值链嵌入度产生负向影响。国有企业（SOE）和外资企业（FOE）的虚拟变量显示国有企业对企业全球价值链嵌入度产生负向作用，这与邵朝对和苏丹妮（2019）的控制变量回归结果一致。人力资本（EDU）和行业新产品密集度（INPD）对企业全球价值链嵌入度产生的是正向提升作用。行业融资约束（IFC）对企业全球价值链嵌入度产生的是负向作用。结合上文对企业全球价值链嵌入度的相关研究，可以看出两种集聚模式均对企业全球价值链嵌入度产生正向的提升作用。产业集聚可以增强中国企业全球价值链嵌入度，企业可以通过本地化生产网络集聚提升 GVC 分工地位和贸易利得，实现全球价值链地位攀升和产业结构的升级。

表 6 – 2　　　　　企业全球价值链嵌入度的基准回归结果

	（1）	（2）	（3）
Com	0.0425***	0.0325***	0.0331***
	(0.0028)	(0.0028)	(0.0029)
Rdi	0.0268***	0.0123***	0.0122***
	(0.0028)	(0.0028)	(0.0029)
age		-0.0176***	-0.0180***
		(0.0009)	(0.0010)
SOE		-0.0091**	-0.0128***
		(0.0035)	(0.0037)
FOE		-0.0441***	-0.0449***
		(0.0017)	(0.0017)
capital		-0.0320***	-0.0327***
		(0.0021)	(0.0021)
PO		0.1358***	0.1342***
		(0.0021)	(0.0022)
INPD			0.0467***
			(0.0131)
IFC			-0.3815***
			(0.0892)
EDU			0.0013***
			(0.0004)
Iwage			0.0004
			(0.0007)
_cons	0.3935***	0.4393***	0.7059***
	(0.0112)	(0.0115)	(0.0651)

续表

	（1）	（2）	（3）
N	213770	210985	207992
R^2	0.0474	0.0718	0.0714
年份固定	是	是	是
省份固定	是	是	是
行业固定	是	是	是

注：（1）所有回归均对年份效应、省份效应和行业效应进行控制，如有单独说明的例外；（2）控制变量包含企业年龄、国有企业、外商独资企业、行业新产品密度、人力资本、行业融资约束、资本密集度、加工贸易企业、行业工资水平，如有特殊说明除外；（3）显著性水平：* $p<0.1$ 表示在 10% 水平上显著，** $p<0.05$ 表示在 5% 水平上显著，*** $p<0.01$ 表示在 1% 水平上显著；（4）括号内小数为标准误。

二、不同类别的异质性分析

（一）不同贸易类别

根据贸易方式，将企业划分为加工贸易企业、一般贸易企业和混合贸易企业，表 6-3 是不同贸易类别企业的产业集聚影响企业全球价值链嵌入度的计量回归结果。对于一般贸易和混合贸易的企业而言，两种集聚模式的估计系数均显著为正；对于加工贸易企业而言，专业化集聚系数不显著，多样化集聚系数显著为负，这主要是因为我国长期为世界加工制造工厂，加工贸易企业的集聚多为大贴牌生产制造，只是要求工序标准化，技术含量不高，因此两种集聚模式反而对其企业全球价值链嵌入度的作用不显著，甚至为负向影响。

表 6-3　　不同贸易类别企业全球价值链嵌入度的回归结果

	加工贸易	一般贸易	混合贸易
Com	0.0140	0.0219***	0.0294***
	(0.0093)	(0.0075)	(0.0033)
Rdi	-0.0478***	0.0191***	0.0350***
	(0.0015)	(0.0014)	(0.0035)

续表

	加工贸易	一般贸易	混合贸易
age	-0.0097***	0.0024	-0.0160***
	(0.0024)	(0.0024)	(0.0012)
SOE	-0.0315	-0.0002	-0.0039
	(0.0248)	(0.0073)	(0.0041)
FOE	-0.0206***	-0.0148**	-0.0399***
	(0.0043)	(0.0068)	(0.0019)
capital	-0.0339***	-0.0214***	-0.0342***
	(0.0053)	(0.0054)	(0.0024)
INPD	-0.0464	0.0866**	0.0710***
	(0.0347)	(0.0352)	(0.0151)
IFC	-0.0081	0.0218	-0.5011***
	(0.2231)	(0.2723)	(0.1017)
EDU	-0.0021**	-0.0042***	0.0008*
	(0.0008)	(0.0013)	(0.0005)
lwage	0.0001	-0.0077***	0.0016**
	(0.0017)	(0.0019)	(0.0008)
_cons	0.5156***	0.7549***	0.7236***
	(0.1727)	(0.1955)	(0.0744)
N	41767	25504	141989
R^2	0.0512	0.0978	0.0620
年份固定	是	是	是
省份固定	是	是	是
行业固定	是	是	是

注：(1) 所有回归均对年份效应、省份效应和行业效应进行控制，如有单独说明的例外；(2) 控制变量包含企业年龄、国有企业、外商独资企业、行业新产品密度、人力资本、行业融资约束、资本密集度、加工贸易企业、行业工资水平，如有特殊说明除外；(3) 显著性水平：* $p<0.1$ 表示在10%水平上显著，** $p<0.05$ 表示在5%水平上显著，*** $p<0.01$ 表示在1%水平上显著；(4) 括号内小数为标准误。

（二）不同企业所有制

表6-4是不同企业所有制下产业集聚对企业全球价值链嵌入度的实证检验结果。其中，就私营企业和中外合资企业而言，两种集聚模式对企

业全球价值链嵌入度均显著为正,而对于集体企业,只有专业化集聚对企业全球价值链嵌入度显著为正。这是由于私营企业要想在国际市场上稳定发展,必然要承担更多的风险和挑战,为了在国际市场上稳定生存,自身要有较强的科技研发实力,同时在集聚的过程中更加注重吸收集聚产生的溢出效应;而中外合资企业在出口过程中由于其本身具备较高的技术水平,又更易得到两个合资国家对于人才、技术和资金等方面的政策支持,在国际贸易中更易获得全球化生产带来的好处,有利于其企业全球价值链嵌入度的提升,这和张杰等(2013)的结论相似。

表6-4 不同所有制企业全球价值链嵌入度的回归结果

	国有企业	外商独资企业	集体企业	私营企业	中外合资企业
Com	-0.0019	-0.0061	0.0252**	0.0257***	0.0447***
	(0.0133)	(0.0079)	(0.0124)	(0.0049)	(0.0060)
Rdi	-0.0058	0.0010	-0.0183	0.0131**	0.0290***
	(0.0075)	(0.0083)	(0.0112)	(0.0062)	(0.0071)
age	0.0013	-0.0195***	0.0026	-0.0006	-0.0214***
	(0.0033)	(0.0025)	(0.0039)	(0.0022)	(0.0024)
capital	-0.0027	-0.0396***	0.0001	-0.0166***	-0.0347***
	(0.0066)	(0.0042)	(0.0117)	(0.0062)	(0.0046)
INPD	-0.0433	0.0239	-0.0846	0.0111	0.0840***
	(0.0407)	(0.0286)	(0.0616)	(0.0276)	(0.0301)
IFC	-0.9986**	-0.1276	-0.6303	-0.3304*	-0.6888***
	(0.4055)	(0.1951)	(0.4271)	(0.1836)	(0.1868)
EDU	-0.0041**	0.0022***	0.0012	-0.0020**	0.0012
	(0.0019)	(0.0008)	(0.0020)	(0.0010)	(0.0008)
Iwage	0.0015	0.0114***	-0.0025	-0.0059***	0.0043***
	(0.0030)	(0.0014)	(0.0029)	(0.0015)	(0.0015)
PO	0.1725***	0.1349***	0.1531***	0.1086***	0.1613***
	(0.0080)	(0.0066)	(0.0072)	(0.0035)	(0.0048)
_cons	1.0766***	0.4634***	0.9154***	0.7727***	0.8006***
	(0.2928)	(0.1408)	(0.3115)	(0.1356)	(0.1368)
N	8632	51157	9328	40705	44871

续表

	国有企业	外商独资企业	集体企业	私营企业	中外合资企业
R^2	0.1426	0.0563	0.1324	0.0853	0.0954
年份固定	是	是	是	是	是
省份固定	是	是	是	是	是
行业固定	是	是	是	是	是

注：(1) 所有回归均对年份效应、省份效应和行业效应进行控制，如有单独说明的例外；(2) 控制变量包含企业年龄、国有企业、外商独资企业、行业新产品密度、人力资本、行业融资约束、资本密集度、加工贸易企业、行业工资水平，如有特殊说明除外；(3) 显著性水平：* $p<0.1$ 表示在10%水平上显著，** $p<0.05$ 表示在5%水平上显著，*** $p<0.01$ 表示在1%水平上显著；(4) 括号内小数为标准误。

（三）不同地区差异

表6-5是基于不同地区产业集聚对企业全球价值链嵌入度的检验结果。可见，专业化集聚对东部、中部、西部地区企业全球价值链嵌入度均有显著的提升作用，并且在1%水平上显著。而多样化集聚仅对东部和中部地区的企业全球价值链嵌入度显著为正，对西部地区企业全球价值链嵌入度为正，但不显著。这是因为在经济发展过程中，中部、东部经济发展速度较快，两个地区对大量企业、人才、资源和政策的支持，更易对这两个地区企业全球价值链嵌入度产生正向影响。而对于西部地区，其大多是资源型城市，依靠同类企业大量地集聚，从事的都是同质的生产技术贸易，因此，同行业集聚的专业化效应更加显著，而不同行业集聚的多样化效应对企业全球价值链嵌入度的作用还不明显。

表6-5　东部、中部、西部地区企业全球价值链嵌入度的回归结果

	东部地区	中部地区	西部地区
Com	0.0268***	0.0232***	0.0972***
	(0.0034)	(0.0071)	(0.0110)
Rdi	0.0109***	0.0222***	0.0029
	(0.0035)	(0.0070)	(0.0102)
age	-0.0182***	-0.0150***	-0.0230***
	(0.0010)	(0.0036)	(0.0056)

续表

	东部地区	中部地区	西部地区
SOE	-0.0060	-0.0402***	-0.0131
	(0.0043)	(0.0094)	(0.0129)
FOE	-0.0451***	-0.0369***	-0.0428**
	(0.0017)	(0.0109)	(0.0178)
capital	-0.0328***	-0.0238***	-0.0719***
	(0.0023)	(0.0061)	(0.0105)
INPD	0.0551***	0.1025**	-0.1014
	(0.0138)	(0.0518)	(0.0819)
IFC	-0.4344***	0.6108	-0.3729
	(0.0929)	(0.3960)	(0.5598)
EDU	0.0013***	0.0073	0.0012
	(0.0004)	(0.0060)	(0.0020)
lwage	0.0004	-0.0020	0.0036
	(0.0007)	(0.0025)	(0.0040)
PO	0.1333***	0.1433***	0.1358***
	(0.0023)	(0.0079)	(0.0115)
_cons	0.7470***	0.1186	0.6592
	(0.0678)	(0.2846)	(0.4043)
N	191357	11554	5038
R^2	0.0688	0.1019	0.2089
年份固定	是	是	是
省份固定	是	是	是
行业固定	是	是	是

注：(1) 所有回归均对年份效应、省份效应和行业效应进行控制，如有单独说明的例外；(2) 控制变量包含企业年龄、国有企业、外商独资企业、行业新产品密度、人力资本、行业融资约束、资本密集度、加工贸易企业、行业工资水平，如有特殊说明除外；(3) 显著性水平：* $p<0.1$ 表示在10% 水平上显著，** $p<0.05$ 表示在5%水平上显著，*** $p<0.01$ 表示在1%水平上显著；(4) 括号内小数为标准误。

(四) 不同行业差异

本章按照上文所述，把制造业分为高科技产业、中高科技产业、中低科技产业和低科技产业进行分组回归，表6-6是回归结果。可以看出，专业化集聚对于高技术行业和中低技术行业企业全球价值链嵌入度均有正向的提升作用，对其余两类行业虽然为正但不显著，而多样化集聚对四类技术含量行业企业全球价值链嵌入度均有正向的提升作用。就集聚模式而言，多样化集聚可以让不同行业吸收行业之间的集聚带来知识、劳动力、资金等资源共享的溢出效应，可以有效促进企业在集聚区内的发展，因此多样化集聚对不同行业企业全球价值链嵌入度的作用更加显著。

表6-6　　　不同技术含量行业企业全球价值链嵌入度的回归结果

	高技术行业	中高技术行业	中低技术行业	低技术行业
Com	0.1139 ***	0.0030	0.0554 ***	0.0142
	(0.0188)	(0.0042)	(0.0045)	(0.0104)
Rdi	0.0060 ***	0.0141 **	0.0119 **	0.0199 ***
	(0.0019)	(0.0055)	(0.0049)	(0.0061)
age	-0.0042	-0.0203 ***	-0.0201 ***	-0.0145 ***
	(0.0037)	(0.0017)	(0.0015)	(0.0021)
SOE	-0.0288 ***	-0.0124	-0.0203 ***	-0.0070
	(0.0104)	(0.0095)	(0.0060)	(0.0067)
FOE	-0.0328 ***	-0.0402 ***	-0.0464 ***	-0.0435 ***
	(0.0077)	(0.0028)	(0.0027)	(0.0041)
capital	-0.0170 ***	-0.0327 ***	-0.0324 ***	-0.0444 ***
	(0.0065)	(0.0044)	(0.0033)	(0.0046)
INPD	0.0297	-0.4384 ***	0.1036 ***	0.0018
	(0.0397)	(0.0793)	(0.0216)	(0.0208)
IFC	-0.9967 **	-0.8791 ***	-0.1548	1.0535 ***
	(0.4798)	(0.1665)	(0.1442)	(0.2326)
EDU	0.0025	-0.0002	0.0031 ***	-0.0028 ***
	(0.0016)	(0.0007)	(0.0006)	(0.0009)
lwage	-0.0039	0.0119 ***	-0.0025 *	-0.0074 ***
	(0.0029)	(0.0013)	(0.0013)	(0.0012)
PO	0.1576 ***	0.1163 ***	0.1289 ***	0.1520 ***
	(0.0077)	(0.0037)	(0.0036)	(0.0050)
_cons	1.1051 ***	0.9605 ***	0.4999 ***	-0.1364
	(0.3457)	(0.1202)	(0.1034)	(0.1653)

续表

	高技术行业	中高技术行业	中低技术行业	低技术行业
N	14122	66286	80365	40669
R^2	0.0963	0.0602	0.0688	0.0613
年份固定	是	是	是	是
省份固定	是	是	是	是
行业固定	是	是	是	是

注：(1) 所有回归均对年份效应、省份效应和行业效应进行控制，如有单独说明的例外；(2) 控制变量包含企业年龄、国有企业、外商独资企业、行业新产品密度、人力资本、行业融资约束、资本密集度、加工贸易企业、行业工资水平，如有特殊说明除外；(3) 显著性水平：* $p<0.1$ 表示在10%水平上显著，** $p<0.05$ 表示在5%水平上显著，*** $p<0.01$ 表示在1%水平上显著；(4) 括号内小数为标准误。

（五）不同城市规模

根据上文所述，将城市按样本期人口数量，分为特大城市（≥400万）、大型城市（200—400万）、中型城市（100—200万）和小型城市（≤100万），表6-7是回归结果。可以看出，两种集聚模式在特大城市的显著性更强，专业化集聚对中、小城市企业全球价值链嵌入度也有显著的提升作用，多样化集聚对大城市企业全球价值链嵌入度也有明显的提升作用。特大城市和大城市的城市规模效应更易使人口、企业和资金聚集从而产生显著的溢出效应，进而提升企业全球价值链嵌入度。

表6-7　不同城市规模对企业全球价值链嵌入度的回归结果

	特大城市	大型城市	中型城市	小型城市
Com	0.0612***	-0.0071	0.0255***	0.0075*
	(0.0065)	(0.0136)	(0.0065)	(0.0041)
Rdi	0.0239***	0.0280***	0.0091	-0.0026
	(0.0057)	(0.0100)	(0.0090)	(0.0042)
age	-0.0235***	-0.0131***	-0.0180***	-0.0161***
	(0.0018)	(0.0024)	(0.0037)	(0.0014)
SOE	-0.0071	-0.0086	-0.0089	-0.0191***
	(0.0055)	(0.0105)	(0.0135)	(0.0064)
FOE	-0.0253***	-0.0481***	-0.0525***	-0.0612***
	(0.0031)	(0.0040)	(0.0074)	(0.0025)

续表

	特大城市	大型城市	中型城市	小型城市
capital	-0.0172***	-0.0406***	-0.0512***	-0.0375***
	(0.0034)	(0.0055)	(0.0087)	(0.0033)
INPD	0.0662***	0.0103	-0.0120	0.0184
	(0.0234)	(0.0376)	(0.0572)	(0.0187)
IFC	-0.3478**	-0.2140	-1.5477***	-0.1529
	(0.1762)	(0.2132)	(0.3778)	(0.1255)
EDU	-0.0062***	-0.2813***	-0.3957***	0.0003
	(0.0013)	(0.0680)	(0.1063)	(0.0006)
Iwage	0.0011	0.0054***	-0.0107***	-0.0014
	(0.0013)	(0.0016)	(0.0027)	(0.0010)
PO	0.1703***	0.1210***	0.1156***	0.1115***
	(0.0041)	(0.0060)	(0.0081)	(0.0030)
_cons	0.5986***	0.6104***	1.8145***	0.7125***
	(0.1272)	(0.1780)	(0.2732)	(0.0919)
N	59966	37780	12761	97485
R^2	0.0933	0.0597	0.0771	0.0687
年份固定	是	是	是	是
省份固定	是	是	是	是
行业固定	是	是	是	是

注：(1) 所有回归均对年份效应、省份效应和行业效应进行控制，如有单独说明的例外；(2) 控制变量包含企业年龄、国有企业、外商独资企业、行业新产品密度、人力资本、行业融资约束、资本密集度、加工贸易企业、行业工资水平，如有特殊说明除外；(3) 显著性水平：* $p<0.1$ 表示在10%水平上显著，** $p<0.05$ 表示在5%水平上显著，*** $p<0.01$ 表示在1%水平上显著；(4) 括号内小数为标准误。

第三节 稳健性及内生性检验

一、稳健性检验

计量检验过程中可能会产生异方差、自相关等问题，为了消除这些潜在的计量问题,本章的稳健性检验主要是通过关键变量指标对数化、替换标准误、剔除极端值、替换被解释变量的方式进行。

(一)关键变量指标对数化

对数化指标,可以降低模型的异方差性。为了消除计量模型可能存在的异方差,本章在刚开始计算时,已经对被解释变量、解释变量以及部分的控制变量均采取了对数化形式,来保证计量结果的稳健性,因此本章所有的计量回归结果均是对数化的实证检验结果。

(二)替换标准误

本章在基准回归检验时采用的是最常规的标准误计算的结果,表6-8的第(1)列、第(2)列是本章使用更加稳健的robust标准误后进行回归的实证结果。对比表6-2可以看出,增加了robust稳健标准误之后,表6-8和表6-2的回归结果的系数是高度相似的,其核心解释变量的显著性和方向均未发生变化,因此可以证实本章的计量模型设定具有稳健性。

表6-8 替换标准误、替换被解释变量、剔除极端值的稳健性检验结果

	Robust 稳健标准误		替换被解释变量		剔除极端值	
	DVAR	DVAR	nDVAR	nDVAR	DVAR	DVAR
	(1)	(2)	(3)	(4)	(5)	(6)
Com	0.0325***	0.0331***	0.0071***	0.0091***	0.0322***	0.0328***
	(0.0026)	(0.0027)	(0.0010)	(0.0010)	(0.0028)	(0.0029)
Rdi	0.0123***	0.0122***	0.0070***	0.0087***	0.0111***	0.0108***
	(0.0029)	(0.0030)	(0.0010)	(0.0010)	(0.0029)	(0.0030)
age	-0.0176***	-0.0180***	-0.0196***	-0.0197***	-0.0177***	-0.0182***
	(0.0009)	(0.0010)	(0.0003)	(0.0003)	(0.0010)	(0.0010)
SOE	-0.0091**	-0.0128***	-0.0106***	-0.0115***	-0.0135***	-0.0182***
	(0.0036)	(0.0037)	(0.0012)	(0.0013)	(0.0039)	(0.0040)
FOE	-0.0441***	-0.0449***	-0.0410***	-0.0419***	-0.0467***	-0.0475***
	(0.0017)	(0.0017)	(0.0006)	(0.0006)	(0.0018)	(0.0018)
capital	-0.0320***	-0.0327***	-0.0135***	-0.0134***	-0.0383***	-0.0391***
	(0.0021)	(0.0021)	(0.0007)	(0.0007)	(0.0022)	(0.0022)
PO	0.1358***	0.1342***	0.1992***	0.1998***	0.1346***	0.1328***
	(0.0022)	(0.0022)	(0.0008)	(0.0008)	(0.0023)	(0.0023)

续表

	Robust 稳健标准误		替换被解释变量		剔除极端值	
	DVAR	DVAR	nDVAR	nDVAR	DVAR	DVAR
	(1)	(2)	(3)	(4)	(5)	(6)
INPD		0.0467***		0.0378***		0.0418***
		(0.0129)		(0.0047)		(0.0138)
IFC		-0.3815***		-0.1347***		-0.3023***
		(0.0913)		(0.0316)		(0.0959)
EDU		0.0013***		0.0051***		0.0015***
		(0.0004)		(0.0001)		(0.0004)
Iwage		0.0004		0.0013***		-0.0002
		(0.0007)		(0.0002)		(0.0007)
_cons	0.4393***	0.7059***	0.8604***	0.9368***	0.4744***	0.7070***
	(0.0101)	(0.0665)	(0.0041)	(0.0230)	(0.0214)	(0.0726)
N	210985	207992	210691	207647	187340	184347
R^2	0.0718	0.0714	0.3130	0.3148	0.0710	0.0705
年份固定	是	是	是	是	是	是
省份固定	是	是	是	是	是	是
行业固定	是	是	是	是	是	是

注：（1）所有回归均对年份效应、省份效应和行业效应进行控制，如有单独说明的例外；（2）控制变量包含企业年龄、国有企业、外商独资企业、行业新产品密度、人力资本、行业融资约束、资本密集度、加工贸易企业、行业工资水平，如有特殊说明除外；（3）显著性水平：* $p<0.1$ 表示在10%水平上显著，** $p<0.05$ 表示在5%水平上显著，*** $p<0.01$ 表示在1%水平上显著；（4）括号内小数为标准误。

（三）剔除极端值

对变量指标采取对数化形式以及替换 robust 稳健标准误，还不能完全说明计量模型设定是稳健的，因此本章采取了剔除极端值的方法，进一步证明本章计量模型设定是正确的、稳健的。本章的样本期间是 2000—2014 年，在此期间，我国处于经济快速起步腾飞时期，我国的四个直辖市（北京、上海、天津、重庆）拥有的自然资源、经济支撑相对于其他城市更加具有优势，更容易吸引人才、资金的流入，也就可以更快地吸引相关产业的集聚，其集聚的行业数目和规模可能会明显高于其他城市。因此，本章剔除了四个直辖市的指标，表6-8的第（5）列、第（6）列是剔除极端城市之后的回归结果，可以看出其结果和表6-2相比，主要核心解释变量的方向和显著性依然没有发生变化，仍然是产业集聚提升了企业全球价值链分工的地位。

（四）更换核心解释变量

替换核心解释变量也是计量模型进行稳健性检验的主要途径，本章使用的企业出口国内附加值率指标是在参考Upward等（2013）、张杰等（2013）、Kee和Tang（2016）的基础上考虑了间接进口和返回增加值问题进行计算的。此处，将不考虑间接进口和返回增加值的影响，对企业全球价值链嵌入度进行重新测算，以此为因变量的企业全球价值链嵌入度（nDVAR）的估计结果报告在表6-8的第（3）列和第（4）列。可以看出两种集聚模式对企业全球价值链嵌入度的影响依然显著为正，因此本章的核心结论仍然成立。

二、内生性检验

（一）构造DID工具变量

本书使用的计量模型是OLS回归，可能因为模型存在的内生性问题导致估计结果是有偏的，非一致的。研究表明，出口企业本身就具有更高的生产率（Melitz，2003），因此可能是因为出口企业自身生产率更高，更易吸收产业集聚的外溢效应，或者是集聚区政府的政策就是为了吸引质量更高的企业（苏丹妮等，2018），因此出口企业可能存在自选择效应，即出口技术创新水平更高的企业更倾向于集聚，而非集聚产生的正外部性使企业嵌入全球价值链的位置提高。因此，本章采用构造工具变量的方法来检验模型可能存在的内生性问题。

对于反向因果关系可能造成的内生性，本书采用双重差分方法构造工具变量进行回归来检验模型的正确性。人口的迁移、人口数量的增长和居住环境的集中可能会加速产业的集聚。因此，本书以加入WTO前后城市人口的数量是否超过200万作为构建工具变量的依据，城市人口数量的外生性在于样本期内的人口迁移是一个循序渐进的过程，而非出现大规模的人口涌入，造成城市人口数量的激增；WTO 的外生性在于是否加入世贸组织是取决于当时的会员国的决议（章韬和申洋，2020）。因此，本书选取专业化集聚和多样化集聚指标，在此基础上采用双重差分法构造工具变量如下：

$$\text{Com}_{jct} = \alpha_1 \text{Treatment}_c + \alpha_2 \text{Post02}_t + \alpha_3 \text{Treatment}_c \times \text{Post02}_t + X_{ct} + \lambda_{jct} + \varepsilon_{ijct}$$
(6 - 10)

$$\text{Rdi}_{ijct} = \alpha_1 \text{Treatment}_c + \alpha_2 \text{Post02}_t + \alpha_3 \text{Treatment}_c \times \text{Post02}_t + X_{ct} + \lambda_{jct} + \varepsilon_{ijct}$$
(6 - 11)

其中，$\text{Treatment}_c = 1$ 表示 c 城市所在地区是人口数量低于 200 万的；$\text{Post02}_t = 1$ 表示的是 2002 年之后的年份，同时 λ_{jct} 表示控制了年份、行业、省份效应。之后，我们用 DID 方法构造的专业化和多样化集聚指标的拟合值作为工具变量带入模型（6 - 1）进行回归，结果如表 6 - 9 所示。

表 6 - 9 的第（1）列至第（5）列是模型（6 - 1）的核心解释变量与工具变量的回归结果。其中，专业化集聚和多样化集聚的工具变量是对 "WTO × 城市规模" 回归的拟合值。如表 6 - 9 所示的第（1）列和第（3）列所示，在一阶段回归中，"WTO × 城市规模" 的系数显著为正，确保了工具变量与内生变量的相关性要求。当用一阶段的拟合值替换模型（6 - 1）中的专业化集聚和多样化集聚变量时，两种集聚模式的工具变量的回归系数依然显著为正，这说明采用工具变量的回归结果和之前的回归结果保持一致，验证了模型（6 - 1）设定的正确性。

表 6 - 9   DID 工具变量及 2SLS 的内生性检验结果

	构造 DID 工具变量					2SLS	
	Com	DVAR	Rdi	DVAR	DVAR	DVAR	
	（1）	（2）	（3）	（4）	（5）	（6）	（7）
WTO × 城市规模	0.0557*** (0.0019)		0.0353*** (0.0018)				
Com 拟合值		0.2564*** (0.0429)			0.1057* (0.0549)		

续表

	构造 DID 工具变量					2SLS	
	Com	DVAR	Rdi	DVAR	DVAR	DVAR	
	(1)	(2)	(3)	(4)	(5)	(6)	(7)
Rdi 拟合值				0.6833***	0.9109***		
				(0.0745)	(0.0933)		
Com						0.1483***	
						(0.0217)	
Rdi							0.1858***
							(0.0289)
age	-0.0010	-0.0164***	0.0066***	-0.0190***	-0.0187***	-0.0165***	-0.0182***
	(0.0009)	(0.0011)	(0.0009)	(0.0012)	(0.0012)	(0.0011)	(0.0012)
SOE	0.0027	-0.0192***	0.1244***	-0.1399***	-0.2003***	-0.0064	-0.0287***
	(0.0035)	(0.0049)	(0.0034)	(0.0152)	(0.0170)	(0.0044)	(0.0057)
FOE	-0.0344***	-0.0339***	-0.0249***	-0.0085*	0.0124***	-0.0423***	-0.0425***
	(0.0017)	(0.0032)	(0.0017)	(0.0047)	(0.0046)	(0.0023)	(0.0023)
capital	-0.0132***	-0.0391***	-0.0007	-0.0411***	-0.0502***	-0.0382***	-0.0400***
	(0.0021)	(0.0027)	(0.0020)	(0.0027)	(0.0027)	(0.0027)	(0.0028)
INPD	0.1513***	0.0877***	-0.1862***	0.1577***	0.0994***	0.0625***	0.1182***
	(0.0119)	(0.0157)	(0.0114)	(0.0173)	(0.0163)	(0.0162)	(0.0164)
IFC	0.2848***	-0.6474***	0.0326	-0.4115***	0.3426***	-0.3203***	-0.2972***
	(0.0872)	(0.1273)	(0.0840)	(0.1116)	(0.1239)	(0.1110)	(0.1119)
EDU	-0.0114***	0.0060***	-0.0116***	0.0120***	0.0169***	0.0042***	0.0046***
	(0.0004)	(0.0007)	(0.0004)	(0.0011)	(0.0010)	(0.0005)	(0.0005)
PO	0.0115***	0.1199***	0.0373***	0.0916***	0.0807***	0.1279***	0.1237***
	(0.0020)	(0.0031)	(0.0020)	(0.0051)	(0.0051)	(0.0026)	(0.0029)
Iwage	0.0021***	-0.0020**	-0.0150***	0.0071***	0.0194***	-0.0023***	0.0009
	(0.0007)	(0.0009)	(0.0007)	(0.0013)	(0.0013)	(0.0009)	(0.0010)
_cons	0.0499	0.8873***	0.4364***	0.4292***	-0.3484***	0.6586***	0.5931***
	(0.0635)	(0.0889)	(0.0611)	(0.0847)	(0.1032)	(0.0805)	(0.0823)
N	153009	132108	150943	130256	130256	132102	130252
R^2	0.2333	0.0724	0.2114	0.0729	0.0552	0.0624	0.0532
年份固定	是	是	是	是	是	是	是
省份固定	是	是	是	是	是	是	是

续表

	构造 DID 工具变量					2SLS	
	Com	DVAR	Rdi	DVAR	DVAR	DVAR	
	(1)	(2)	(3)	(4)	(5)	(6)	(7)
行业固定	是	是	是	是	是	是	是

注：(1) 所有回归均对年份效应、省份效应和行业效应进行控制，如有单独说明的例外；(2) 控制变量包含企业年龄、国有企业、外商独资企业、行业新产品密度、人力资本、行业融资约束、资本密集度、加工贸易企业、行业工资水平，如有特殊说明除外；(3) 显著性水平：* $p<0.1$ 表示在 10% 水平上显著，** $p<0.05$ 表示在 5% 水平上显著，*** $p<0.01$ 表示在 1% 水平上显著；(4) 括号内小数为标准误。

（二）2SLS 检验

本章采用 2SLS 方法，找寻合适的工具变量，进一步处理产业集聚可能存在的内生性问题。本章选用历史人口数据作为构造工具变量的方式，工具变量外生性的要求使相对固定的人口、地理或历史等变量可以作为选取较好的工具变量。因此，按照 Combes 等（2010）、苏丹妮等（2019）的做法，选取历史人口数据作为产业集聚指标计算的工具变量。本章选取 1998 年县级层面人口数的对数值为产业集聚的工具变量，采用 2SLS 方法进行回归估计。结果如表 6-9 第（6）列和第（7）列所示，可以看出在处理了内生性之后，结果与基准回归基本一致。综上而言，本书选取的工具变量是较为合理的，结果显示，即使考虑了可能存在的内生性问题，产业集聚对企业全球价值链嵌入度仍具有显著的促进作用，本书的核心结论依旧成立。

第四节 机制检验

一、工业增加值比率

正如第四章所述，产业集聚可以影响企业生产中工业增加值，进而影响企业嵌入全球价值链的位置。为了探讨产业集聚模式是否受到了工业增加值比率的影响使企业全球价值链嵌入度提升，本书借鉴张杰等（2013）、邵朝对等（2019）的做法，采用逐步回归法构建模型，进行调节效应检验。

第一步，检验产业集聚模式对企业全球价值链嵌入度的影响，其模型设定如式（6-1）所示，结果如基准回归一样，产业集聚模式提高了企业出口国内附加值率，增加了企业在国际贸易中的贸易利得。

第二步，检验产业集聚是否影响了企业的工业增加值比率，并将检验模型设置为：

$$\sigma_{ijet} = \alpha + \beta_1 Com_{jet} + \beta_2 Rdi_{jet} + X_{ijet} + \lambda_j + \lambda_c + \lambda_t + \varepsilon_{ijet} \quad (6-12)$$

其中，被解释变量 σ_{ijet} 表示企业工业增加值比率，$\sigma_{ijet} = i\_c_{ijet}/s\_i_{ijet}$；$\sigma_{ijet}$ 表示企业 j 工业增加值占销售额的比重；i_c_{ijet} 表示企业 j 工业增加值；s_i_{ijet} 表示企业的销售额。Com_{jet} 和 Rdi_{jet} 的解释如模型（6-1）。

第三步，采用如下计量模型验证产业集聚是否影响了企业工业增加值比率，进而对企业全球价值链嵌入度产生影响，具体模型是：

$$DVAR_{ijet} = \alpha + \beta_1 Com_{jet} \times \sigma_{ijet} + \beta_2 Rdi_{jet} \times \sigma_{ijet} + \beta_3 \sigma_{ijet} + X_{ijet} + \lambda_j + \lambda_c + \lambda_t + \varepsilon_{ijet} \quad (6-13)$$

模型（6-13）中，解释变量、被解释变量及控制变量等解释同模型（6-1）。

具体回归结果如表6-10所示，表6-10中第（1）列和第（2）列给出了第二步不同产业集聚模式对企业工业增加值比率影响的计量结果。从表6-10中可知，专业化和多样化两种集聚模式对企业工业增加值比率的估计系数均显著为正，表明两种集聚模式都能够提高企业的工业增加值比率。既然如此，那产业集聚模式是否受到了企业工业增加值比率提高的影响，进而提升企业全球价值链嵌入度呢？表6-10中第（3）列和第（4）列给出了第三步的检验结果。结果显示，专业化集聚与工业增加值比率的交互项显著为正，且与专业化集聚模式的系数方向一致，意味着专业化集聚受到工业增加值比率的提高进而提升了企业全球价值链嵌入度；多样化集聚与工业增加值比率的交互性则为负，且与多样化集聚的系数方向一致，意味着多样化集聚会受到工业增加值比率的作用减缓企业全球价值链嵌入度的下降。

表 6-10 产业集聚模式与工业增加值比率对企业全球价值链嵌入度的机制检验

	σ_{ijet} (1)	σ_{ijet} (2)	DVAR (3)	DVAR (4)
Com	0.0280***		0.0030***	
	(0.0013)		(0.0006)	
Rdi		0.0120***		-0.0130***
		(0.0013)		(0.0035)
Com×σ_{ijet}			0.0693**	
			(0.0342)	
Rdi×σ_{ijet}				-0.0837***
				(0.0242)
σ_{ijet}			-0.0131**	-0.0104
			(0.0065)	(0.0067)
age	0.0051***	0.0047***	-0.0113***	-0.0106***
	(0.0004)	(0.0004)	(0.0011)	(0.0011)
SOE	-0.0019	-0.0045***	-0.0170***	-0.0096**
	(0.0015)	(0.0016)	(0.0039)	(0.0041)
FOE	0.0041***	0.0044***	-0.0335***	-0.0364***
	(0.0007)	(0.0007)	(0.0020)	(0.0020)
capital	0.0068***	0.0100***	-0.0393***	-0.0340***
	(0.0009)	(0.0009)	(0.0024)	(0.0025)
INPD	-0.0141***	-0.0055	-0.0586***	-0.0661***
	(0.0048)	(0.0048)	(0.0130)	(0.0130)
IFC	-0.5025***	-0.4469***	0.6686***	0.6549***
	(0.0390)	(0.0392)	(0.1020)	(0.1035)
EDU	-0.0024***	-0.0024***	0.0050***	0.0040***
	(0.0001)	(0.0001)	(0.0003)	(0.0005)
Iwage	0.0031***	0.0033***	0.0077***	0.0079***
	(0.0002)	(0.0002)	(0.0005)	(0.0005)
PO	-0.0029***	-0.0018**	0.1375***	0.1364***
	(0.0009)	(0.0009)	(0.0023)	(0.0024)
Gov		0.0098***	0.0262***	0.0399***
		(0.0009)	(0.0022)	(0.0028)

续表

	σ_{ijet} (1)	σ_{ijet} (2)	DVAR (3)	DVAR (4)
_cons	0.5141***	0.4587***	-0.1789**	-0.2427***
	(0.0274)	(0.0276)	(0.0719)	(0.0729)
N	170444	162247	141429	139718
R^2	0.0123	0.0127	0.0530	0.0447
年份固定	是	是	是	是
省份固定	是	是	是	是
行业固定	是	是	是	是

注：(1) 所有回归均对年份效应、省份效应和行业效应进行控制，如有单独说明的例外；(2) 控制变量包含企业年龄、国有企业、外商独资企业、行业新产品密度、人力资本、行业融资约束、资本密集度、加工贸易企业、行业工资水平，如有特殊说明除外；(3) 显著性水平：* $p<0.1$ 表示在10%水平上显著，** $p<0.05$ 表示在5%水平上显著，*** $p<0.01$ 表示在1%水平上显著；(4) 括号内小数为标准误。

二、全要素生产率

如第四章所述，企业全球价值链嵌入度和企业的全要素生产率是否存在一定的关系，产业集聚不同模式对全要素生产率的影响是否会对企业全球价值链嵌入度产生影响？为了探讨产业集聚模式是否受到企业全要素生产率的影响进而使企业全球价值链嵌入度产生变动，本书借鉴张杰等（2013）、邵朝对等（2019）的做法，按照本章工业增加值率的机制，进行调节效应机制检验。

第一步，先检验产业集聚模式对企业全球价值链嵌入度的影响，其模型设定如式（6-1）所示，结果如基准回归一样，产业集聚模式提高了企业全球价值链嵌入度，增加了企业在国际贸易中的贸易利得。

第二步，检验产业集聚对企业的全要素生产率的影响，并将检验模型设置为：

$$\text{TFP}_{ijet} = \alpha + \beta_1 \text{Com}_{jet} + \beta_2 \text{Rdi}_{jet} + X_{ijet} + \lambda_j + \lambda_c + \lambda_t + \varepsilon_{ijet} \quad (6-14)$$

其中，被解释变量 TFP_{ijet} 表示企业全要素生产率，解释变量同模型

(6-1)。

第三步，采用如下计量模型验证产业集聚是否受到企业全要素生产率提高，进而对企业全球价值链嵌入度产生影响，具体模型是：

$$DVAR_{ijet} = \alpha + \beta_1 Com_{jet} \times TFP_{ijet} + \beta_2 Rdi_{jet} \times TFP_{ijet} + \beta_3 TFP_{ijet} + X_{ijet} + \lambda_j + \lambda_c + \lambda_t + \varepsilon_{ijet} \quad (6-15)$$

式（6-15）中，解释变量、被解释变量及控制变量等解释同模型（6-1）。

表 6-11 是模型（6-14）和模型（6-15）的计量回归结果。其中，表6-11中第（1）列和第（2）列给出了第二步产业集聚模式与企业生产率的检验结果，可知专业化和多样化两种集聚模式对企业全要素生产率的估计系数均显著为正，表明两种集聚模式都能够提高企业的全要素生产率，这和范剑勇等（2014）、苏丹妮等（2020）的研究结果一致。表 6-11 中第（3）列和第（4）列给出了第三步的检验结果，产业集聚与全要素生产率的交互项系数显著为正，表明企业全要素生产率的提高可以有效调节不同产业集聚模式对企业全球价值链嵌入度的影响且显著为正。

表 6-11　产业集聚模式与 TFP 对企业全球价值链嵌入度的机制检验

	TFP (1)	TFP (2)	DVAR (3)	DVAR (4)
Com	0.0114 *** (0.0012)		0.0400 *** (0.0029)	
Rdi		0.0492 *** (0.0085)		0.0108 *** (0.0035)
Com × TFP			0.0038 * (0.0021)	
Rdi × TFP				0.0048 * (0.0028)
TFP			0.0023 *** (0.0007)	0.0019 ** (0.0009)
age	-0.0319 *** (0.0023)	0.1887 *** (0.0029)	-0.0140 *** (0.0009)	

续表

	TFP (1)	TFP (2)	DVAR (3)	DVAR (4)
SOE	-0.0927***	-0.3232***	-0.0149***	-0.0474***
	(0.0087)	(0.0115)	(0.0037)	(0.0050)
FOE	-0.0261***	-0.0617***	-0.0492***	-0.0601***
	(0.0040)	(0.0051)	(0.0017)	(0.0020)
capital	-1.1431***	-1.3206***	-0.0352***	-0.0377***
	(0.0049)	(0.0064)	(0.0023)	(0.0030)
INPD	0.6016***	-0.5346***	-0.0740***	0.0400**
	(0.0305)	(0.0332)	(0.0110)	(0.0165)
IFC	5.8265***	7.6935***	0.7355***	-0.3701***
	(0.2148)	(0.2562)	(0.0823)	(0.1054)
EDU	-0.0076***	-0.0283***	0.0037***	0.0045***
	(0.0009)	(0.0007)	(0.0004)	(0.0004)
Iwage	-0.0200***	-0.0461***	0.0080***	-0.0022***
	(0.0016)	(0.0013)	(0.0004)	(0.0008)
PO	0.0251***	-0.3084***	0.1311***	0.1071***
	(0.0052)	(0.0068)	(0.0022)	(0.0029)
Gov			0.0331***	0.0407***
			(0.0022)	(0.0023)
_cons	0.3538**	-0.5516***	-0.2903***	0.7519***
	(0.1568)	(0.1804)	(0.0581)	(0.0767)
N	244175	241386	203863	138731
R^2	0.5401	0.1905	0.0427	0.0436
年份固定	是	是	是	是
省份固定	是	是	是	是
行业固定	是	是	是	是

注：(1) 所有回归均对年份效应、省份效应和行业效应进行控制，如有单独说明的例外；(2) 控制变量包含企业年龄、国有企业、外商独资企业、行业新产品密度、人力资本、行业融资约束、资本密集度、加工贸易企业、行业工资水平，如有特殊说明除外；(3) 显著性水平：* $p<0.1$ 表示在10%水平上显著，** $p<0.05$ 表示在5%水平上显著，*** $p<0.01$ 表示在1%水平上显著；(4) 括号内小数为标准误。

本章小结

企业的出口国内附加值率，反映了企业参与全球价值链过程中的贸易利得（张杰等，2013）。企业全球价值链嵌入度相较于全球价值链的位置，可以更加明晰地反映企业在国际市场中的获利，因此本章使用样本期数据，从企业全球价值链嵌入度的视角来考察产业集聚模式对企业嵌入全球价值链的具体影响。通过实证研究发现，专业化集聚和多样化集聚均可以增加一国企业全球价值链嵌入度，提升其贸易利得。进一步研究发现，不同于以往对于中间投入的中介机制研究，而是从工业增加值率和全要素生产率的调节机制出发，不同产业集聚模式均可以通过工业增加值率和全要素生产率发挥调节机制的作用，进一步地增强两种集聚模式对企业全球价值链嵌入度的影响。

另外，本章通过贸易类别、企业所有制、地区、行业技术含量、城市规模等不同对产业集聚模式影响企业全球价值链嵌入度进行了异质性分析。具体而言，对于不同贸易类别，两种集聚模式对一般贸易企业和混合贸易企业出口国内附加值率的影响均为正值，而对于加工贸易企业，专业化集聚估计系数不显著，多样化集聚估计系数显著为负，加工贸易不利于出口国内附加值率的提升，再次验证了中国加工贸易出口之谜（戴觅等，2014；胡浩然和李坤望，2019）；对于不同企业所有制，专业化集聚对集体企业、私营企业和中外合资企业的全球价值链嵌入度均有正向的提升作用，而多样化集聚仅对中外合资企业和私营企业全球价值链嵌入度的影响显著为正，这是因为私营企业和中外合资企业在生产过程中所获取的资源更多（张杰等，2013）；对于不同地区，专业化集聚对东部、中部、西部地区企业全球价值链嵌入度有显著的提升作用，而多样化集聚对东部、中部地区企业全球价值链嵌入度均有显著的提升作用，对西部地区不显著；对于不同行业，专业化集聚模式对高技术行业和中低技术行业企业全球价值链嵌入度均有正向的提升作用，对其余两类虽然为正但不显著，而多样化集聚对四类行业企业全球价值链嵌入度均有正向的提升作用；对于不同城市规模，两种集聚模式在特大城市的显著性更强，专业化集聚对中、小城市企业全球价值链嵌入度也有显著的提升作用，多样化集聚对大城市企业全球价值链嵌入度提升作用显著。

第七章

产业集聚模式对企业嵌入全球价值链稳定性的影响

不同产业集聚模式都会对企业嵌入全球价值链的位置、企业出口的国内附加值率产生不同的影响,使企业在国际市场上具有更强的竞争力。大部分经典贸易理论都认为贸易关系一旦建立,就会长期持续下去(陈勇兵等,2012)。如果企业频繁进入或退出国际市场,会使企业的沉没成本上升,抑制产业结构升级的速度。那么,中国企业在国际市场上的生存持续时间是什么情形,如何保持企业在国际市场上长期持久的竞争力呢?不同产业集聚模式对出口国内附加值率具体影响机制是什么?

为了回答这一问题,本章以中国微观企业层面的数据为基础,从中国企业嵌入全球价值链持续时间出发,以其嵌入全球价值链时间的长短作为衡量其稳定性的标准,从不同产业集聚模式角度对企业嵌入全球价值链稳定性进行基准回归和机制检验。

第一节　计量模型设定、数据处理和指标说明

一、计量模型的设定

(一)生存分析法

生存分析法一般运用最多的是在医学和生物学领域,其主要是对个体生存现象和响应时间的分析(逯宇铎等,2013)。生存分析法在处理数据删失、不同阶段数据等现象时具有显著的优越性,因此也越来越多运用于社会科学领域。生存分析法与传统的社会科学领域的研究方法不同,它在分析时主要依据时间维度作为研究事件的设定,主要是计算不同时点上研究事件发生的概率、存在的风险以及研究事件发生的速度。本章关心的核心问题是企业嵌入全球价值链的稳定性,尤其是产业集聚模式对企业嵌入全球价值链持续稳定性的影响。因此,本章先计算了企业嵌入全球价值链的指标,然后以企业嵌入和退出全球价值链的持续时间作为研究对象进行分析。

(二) 计量模型的设定

本章在参考陈勇兵等 (2012)、蒋灵多等 (2015)、吕越等 (2017) 的基础上,按照冯伟等 (2013) 的做法,选择生存分析法中 CoxPH 模型作为分析产业集聚模式影响企业嵌入全球价值链稳定性的计量模型。

CoxPH 模型是风险回归模型,是当前在生存分析研究中常用的模型,这种模型的优势是能够对影响事件发生的多种风险因素进行控制,可以有效观测不同时刻多种风险因素对研究个体的影响。CoxPH 模型属于半参数估计模型,因为其在设定时不对基准风险 (Baseline Hazard) 的分布形态做任何限制假设。因此,CoxPH 模型对于在正确的参数模型未知的情况下的估计是最接近正确模型的结果,CoxPH 模型是一个比较稳健的模型。本书在此选择 CoxPH 模型对前面的理论机制进行验证,其风险函数设定如下:

$$h(t,X) = h_0(t)\exp(\beta_1 X_1 + \beta_2 X_2 + \cdots + \beta_n X_n) \qquad (7-1)$$

$h(t,X)$ 是 t 时刻关于众多风险因素 X 的函数表示;$h_0(t)$ 表示 t 时刻的基准风险;X 为多种风险因素,其风险分布形态并未事先设定,此处为本章核心解释变量产业集聚的两种模式,以及众多的控制变量。β 为风险因素的系数,表示该风险因素影响的大小。

二、数据的处理

首先,本章研究所涉及的数据处理,如上文所述利用 2000—2014 年工业企业数据库与海关数据库,参考 Brant 等 (2012)、张杰等 (2013)、施炳展等 (2014) 的方法,将两个数据库按企业名称进行匹配,如同第四章的匹配方法,通过自行匹配并结合 WIOD 数据库后,测算得到企业嵌入全球价值链的相关指标,方法如同第四章,这里不再一一赘述。

其次,本章使用的数据是 2000—2014 年中国工业企业数据库和海关数据库的微观企业层面数据。在对数据进行整理时,我们要首先处理数据两侧的删失问题,主要包括左删失和右删失。具体来说,左删失 (Left Censoring) 是该企业在我们进行数据设定之前就已经嵌入全球价值链,其嵌入的时间早于我们开始研究的时间,因此我们很难确定该企业真正嵌入全球价值链的时间，所以对出现左删失的企业进行剔除，主要保留 2001 年（含 2001 年）之后开始嵌入全球价值链的企业。右删失（Right Censoring）是指当样本期的研究已经结束，企业尚未退出全球价值链的情形，这会导致我们无法具体确定企业退出全球价值链的时间，右删失的数据在设定生存分析指标时进行处理。通过以上的数据处理方法，最终剩余 32167 家企业，154969 个观测值。

企业嵌入 GVC 的持续时间（Duration）为从企业首次转变为全球价值链企业后到再次转变为非全球价值链企业所经历的年数。例如，若某企业在第 (i=1) 年嵌入全球价值链的时间为 0 且第 i 年为 1，则认为该企业在第 i 年嵌入全球价值链；若该企业在第 j 年的全球价值链指标为 1 且在第 (j+1) 年为 0，则该企业在第 j 年退出了全球价值链，持续时间为 (i-j+1) 年。为了对企业嵌入全球价值链的具体时间进行分析，我们构造了表征企业退出 GVC 事件的虚拟变量（Censor）。对于存在右删失的企业，其每一年的变量值都取 0。对于数据完整（即不存在左删失或右删失）的企业，我们将最后一年记为 1，其余年份记为 0。

三、指标说明及分析

（一）被解释变量

在衡量企业嵌入全球价值链稳定性时，本章使用第四章计算的全球价值链上游度指标，即 GVCup，公式如同式（7-5）、式（7-6）和式（7-7）。此指标在计算时不仅考虑了国际贸易商品的分类，还考虑了进口中间品和资本品折旧的计算，可以较好地反映企业嵌入全球价值链的水平。

（二）解释变量

1. 专业化集聚模式（Com）

专业化集聚模式指标的构建主要参考 Martin 等（2011）、章韬和申洋（2020）的方法，赫芬达尔指数可以更好地反映出行业的垄断程度，因此本书采用赫芬达尔指数倒数加 1 取对数的模式来构建本书的核心解释变量专业化集聚模式，计算方法和式（7-7）一致。

2. 多样化集聚模式（Rdi）

多样化集聚模式指标，本书参考 Martin 等（2011）、范剑勇（2014）、章韬和申洋（2020）来构建多样化集聚指标，计算方法和式（7-8）一致。

（三）控制变量

1. 企业层面控制变量

本书考虑了如下企业层面因素：（1）资本密集度（capital），参考钟昌标（2007）的做法，以企业的资本总额除以销售收入作为代理指标；（2）企业年龄（age），采用毛其淋和许家云（2016）的做法，将当期年份加1减去企业成立时间并取对数来衡量企业年龄；（3）加工贸易企业虚拟变量（PO），如果企业的所有制类型是加工贸易企业，则 PO 取值为 1，否则为 0；（4）国有企业虚拟变量（SOE），如果企业的所有制类型是国有企业，则 SOE 取值为 1，否则为 0；（5）外资企业虚拟变量（FOE），如果企业的所有制类型是外资企业，则 SOE 取值为 1，否则为 0。

2. 行业和城市层面控制变量

本书在模型中控制了行业层面可能影响产业集聚的潜在因素，主要有以下方面：（1）行业平均工资（Iwage），按照四位码行业计算行业平均工资并取对数值表示；（2）行业融资约束（IFC），按照四位码行业分别加总企业利息支出以及固定资产总额，用行业利息支出与行业固定资产比值衡量；（3）政府干预（Gov），采用当年的政府预算支出与政府预算收入之比，政府采用加大预算投入和支出，鼓励科技创新，可有效地推动地区经济的发展；（4）人力资本（EDU）以中学和大学在校人数占总人口比重表示。

（四）数据的描述性统计分析

1. 基本图形分析

首先，根据整理好的数据，按企业是否嵌入 GVC，将数据设为生存分析数据。可以看出在样本期观测值为 154969 个，样本期内有 7399 个片段持续时间为 14 年，17945 个为单个时间片段。在 2000—2014 年间，企业嵌入全球价值链的平均生存时间为 4.255 年，2014 年退出时企业的生存时间为 6.78 年，由此可见随着时间的增加，中国企业嵌入全球价值链的平均生存能力增强，其退出 GVC 的风险率就会降低，这说明企业嵌入 GVC

的持续时间风险函数与时间具有负相关关系,图 7-1 是 2000—2014 年企业分年份的 K-M 生存函数曲线。

其次,我们分进出口、贸易类别、企业性质、地区和行业等方面通过生存曲线考察企业进出 GVC 的行为特点。从图 7-2 可以看出,出口企业的生存函数曲线高于进口企业,说明出口企业为应对国际上的风险其比进口企业具有更高的生存率。图 7-3 显示混合贸易企业和加工贸易企业在嵌入 GVC 中的生存率高于加工贸易企业,图 7-4 说明私营企业和外商独资企业在国际贸易中的生存率更高。从图 7-5 可以看出,在初始时期,东部地区企业在嵌入 GVC 时具有更高的生存率,随着时间的推移,东部地区企业在国际市场上的生存时间最久。图 7-6 是不同行业企业嵌入 GVC 的生存时间,可以看出中高和中低科技行业在国际上的生存概率更高,在国际市场上的生存时间更长。

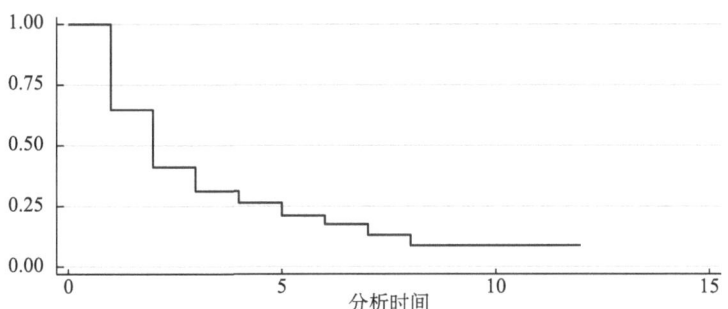

图 7-1 2000—2014 年企业 K-M 生存估计图

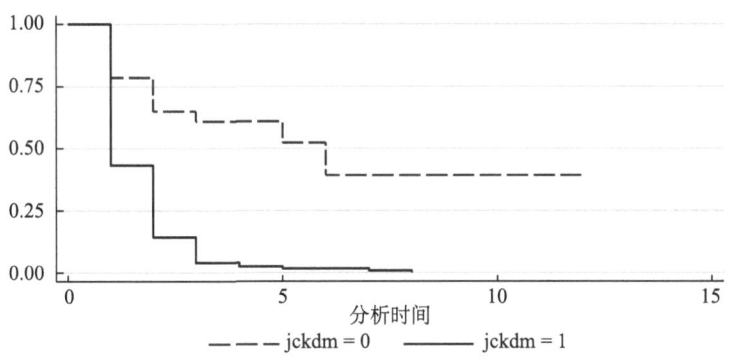

图 7-2 2000—2014 年进出口企业的生存曲线图

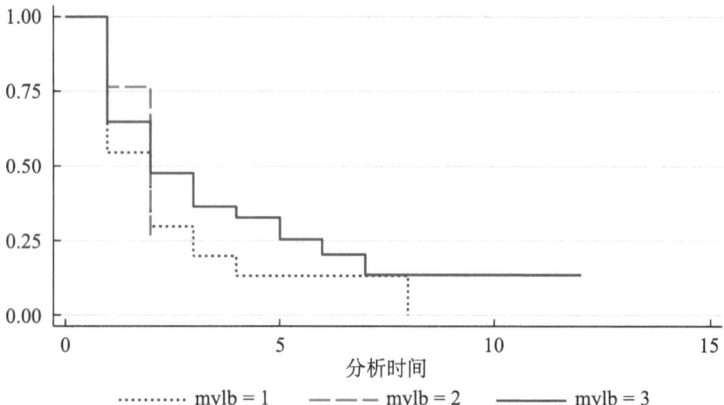

图 7-3　2000—2014 年不同贸易类别企业的生存曲线图

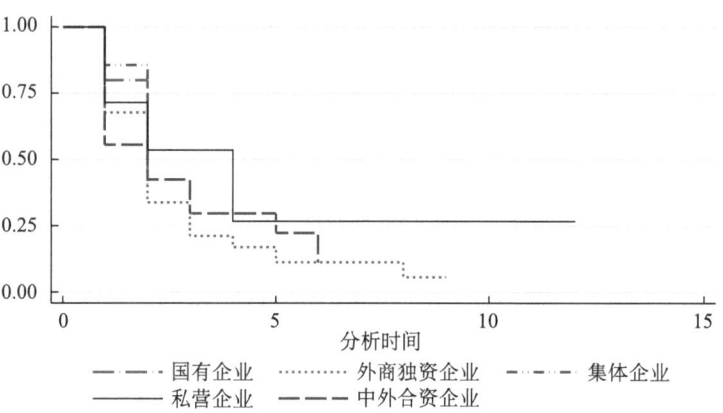

图 7-4　2000—2014 年不同所有制企业的生存曲线图

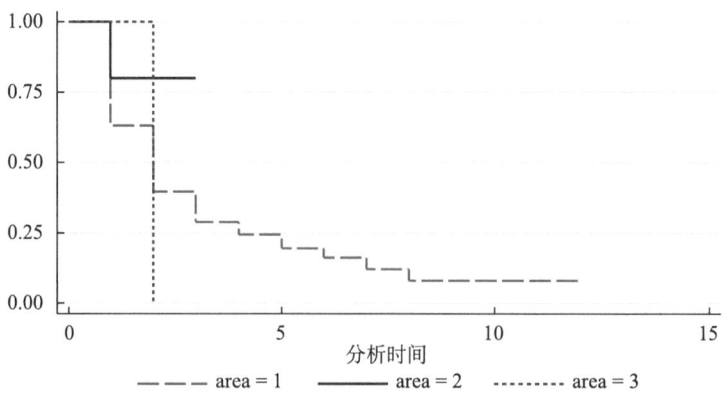

图 7-5　2000—2014 年不同地区企业的生存曲线图

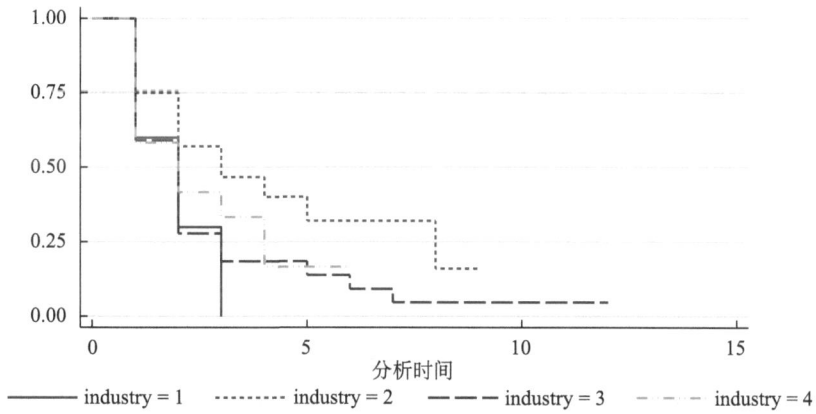

图 7-6 2000—2014 年不同行业的生存曲线图

注：图 7-3 加工贸易为 mylb=1，一般贸易为 mylb=2，混合贸易为 mylb=3；图 7-5 东部地区为 area=1，中部地区为 area=2，西部地区为 area=3；图 7-6 高科技行业为 industry=1，中高科技行业为 industry=2，中低技行业为 industry=3，低技行业为 industry=4。

2. 相关变量的描述性统计

各变量的描述性统计情况和变量特征如表 7-1 所示，数据整体较为规范，无明显异常值。

表 7-1　　　　　　　　　　主要变量的描述性统计

变量名称	样本数量	均值	标准差	极小值	极大值
Com	154 979	0.1438	0.2501	0.0123	3.8286
Rdi	151 607	0.2738	0.3003	0.0022	8.3429
age	152 967	3.0264	0.7760	1	8.6009
SOE	154 979	0.0433	0.2036	0	1
FOE	154 979	0.2059	0.4043	0	1
IFC	154 979	0.7153	0.0078	0.6699	0.8637
capital	154 930	0.2638	0.3201	-1.8734	9.0561
EDU	135 165	2.5819	3.0033	0	8.49596
PO	154 979	0.1512	0.3583	0	1
Iwage	154 979	17.3848	1.9299	0	20.4757
Gov	132 569	1.2255	0.4093	0.3752	12.4583

第二节　基准回归结果及异质性分析

一、基准回归结果分析

表 7-2 是计量模型（7-1）的基准回归结果，报告了产业集聚模式对企业嵌入全球价值链稳定性的影响，可以看出核心解释变量多样化集聚模式在 1% 水平上显著为正，专业化集聚不显著。加入控制变量之后，专业化集聚和多样化集聚两种模式均在 1% 水平上显著为负。其中第（1）列只加入核心解释变量，第（2）列进一步加入了企业层面的控制变量，第（3）列是加入了城市和行业层面控制变量的回归结果。

表 7-2　　　　　　　　　基于 CoxPH 的基准回归

	（1）	（2）	（3）
Com	0.0362	-0.1526***	-0.0766*
	(0.0307)	(0.0446)	(0.0456)
Rdi	0.1709***	-0.0134	-0.1198***
	(0.0214)	(0.0302)	(0.0332)
age		-0.4634***	-0.5291***
		(0.0112)	(0.0112)
SOE		0.5774***	0.4172***
		(0.0485)	(0.0482)
FOE		-0.2256***	-0.1431***
		(0.0238)	(0.0237)
IFC		-23.9056***	-8.5681***
		(1.2283)	(0.9123)
capital		0.1833***	0.1190***
		(0.0253)	(0.0270)
PO		0.5877***	0.5433***
		(0.0261)	(0.0256)

续表

	(1)	(2)	(3)
Gov		0.1024***	0.0530***
		(0.0189)	(0.0186)
EDU			0.0202***
			(0.0029)
Iwage			-0.2886***
			(0.0057)
N	151603	128888	127388

注：(1) 所有的回归均是使用的是 robust 稳健标准误；(2) 显著性水平：* $p<0.1$ 表示在 10% 水平上显著，** $p<0.05$ 表示在 5% 水平上显著，*** $p<0.01$ 表示在 1% 水平上显著。

风险因素的系数反映了产业集聚模式对企业嵌入全球价值链稳定性的影响，一般来说，当系数为正时，表示该风险因素会提高企业退出全球价值链的概率，即该种集聚模式加速了企业退出全球价值链；反之，当风险因素的系数为负时，表明该风险因素降低了企业退出全球价值链的可能性，即该种集聚模式有利于企业在全球价值链中的稳定性。表 7-2 第 (3) 列的结果显示，两种集聚模式的系数均显著为负，因此产业集聚会降低企业退出全球价值链的概率，即不同产业集聚模式均可增强企业嵌入全球价值链的稳定性。

就控制变量而言，企业年龄（age）的系数显著为负，可以有效降低企业退出全球价值链的可能性，增加企业嵌入全球价值链的稳定性；国有企业（SOE）提高了企业退出全球价值链的概率，而外资企业（FOE）则降低了企业退出全球价值链的概率；企业资本密度（capital）会提高企业退出全球价值链的概率；行业融资约束（IFC）和行业工资（Iwage）对企业退出全球价值链的影响显著为负，加工贸易企业（PO）和政府干预（Gov）提高了企业退出全球价值链的概率。

二、不同类别的异质性分析

（一）不同贸易类别

表 7-3 是不同贸易类别产业集聚对企业嵌入全球价值链稳定性的回

归结果。结果显示，专业化集聚仅降低了加工贸易企业退出全球价值链的风险，而多样化集聚降低了一般贸易企业和混合贸易企业退出全球价值链的风险。这是由两种集聚模式的差异性造成的，对于加工贸易而言，大多为工序化贴牌生产，几乎无科技含量，同行业的专业化集聚更有利于提升其工作效率，进而降低企业退出全球价值链的风险；而对于一般贸易和混合贸易而言，其生产技术水平相对较高，企业的创新和吸收能力更强，更易吸收多样化集聚产生的溢出效应，进而降低企业退出全球价值链的风险。

表7-3　　　　　　　　不同贸易类别的 CoxPH 回归结果

	加工贸易	一般贸易	混合贸易
Com	-0.4785***	0.1060	-0.0630
	(0.1160)	(0.1129)	(0.0540)
Rdi	-0.0745	-0.6553***	-0.1569***
	(0.0635)	(0.0979)	(0.0445)
age	-0.4987***	-0.1058***	-0.6033***
	(0.0216)	(0.0255)	(0.0162)
SOE	0.9641***	0.2360***	0.3129***
	(0.2704)	(0.0786)	(0.0597)
FOE	0.0346	0.0254	-0.1805***
	(0.0537)	(0.0754)	(0.0288)
IFC	-18.2183***	-4.4950**	-8.7848***
	(2.0973)	(2.2670)	(1.2279)
capital	0.0816	0.2139***	0.1896***
	(0.0512)	(0.0532)	(0.0353)
EDU	0.0041	0.0085	0.0172***
	(0.0058)	(0.0077)	(0.0038)
lwage	-0.1545***	-0.3644***	-0.3750***
	(0.0110)	(0.0126)	(0.0068)
Gov	0.1856***	0.0447	-0.0515**
	(0.0462)	(0.0438)	(0.0244)
N	24977	17600	81787

注：(1) 所有的回归均是使用的是 robust 稳健标准误；(2) 显著性水平：* $p<0.1$ 表示在10%水平上显著，** $p<0.05$ 表示在5%水平上显著，*** $p<0.01$ 表示在1%水平上显著。

（二）不同企业所有制

根据企业所有制差异，把企业分为国有企业、外商独资企业、集体企业、私营企业和中外合资企业，表7-4是企业所有制差异的产业集聚模式影响企业嵌入全球价值链稳定性的计量检验结果。结果显示，多样化集聚对国有企业、集体企业、私营企业和中外合资企业退出全球价值链的风险均显著降低，对外商独资企业的系数虽然为负但不显著，而专业化集聚模式的回归结果不显著，无经济学意义。这说明，相对于专业化集聚，多样化集聚由于其行业间的溢出效应更加显著，所以可以有效降低企业退出全球价值链的概率。

表7-4　　　　　　　　不同企业所有制的 CoxPH 回归结果

	国有企业	外商独资企业	集体企业	私营企业	中外合资企业
Com	0.0782	0.1384	0.2415	0.0785	-0.0308
	(0.1965)	(0.1208)	(0.1747)	(0.0763)	(0.0946)
Rdi	-0.1626*	-0.0171	-0.6289***	-0.2572***	-0.4656***
	(0.0948)	(0.0890)	(0.1710)	(0.0774)	(0.0934)
age	-0.0683	-0.8111***	-0.3202***	-0.6421***	-0.5947***
	(0.0416)	(0.0285)	(0.0509)	(0.0266)	(0.0282)
IFC	1.8707	-9.2822***	-4.2442	-4.3660**	-2.9146
	(4.1169)	(2.0917)	(4.0308)	(1.7752)	(2.1939)
capital	-0.0192	0.1710***	-0.2245	0.1491*	0.2472***
	(0.0872)	(0.0529)	(0.1730)	(0.0804)	(0.0530)
EDU	0.0178	0.0112	-0.0084	0.0334***	0.0094
	(0.0161)	(0.0074)	(0.0141)	(0.0062)	(0.0071)
PO	0.5392***	0.3131***	0.6400***	0.2310***	0.3039***
	(0.0855)	(0.0821)	(0.0825)	(0.0439)	(0.0625)
lwage	-0.3807***	-0.3219***	-0.3960***	-0.4001***	-0.3647***
	(0.0286)	(0.0130)	(0.0253)	(0.0123)	(0.0126)
Gov	-0.0107	0.3601***	-0.1262	-0.0654*	0.0911*
	(0.0822)	(0.0599)	(0.1022)	(0.0385)	(0.0502)
N	4776	27767	6232	28637	27129

注：(1) 所有的回归均是使用的是 robust 稳健标准误；(2) 显著性水平：* $p<0.1$ 表示在10%水平上显著，** $p<0.05$ 表示在5%水平上显著，*** $p<0.01$ 表示在1%水平上显著。

(三) 不同地区差异

我国因为地理位置等原因,造成了不同地区经济发展的不平稳,表 7-5 是不同地区企业的产业集聚模式对企业嵌入全球价值链稳定性的回归结果。结果显示,两种集聚模式均降低了东部地区的企业退出全球价值链的风险,同时两种集聚模式均提高了中部地区企业退出全球价值链的风险。出现这种情况,可能的原因是中国东部地区本身具有海陆空的基础交通优势,又有改革开放初期的经济政策倾斜,整体经济发展基础良好,两种集聚模式可以有效降低企业退出全球价值链的概率。相对来说,中部地区的经济基础优势较弱,同时又不具备西部地区自然资源的优势,因此集聚反而加剧了企业退出全球价值链。

表 7-5　　　　　　　　　不同地区的 CoxPH 回归结果

	东部地区	中部地区	西部地区
Com	-0.1726***	0.3749***	-0.1285
	(0.0571)	(0.1032)	(0.1979)
Rdi	-0.1744***	0.2102***	-0.1033
	(0.0398)	(0.0611)	(0.1241)
age	-0.5449***	-0.3611***	-0.3859***
	(0.0118)	(0.0448)	(0.0642)
SOE	0.4154***	0.2314*	0.4693***
	(0.0564)	(0.1232)	(0.1450)
FOE	-0.1505***	-0.0565	0.1155
	(0.0242)	(0.1516)	(0.2009)
IFC	-8.7665***	-5.4340	-3.7052
	(0.9540)	(4.1093)	(5.3103)
capital	0.1062***	0.3598***	0.0591
	(0.0289)	(0.0763)	(0.1215)
EDU	0.0203***	0.0099	-0.0057
	(0.0030)	(0.1013)	(0.0168)
PO	0.5446***	0.5819***	0.3296***
	(0.0275)	(0.0846)	(0.1273)
lwage	-0.2892***	-0.2812***	-0.3158***
	(0.0061)	(0.0216)	(0.0335)

续表

	东部地区	中部地区	西部地区
Gov	0.1713***	0.0889**	-0.0933**
	(0.0353)	(0.0414)	(0.0459)
N	118384	6415	2568

注：(1) 所有的回归均是使用的是 robust 稳健标准误；(2) 显著性水平：* $p<0.1$ 表示在 10% 水平上显著，** $p<0.05$ 表示在 5% 水平上显著，*** $p<0.01$ 表示在 1% 水平上显著。

（四）不同行业差异

本章按照上文对不同行业进行分类，表 7-6 是不同行业产业集聚对企业全球价值链稳定性的实证检验结果。结果显示，专业化集聚仅降低了中高科技产业企业退出全球价值链的概率，而多样化集聚降低了高科技产业、中高科技产业和低科技产业退出全球价值链的概率。由此可见，多样化集聚可以增强不同行业间企业抵御国际市场风险的能力，增强企业嵌入全球价值链的稳定性。

表 7-6   不同行业的 CoxPH 回归结果

	高科技产业	中高科技产业	中低科技产业	低科技产业
Com	0.1403	-0.1937***	0.1059	-0.2085
	(0.1409)	(0.0716)	(0.0761)	(0.1688)
Rdi	-0.2683***	-0.2862***	0.0370	-0.4591***
	(0.0770)	(0.0661)	(0.0646)	(0.0833)
age	-0.3093***	-0.5000***	-0.5859***	-0.4364***
	(0.0294)	(0.0186)	(0.0221)	(0.0243)
SOE	0.3999***	0.7237***	0.3637***	0.1005
	(0.0946)	(0.1052)	(0.1012)	(0.0837)
FOE	0.0032	-0.2248***	-0.3015***	-0.0701
	(0.0602)	(0.0379)	(0.0475)	(0.0488)
IFC	0.0052	-25.6465***	-14.9863***	0.8894
	(2.6348)	(1.9516)	(2.2385)	(1.6558)
capital	-0.0100	0.3133***	0.2953***	0.0850*
	(0.0655)	(0.0495)	(0.0461)	(0.0493)
EDU	0.0095	-0.0078	0.0215***	0.0185***
	(0.0074)	(0.0050)	(0.0055)	(0.0063)

续表

	高科技产业	中高科技产业	中低科技产业	低科技产业
PO	0.3835***	0.3767***	0.3231***	0.5988***
	(0.0592)	(0.0397)	(0.0559)	(0.0512)
Iwage	-0.4856***	-0.2452***	-0.0159	-0.4723***
	(0.0158)	(0.0068)	(0.0166)	(0.0126)
Gov	-0.0730**	-0.1059***	0.0854*	0.0907**
	(0.0315)	(0.0404)	(0.0458)	(0.0444)
N	6308	45198	47882	24976

注：(1) 所有的回归均是使用的是 robust 稳健标准误；(2) 显著性水平：* $p<0.1$ 表示在10%水平上显著，** $p<0.05$ 表示在5%水平上显著，*** $p<0.01$ 表示在1%水平上显著。

（五）不同城市规模

本章按照上文对城市规模的分类，表 7-7 是不同城市规模产业集聚影响企业嵌入全球价值链稳定性的回归结果。结果显示，专业化集聚降低了大城市和中型城市的企业退出全球价值链的概率，多样化集聚则降低了特大城市、中型城市和小型城市企业退出全球价值链的概率。

表 7-7　　　　　不同城市规模的 CoxPH 回归结果

	特大城市	大型城市	中型城市	小型城市
Com	0.1651	-1.2570***	-0.2899***	-0.0255
	(0.1005)	(0.3669)	(0.0782)	(0.0697)
Rdi	-0.2177***	0.1707	-0.2196**	-0.2620***
	(0.0720)	(0.1047)	(0.1005)	(0.0495)
age	-0.3271***	-0.5901***	-0.5703***	-0.5608***
	(0.0223)	(0.0295)	(0.0450)	(0.0158)
SOE	0.2678***	0.0425	0.0859	0.5246***
	(0.0683)	(0.1507)	(0.1798)	(0.0795)
FOE	-0.1077**	-0.2417***	-0.0194	-0.1725***
	(0.0447)	(0.0598)	(0.1025)	(0.0335)
IFC	-0.0451	-18.0508***	-2.3945	-13.7396***
	(1.6161)	(2.6894)	(3.6734)	(1.3374)
capital	0.1399***	0.1470**	0.1803	0.1132***
	(0.0409)	(0.0739)	(0.1193)	(0.0412)

续表

	特大城市	大型城市	中型城市	小型城市
EDU	0.0270***	-1.9064***	-1.6000	0.0431***
	(0.0081)	(0.4568)	(1.1198)	(0.0052)
PO	0.5119***	0.4210***	0.3264***	0.4696***
	(0.0477)	(0.0681)	(0.0969)	(0.0352)
Iwage	-0.3183***	-0.2866***	-0.3429***	-0.3330***
	(0.0108)	(0.0125)	(0.0207)	(0.0074)
Gov	0.2320***	-0.0040	-0.1355	-0.0382
	(0.0368)	(0.1330)	(0.0893)	(0.0266)
N	33889	19164	7355	64332

注：(1) 所有的回归均是使用的是 robust 稳健标准误；(2) 显著性水平：* $p<0.1$ 表示在 10% 水平上显著，** $p<0.05$ 表示在 5% 水平上显著，*** $p<0.01$ 表示在 1% 水平上显著。

第三节 稳健性检验

首先，本章在基准回归检验时均采用的是加稳健的 robust 标准误后进行回归的实证检验结果，确保了回归结果的稳健性，因此可以证实本章的计量模型设定具有稳健性。其次，本章所用的 CoxPH 风险函数采用的是极大似然估计法，避免了常规的内生性问题，故不再进行内生性检验。

一、AFT 模型检验

由于 CoxPH 模型在设定过程中，要求满足等比例风险假设，而实际检验中可能存在个别变量无法满足该假设的情形，这样会对整体模型的估计产生一定的偏差。因此，本书选取了另一种生存分析方法——加速失效时间（AFT）模型作为 CoxPH 模型的稳健性检验。加速失效时间（AFT）是在对企业生存持续时间分析的基础上设定的有效参数估计模型，直接对风险因素对生存时间的有效进行估计，可以从正向反映风险因素的有效性。具体来说，在 AFT 模型中，生存时间的自然对数为 lnT，具体模型如下：

$$\ln T = X_j \beta + \mu \qquad (7-2)$$

其中，X_j 是一组关于风险因素的协变量；β 是该协变量的系数；μ 表示误差项，误差项不同的分布形态决定了不同的回归模型（赵奇伟和张楠，2015）。

表7-8是计量模型（7-2）的基准回归结果，报告了产业集聚模式对企业出口稳定性的影响，表7-8第（3）列可以看出核心解释变量专业化集聚、多样化集聚模式均在1%水平上显著为正，由于AFT为加速时间失效模型，其回归的核心结果必须与模型（7-1）的回归结果正好相反，才可以检验基准模型的稳健性。其中，表7-8第（1）列只加入核心解释变量，第（2）列进一步加入了企业层面的控制变量，第（3）列对基准回归加入了城市、行业和年份等方面控制变量。当风险因素的系数为正时，表明该风险因素会减缓企业退出全球价值链的时间，有利于企业嵌入全球价值链的持续时间增长；反之，当风险因素的系数为负时，表明该风险因素会加速企业退出全球价值链的过程，即不利于企业在国际市场上的稳定性。表7-8中可见，所有解释变量的系数均显著为正，因此两种集聚模式均会减缓企业退出全球价值链，有利于企业嵌入全球价值链的稳定性，进一步验证了本章结果的稳健性。

表7-8　　　　　　　　　基于AFT模型的回归结果

	（1）	（2）	（3）
Com	0.0002 **	0.0004 ***	0.0002 **
	(0.0001)	(0.0001)	(0.0001)
Rdi	-0.0001	0.0002 ***	0.0004 ***
	(0.0001)	(0.0001)	(0.0001)
age		0.0010 ***	0.0011 ***
		(0.0000)	(0.0000)
SOE		-0.0016 ***	-0.0012 ***
		(0.0001)	(0.0001)
FOE		0.0004 ***	0.0002 ***
		(0.0000)	(0.0000)
IFC		0.0533 ***	0.0255 ***
		(0.0023)	(0.0022)

续表

	(1)	(2)	(3)
capital		-0.0007***	-0.0005***
		(0.0001)	(0.0001)
PO		-0.0017***	-0.0014***
		(0.0001)	(0.0001)
Gov		-0.0003***	-0.0002***
		(0.0001)	(0.0001)
EDU			-0.0000***
			(0.0000)
Iwage			0.0005***
			(0.0000)
_cons	7.6083***	7.5677***	7.5783***
	(0.0000)	(0.0017)	(0.0015)
N	151249	128888	127388

注：(1) 所有的回归均是使用的是 robust 稳健标准误；(2) 显著性水平：* $p<0.1$ 表示在 10% 水平上显著，** $p<0.05$ 表示在 5% 水平上显著，*** $p<0.01$ 表示在 1% 水平上显著。

二、风险比例模型—威布尔回归检验

威布尔模型（Weibull model）也是风险函数的一种，基本假定是时间 t 随机变量服从威布尔分布，参数为 λ 和 α，具体如下：

$$\lambda(t) = \lambda_0 t^{\alpha}, \text{当 } \alpha > 1 \tag{7-3}$$

表 7-9 是基于威布尔回归的风险函数的回归结果，报告了产业集聚模式对企业嵌入全球价值链稳定性的影响，所有解释变量的系数均显著为负，因此两种集聚模式均会降低企业退出全球价值链面临的风险，有利于企业嵌入全球价值链的稳定性，这与模型（7-1）的回归结果高度相似，进一步验证了本章模型设定的稳健性。

表 7 – 9　　　　　　基于威布尔回归的风险函数回归结果

	（1）	（2）	（3）
Com	0.0382	-0.1865***	-0.2134***
	(0.0326)	(0.0453)	(0.0478)
Rdi	0.2422***	0.0489	-0.0988***
	(0.0238)	(0.0318)	(0.0357)
age		-0.6040***	-0.6448***
		(0.0111)	(0.0114)
SOE		0.6634***	0.4796***
		(0.0450)	(0.0468)
FOE		-0.1733***	-0.1073***
		(0.0240)	(0.0245)
IFC		-27.6092***	-14.8929***
		(1.1854)	(1.0568)
capital		0.1959***	0.1857***
		(0.0235)	(0.0245)
PO		0.7060***	0.5842***
		(0.0253)	(0.0259)
Gov		0.0961***	-0.0157
		(0.0221)	(0.0233)
EDU			0.0195***
			(0.0031)
lwage			-0.3442***
			(0.0052)
_cons	-3357.0108***	-3928.0316***	-4142.3837***
	(22.6631)	(28.6013)	(29.5646)
N	151603	128888	124364

注：（1）所有的回归均是使用的是 robust 稳健标准误；（2）显著性水平：* $p<0.1$ 表示在 10% 水平上显著，** $p<0.05$ 表示在 5% 水平上显著，*** $p<0.01$ 表示在 1% 水平上显著。

第四节 机制检验

一、工业增加值比率

正如第五章所述,产业集聚可以影响企业生产中的工业增加值,进而影响企业嵌入全球价值链的程度。因此,为了探讨产业集聚模式是否受到了工业增加值比率的影响使企业嵌入全球价值链的稳定性提高或者降低企业退出全球价值链的风险,本章借鉴张杰等(2013)、邵朝对等(2019)的做法,采用逐步回归法构建模型,进行中介效应检验。

第一步,检验产业集聚模式对企业嵌入全球价值链的稳定性的影响,其模型设定如式(7-1)所示,结果如基准回归一样,产业集聚模式降低了企业退出全球价值链的风险,增强了企业嵌入全球价值链的稳定性。

第二步,检验产业集聚模式是否影响企业的工业增加值比率,并将检验模型设置为:

$$\sigma_{ijet} = \alpha + \beta_1 Com_{jet} + \beta_2 Rdi_{jet} + X_{ijet} + \varepsilon_{ijet} \qquad (7-4)$$

其中,被解释变量 σ_{ijet} 表示企业工业增加值比率,$\sigma_{ijet} = i\_c_{ijet}/s\_i_{ijet}$;$\sigma_{ijet}$ 表示企业 j 工业增加值占销售额的比重;i_c_{ijet} 表示企业 j 工业增加值;s_i_{ijet} 表示企业的销售额,解释变量及相关其他变量的解释同式(7-1)。

第三步,采用如下计量模型验证产业集聚是否影响了企业工业增加值比率,进而对企业嵌入全球价值链的稳定性产生影响,具体模型如下:

$$Censor_{ijet} = \alpha + \beta_1 Com_{jet} + \beta_2 Rdi_{jet} + \beta_3 \sigma_{ijet} + X_{ijet} + \varepsilon_{ijet} \qquad (7-5)$$

其中,$Censor_{ijet}$ 表示企业是否嵌入全球价值链的概率时间,Com_{jet} 和 Rdi_{jet} 的解释如同式(7-1),σ_{ijet} 的解释如同式(7-4),其余不变。

如表7-10中第(1)列和第(2)列所示,给出了不同产业集聚模式对工业增加值比率影响的检验结果。可以看出,两种模式对工业增加值比率的估计系数均显著为正,表明两种集聚模式均能够提高企业的工业增加值比率。表 7-10 中第（3）列和第（4）列给出了产业集聚模式对企业嵌入全球价值链稳定性的检验结果，结果显示工业增加值率的系数显著为负，说明企业工业增加值比率可以降低企业退出全球价值链的风险，增强企业嵌入全球价值链稳定性。

表 7-10 产业集聚模式与工业增加值比率对企业嵌入 GVC 稳定性的机制检验

	(1) σ_{ijet}	(2) σ_{ijet}	(3) $Censor_{ijet}$	(4) $Censor_{ijet}$
Com	0.0154***		-0.2837***	
	(0.0018)		(0.0904)	
Rdi		0.0091***		-0.5798***
		(0.0014)		(0.0593)
σ_{ijet}			-0.4053***	-0.4108***
			(0.0770)	(0.0737)
age	0.0044***	0.0050***	-0.2500***	-0.2462***
	(0.0005)	(0.0005)	(0.0141)	(0.0142)
SOE	-0.0137***	-0.0068***	0.1556***	0.1936***
	(0.0018)	(0.0019)	(0.0537)	(0.0558)
FOE	0.0024***	0.0059***	-0.1128***	-0.0673**
	(0.0009)	(0.0009)	(0.0290)	(0.0295)
IFC	-0.5606***	-0.5363***	0.1650	-0.0184
	(0.0479)	(0.0484)	(1.1089)	(1.1461)
capital	0.0013	0.0033***	0.1415***	0.1397***
	(0.0012)	(0.0012)	(0.0340)	(0.0340)
EDU	-0.0010***	-0.0024***	0.0116***	0.0068*
	(0.0002)	(0.0001)	(0.0040)	(0.0041)
PO	-0.0042***	-0.0037***		0.4683***
	(0.0010)	(0.0010)		(0.0283)
lwage	0.0037***	0.0035***	-0.4271***	-0.4256***
	(0.0002)	(0.0002)	(0.0074)	(0.0075)
Gov	-0.0048***	0.0084***	-0.0350	0.0247
	(0.0011)	(0.0011)	(0.0276)	(0.0295)
_cons	0.5626***	0.5354***		
	(0.0336)	(0.0339)		
N	101112	99636	101100	99636
R^2	0.0354	0.0116		

注：（1）所有的回归均是使用的是 robust 稳健标准误；（2）显著性水平：* $p<0.1$ 表示在 10% 水平上显著，** $p<0.05$ 表示在 5% 水平上显著，*** $p<0.01$ 表示在 1% 水平上显著。

二、全要素生产率

为了探讨产业集聚模式是否受到企业生产率提高的影响，进而使企业退出全球价值链的风险降低，本章借鉴张杰等（2013）、邵朝对等（2019）的做法，参照以下思路构建模型，进行中介效应检验。

第一步，检验产业集聚模式对企业嵌入全球价值链的稳定性的影响，其模型设定如式（7-1）所示，结果如基准回归一样，产业集聚模式降低了企业退出全球价值链的风险，增强了企业嵌入全球价值链的稳定性。

第二步，检验产业集聚是否提高了企业的全要素生产率，并将检验模型设置为：

$$\text{TFP}_{ijet} = \alpha + \beta_1 \text{Com}_{jet} + \beta_2 \text{Rdi}_{jet} + X_{ijet} + \varepsilon_{ijet} \tag{7-6}$$

其中，被解释变量 TFP_{ijet} 表示企业全要素生产率，解释变量及相关其他变量的解释同式（7-1）。

第三步，采用模型验证产业集聚模式是否受到企业全要素生产率提高的作用，进而对企业退出全球价值链的概率产生影响，具体模型如下：

$$\text{Censor}_{ijet} = \alpha + \beta_1 \text{Com}_{jet} + \beta_2 \text{Rdi}_{jet} + \beta_3 \text{TFP}_{ijet} + X_{ijet} + \varepsilon_{ijet} \tag{7-7}$$

其中，Censor_{ijet} 表示企业是否嵌入全球价值链的概率时间，Com_{jet} 和 Rdi_{jet} 的解释如同式（7-1），σ_{ijet} 的解释如同式（7-4），其余不变。

表7-11是模型（7-6）和模型（7-7）的计量回归结果。表6-11中第（1）列和第（2）列的两种集聚模式的估计系数显著为正，说明两种集聚模式均提升了企业的全要素生产率，这和范剑勇等（2014）、苏丹妮等（2020）的研究结果一致。同时，表7-11中第（3）列和第（4）列给出了产业集聚模式、全要素生产率对企业嵌入全球价值链稳定性的检验结果。结果显示，企业全要素生产率可以降低企业退出全球价值链的风险，意味着不同产业集聚模式均受到企业全要素生产率的影响，进而降低了企业退出全球价值链的风险，增强企业嵌入全球价值链稳定性。

表7-11　产业集聚与TFP对企业嵌入GVC稳定性的机制检验

	TFP	TFP	Censor$_{ijet}$	Censor$_{ijet}$
Com	0.0335**		-0.1600***	
	(0.0134)		(0.0465)	
Rdi		0.1652***		-0.0998***
		(0.0116)		(0.0323)
TFP			-0.4147***	-0.3997***
			(0.0163)	(0.0152)
age	0.1926***	0.1936***	-0.4950***	-0.4940***
	(0.0039)	(0.0039)	(0.0112)	(0.0113)
SOE	-0.2832***	-0.3077***	0.3740***	0.3579***
	(0.0158)	(0.0163)	(0.0475)	(0.0485)
FOE	-0.0368***	-0.0320***	-0.1683***	-0.1692***
	(0.0073)	(0.0073)	(0.0238)	(0.0238)
IFC	9.1644***	9.2981***	-6.8518***	-7.1821***
	(0.3795)	(0.3815)	(0.9011)	(0.9181)
capital	-1.4049***	-1.4095***	-0.3708***	-0.3511***
	(0.0096)	(0.0097)	(0.0343)	(0.0337)
EDU	-0.0335***	-0.0327***	0.0072**	0.0074**
	(0.0010)	(0.0010)	(0.0029)	(0.0030)
PO	-0.2691***	-0.2713***	0.4298***	0.4353***
	(0.0085)	(0.0086)	(0.0260)	(0.0261)
lwage	-0.0424***	-0.0411***	-0.3041***	-0.2925***
	(0.0016)	(0.0016)	(0.0055)	(0.0057)
Gov	-0.0310***	-0.0562***	0.0100	0.0335*
	(0.0080)	(0.0087)	(0.0181)	(0.0186)
_cons	-1.5987***	-1.7271***		
	(0.2670)	(0.2683)		
N	129211	127388	129198	127387
R^2	0.1825	0.1838		

注：(1) 所有的回归均是使用的是robust稳健标准误；(2) 显著性水平：* $p<0.1$ 表示在10%水平上显著，** $p<0.05$ 表示在5%水平上显著，*** $p<0.01$ 表示在1%水平上显著。

本章小结

企业在国际市场上的生存能力是一国企业在国际市场上竞争力的基础，企业生存能力越强，相应地企业在全球价值链中的嵌入就越稳定，尤其是针对当前发达国家撤链、缺链的风险显得尤为重要。因此，本章不同于以往研究，采用生存分析法来衡量不同产业集聚模式对企业嵌入全球价值链稳定性的影响。

具体而言，本章以企业是否嵌入全球价值链为基础构造生存分析事件构建计量模型，实证结果显示，专业化和多样化两种产业集聚模式均能够降低企业退出全球价值链的风险，增强其在国际市场上的稳定性。与此同时，本章使用 AFT 加速时间失效模型和威布尔风险回归模型对基准回归模型进行稳健性检验，证明本章计量模型设定的正确性。最后，通过中介效应检验，发现工业增加值比率和企业全要素生产率的提高均可以降低企业退出全球价值链的概率。

本章对不同贸易模式、不同企业性质、不同地区、不同行业、不同城市规模的异质性进行分析，具体结论如下：专业化集聚对于加工贸易企业、东部地区企业、中高科技产业、大中型城市企业有效降低了其退出全球价值链的风险，而多样化集聚对于一般贸易和混合贸易企业、国有、集体、私营和中外合资企业、中部和东部地区企业、高科技、中高科技和低科技产业、大城市和中小型城市的企业有效降低了其退出全球价值链的风险，可见多样化集聚对于企业嵌入全球价值链稳定性的作用更加显著，这主要是由于不同行业集聚产生的溢出效应，其对集聚区内企业的影响更加明显。

第八章

结论、对策建议及研究展望

第一节 主要研究结论

本书在已有研究的基础上，以企业多阶段生产模型为基础，利用企业层面的微观数据，首先测算了产业集聚模式和企业嵌入全球价值链程度的相关指标，进行事实特征分析，其次从产业集聚的两种模式出发，研究了不同产业集聚模式对企业嵌入全球价值链位置、上游度，出口国内附加值率以及企业嵌入全球价值链稳定性等方面的影响，并进行实证检验和机制分析，最后得出本书的主要结论。

一、相较于专业化集聚，多样化集聚更有利于企业参与全球价值链分工

本书研究证明，多样化集聚对于中国企业嵌入全球价值链的作用均高于专业化集聚，尤其表现在企业嵌入全球价值链的位置方面。这说明，行业间的协同集聚更适合企业多样化的发展，不同行业间的技术、人才、资金等方面的流动，对于处于社会化大生产的中国意义重大，这也和我国开放型、包容型的经济发展模式相一致。企业的多产品出口也可得益于多样化集聚，企业在集聚区内不断吸收新知识、新技术、吸引新的人才加入，避免企业单一化发展，促进企业产品生产和出口的多元化，可以分散其在国际市场竞争中的风险，使企业在国际生产环节中处于更加有利的位置。同时，多样化集聚也可通过资源整合和行业间的竞争效应，使区域内部的分工更加合理化，使行业间的承接效应更加显著，有利于产业结构的转型升级，进而影响企业在全球价值链中的分工。

二、专业化集聚模式抑制了企业参与全球价值链的位置

专业化集聚是大量同行业企业的聚集，行业内的聚集使该行业一有新

产品或新技术产生，同行企业就会通过模仿和学习使该行业的产品在国际上的竞争力降低，行业内企业的模仿和学习形成的内在隔绝机制，使企业之间的竞争进一步加剧，进而使集聚区内企业嵌入全球价值链的位置降低。本书通过构建集聚模式影响企业嵌入全球价值链的实证模型发现，专业化集聚对企业嵌入全球价值链的位置指标显著为负，表明专业化集聚抑制了企业参与全球价值链。具体而言，对于混合贸易和加工贸易企业，专业化集聚模式的抑制作用更加明显；对于外商独资和中外合资企业，专业化集聚对其影响显著为负；对于东部、中部、西部地区的企业，专业化集聚均起到了抑制作用；对于中低技术产业和低技术产业嵌入全球价值链，专业化集聚模式抑制效用显著；对于中型城市和小型城市企业嵌入全球价值链的位置起到显著的抑制作用。同时，通过机制检验发现，工业增加值率和全要素生产率的提高均能明显降低专业化集聚对企业嵌入全球价值链的抑制作用。

三、多样化集聚模式提升了企业嵌入全球价值链的位置

与专业化集聚模式相反，多样化集聚显著提升了企业嵌入全球价值链的位置。主要原因是两种集聚模式的性质差异性，行业内的专业化集聚由于竞争、学习和相互模仿形成的内在隔绝机制使集聚区内企业嵌入全球价值链的位置降低，而行业间的多样化集聚由于不同行业间的竞争较弱，同时集聚产生的知识和技术溢出效应，使企业的相互学习能力增强，提升了企业嵌入全球价值链的位置。

具体而言，对于一般贸易和混合贸易企业，由于其技术创新能力更强，多样化集聚模式的提升作用显著；对于集体、私营和中外合资企业，尤其是私营企业，多样化集聚对其影响更加明显；对于东部地区企业，多样化集聚的正向溢出效益明显，提升作用更大；对于中高技术、中低技术和低技术产业，多样化集聚均能起到不同程度的提升作用；对于不同城市规模企业嵌入全球价值链的位置产生正向的提升作用。进一步，通过机制研究发现，工业增加值率和全要素生产率均能显著提升多样化集聚模式对

企业嵌入全球价值链的影响。

四、两种产业集聚模式均有助于企业提升出口国内附加值率

产业集聚可以提升企业出口国内附加值率，企业嵌入全球价值链的位置指标只是反映企业在全球价值链中的参与度，并不能反映具体的贸易利得。尤其是中国加入 WTO 后，随着经济的快速发展，更加注重企业出口产品质量和技术创新水平。本书通过对企业出口的国内附加值率的研究来反映企业嵌入全球价值链后的贸易利得，结论显示，两种产业集聚模式均显著提升了企业出口的国内附加值率。

具体而言，对于不同贸易类别，两种集聚模式对一般贸易企业和混合贸易企业出口国内附加值率的影响均为正值，而对于加工贸易企业，专业化集聚估计系数不显著，多样化集聚估计系数显著为负，加工贸易不利于出口附加值率的提升；对于不同企业所有制，专业化集聚对集体企业、私营企业和中外合资企业的出口国内附加值率均有正向的提升作用，而多样化集聚仅对中外合资企业和私营企业出口国内附加值率的影响显著为正；对于不同地区，专业化集聚对东部、中部、西部地区企业出口国内附加值率有显著的提升作用，而多样化集聚对企业的出口国内附加值率均有显著的提升作用，对西部地区不显著；对于不同行业，专业化集聚模式对高技术行业和中低技术行业的出口国内附加值率均有正向的提升作用，而多样化集聚对四类行业的出口国内附加值率均有正向的提升作用；对于不同城市规模，两种集聚模式在特大城市的显著性更强，专业化集聚对中、小城市企业出口的国内附加值率也有显著的提升作用，多样化集聚对大城市企业出口国内附加值率也有明显的提升作用。同样地，工业增加值率和全要素生产率均能显著提升企业的出口国内附加值率。

五、两种集聚模式均有利于增强企业嵌入全球价值链的稳定性

不同产业集聚模式均可以降低企业退出全球价值链的风险，增强其稳

定性。企业嵌入全球价值链的稳定性，可以通过企业嵌入全球价值链的持续时间来体现。企业在国际市场上的进出需要进行前期的市场调研等，企业频繁地进出国际市场，会给企业带来较高的沉没成本。企业嵌入全球价值链的持续稳定，有利于降低沉没成本，给行业的转型升级奠定基础。本书通过生存分析法进行实证检验，发现不同产业集聚模式均会有效降低企业退出全球价值链的风险，增强其在国际市场上的稳定性；同时，通过对不同贸易类别、企业性质、地区、行业和城市规模等异质性特征进行分析时，发现产业集聚也均可以降低企业退出全球价值链的风险；最后，通过机制检验发现，提高企业的工业增加值率和全要素生产率可以显著降低企业退出全球价值链的风险，增强企业在国际市场上的稳定性。

第二节　对策建议

在国际化生产分工和产业聚集日益加深的背景下，中国企业本地化大规模生产的多样性更加突出，参与全球价值链的形式更加广泛。本书通过实证研究和数据分析发现，不同产业集聚模式均可作为企业全球价值链升级的本地化路径，不同的集聚模式对于企业嵌入全球价值链的位置、国内附加值和全球价值链稳定性的影响机制不同，这对中国当前企业出口竞争力的重塑和新型开放体系的构建有较强的政策含义。

一、加深行业间的协同集聚，完善产业链和供应链体系

中国企业在参与国际化生产的过程中，虽然企业出口国内附加值率、企业的稳定性和位置都在不断攀升，但整体仍处于较低的位置。国内企业过度依赖国际生产网络，企业间的分工合作程度较低，一般是单个企业对抗发达国家主导的整条产业链和供应链，企业嵌入全球价值链的地位很容易被"低端锁定"，在国际生产环节中缺少话语权。在此背景下，中国企业要实现整体的价值链升级，巩固制造中心和供应链中心的地位，尽量减

少发达国家"撤链""断链"的影响,需要加强产业间的协同集聚,扩大产业集群的规模和经济效益,逐步向以集群对链条、以集群对集群的竞争方式转变,积极发挥建立多个产业集群的优势,形成行业间的专业化分工,构筑良性互动的生产体系,支撑企业全球价值链的升级。

产业链的前后向关联,在产业集聚和升级过程中也发挥着重要作用。产业链前后向关联过程中,提供生产和服务的中间生产商扮演着重要角色,是衔接供应链上下游的关键环节。供应链中的中间商其生产的资金、成本和技术优势,直接影响了上下游企业的中间品投入的成本。因此,政府应构建合理化的中间品供应平台和体系,改变过去以廉价劳动力和补贴方式维持代加工的做法,重点扶持本国企业的发展,实施创新带动企业发展,降低中间品生产成本,加速国内产业链和国际产业链的整合机制,推动中国企业不断攀升全球价值链,为国际市场提供大量的中间品支撑。具体而言,东部地区在整体经济发展中的优势最突出,需进一步提升其产业集聚的层次和质量,发挥其供应链生产环节的优势,使企业间形成以强带弱的发展格局,通过推进制造业高质量集聚,为中部、西部地区产业的发展提供经济支持和不竭动力的来源;同时,鼓励从事一般贸易的民营企业的高技术含量中间产品的进口,充分发挥民营企业在进口实践中的学习效应,进而促进自身创新能力提升,通过鼓励民营企业出口市场的多元化,增强企业在全球价值链体系中的位置和稳定性。

二、发挥政府引导作用,建立更加灵活的中间共享机制

对于全球价值链位置的攀升,需要警惕集聚区内形成的内在隔绝机制,尤其是专业化集聚对于企业价值链位置的抑制作用。企业在全球价值链的广泛参与中,同行业专业化集聚企业间的模仿、学习、二次创新和同行业的激烈竞争,会使单个企业在嵌入全球价值链的过程中丧失原有的技术优势,使企业间由于模仿和竞争形成内在隔绝机制,反而对企业参与国际化生产环节起到抑制作用。在此背景下,政府要进一步发挥政策引导作用,完善专利申请机制,加强对知识产权的保护,使企业在创新环节中无

后顾之忧，推动行业的发展。

同时，在构建本地化生产体系的过程中，进一步发挥国内经济大循环的作用，需要加大发挥政府的资金、政策和人才的扶持力度，进一步打破区域性行业壁垒，推动要素自由化流动，进一步释放产业集聚外部性。政府需要进一步推动传统产业和新兴产业的协同集聚和发展，完善生产商、销售商、消费者之间的信任机制，使整个产业链形成一个有效发展的闭环。产业集聚形成的生产要素资源优势，也可以带动整个行业的发展，需要政府进一步出台相关政策，大力吸引人才、资金等资源，构建有效的知识交流、人才协作和企业间的协作平台，打造产学研一体化，带动整个产业体系的创新发展。

三、提高企业自主创新能力，使企业深度参与全球价值链

企业是衔接双循环的重要载体，提升出口产品质量，保障出口企业的生存能力，加强其在国际市场上的竞争力和生存力，这是十分重要的。通过本书的实证研究，可以明显看出提高生产率可以使企业嵌入全球价值链的位置、出口国内附加值率和企业在国际市场中生产的稳定性得到有效提升。

具体而言，应从政府、产业和企业三个层面支持企业的创新能力提升。首先，政府应进一步完善相关技术和知识产权的政策法规，创建更加开明的技术创新环境；同时，需要更加精准地对参与全球价值链的一般贸易企业、私营企业、外资企业出台相关的资金和政策进行扶持，使这类企业增强出口韧性，降低在出口中遭遇"黑天鹅"事件的风险冲击。其次，应加强产业内、产业间的专业化分工，使企业更加规范化生产，专业化分工的效率可以降低企业的生产成本，进一步使企业有更多的资金和时间加入科技创新环节。最后，企业在面临国际化生产激烈的竞争中，也需借助政府政策和产业生产环境，吸引高科技人才，加强企业的研发投入，提升创新能力，加强国际化竞争的实力，推动企业向研发设计和品牌管理等全球价值链的中高端环节升级。

第三节 研究展望

虽然学术界对产业集聚和全球价值链的研究已经形成较为系统的理论体系,本书也在现有文献的基础上,基于理论模型,进一步剖析了产业集聚模式对企业嵌入全球价值链的影响,并进行了实证验证,但是仍有许多问题需要进一步深入探究。

一、需进一步拓展企业嵌入全球价值链的理论模型

企业嵌入全球价值链的理论模型方面,可以尝试以企业的不同生产阶段,把产业集聚对企业的影响进行理论模型建立,从更加微观的企业和产品层面对理论进行拓展,使未来的研究更具体化。同时,企业处于不同的生产阶段,企业的不同生产线也会对企业嵌入全球价值链产生影响,因此从企业层面的具体生产环节来研究企业进入国际市场的优势以及如何用理论模型来证明这个过程,也是未来值得深入拓展的方面。

二、进一步完善集聚外部性对企业嵌入全球价值链的研究

随着中国企业嵌入全球价值链的情况不断变化,企业参与国际化生产对于国内生产体系的重塑也具有重要意义,可以影响到一国的产业转型和升级过程。本书主要是从专业化和多样化两种集聚模式进行研究,未对波特集聚模式进行研究,这也是未来需要深入挖掘的方面。接下来,我们会进一步查阅文献,不断地深入研究产业集聚的不同模式,以期对产业集聚模式有一个更加清晰和具体的界定,深化这一领域的研究探索。

同时,本书只验证了集聚对企业嵌入全球价值链的影响,并从工业增加值率和全要素生产率两个方面进行机制检验,未对产业集聚的外部性进行具体验证。产业集聚的溢出效应包含劳动力、资本、交通设施以及空间

协同集聚等方面的溢出效应，接下来，我们将从这些方面构造相应的变量进行深入研究，以期解决不同集聚模式的集聚来源、集聚路径到底是如何影响企业嵌入全球价值链的，这在一定程度上也是对本书内容的深度完善。

附　　录

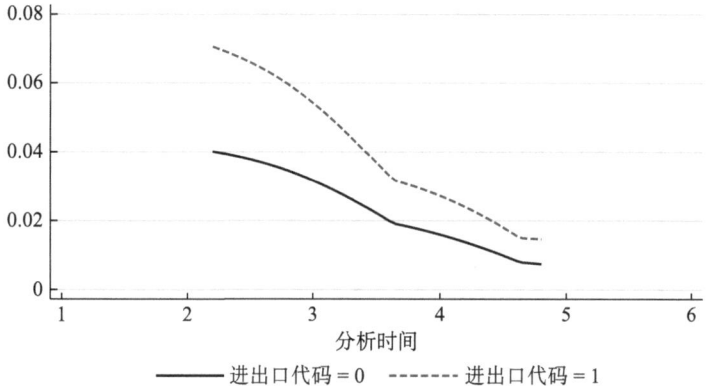

A1　2000—2007 年进出口企业的平滑风险曲线图①

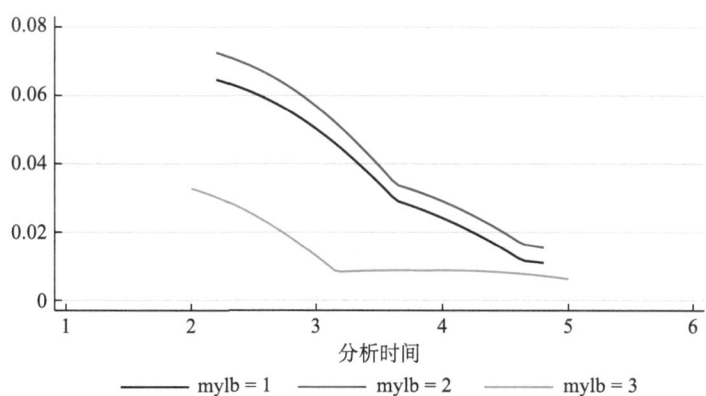

A2　2000—2007 年不同贸易类别企业的平滑风险曲线图

---

① 说明：因为 2010 年数据缺失造成平滑风险曲线只能显示 2000—2007 年的图形。

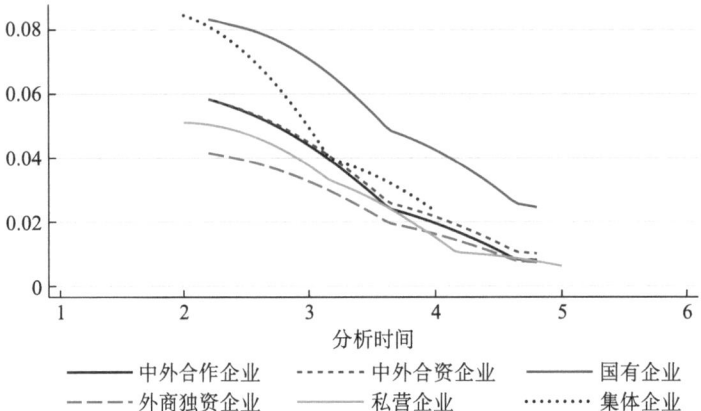

A3　2000—2007年不同企业所有制的平滑风险曲线图

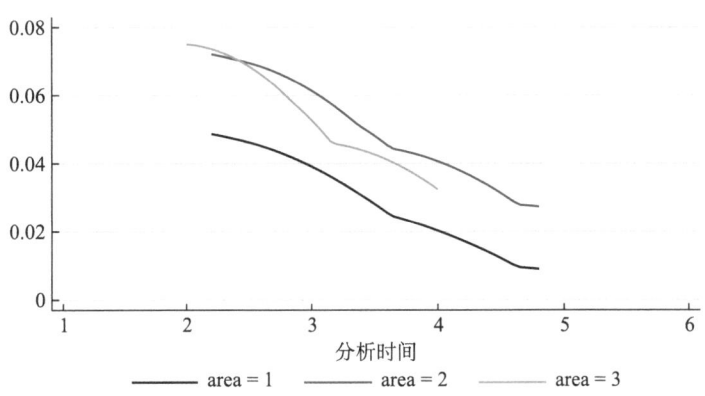

A4　2000—2007年不同地区企业的平滑风险曲线图

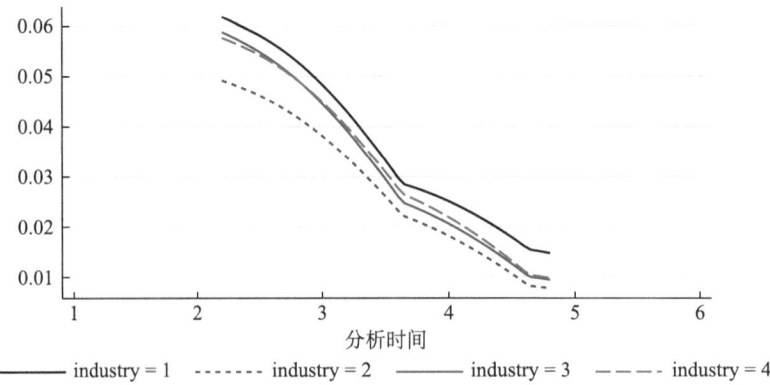

A5　2000—2007年不同行业的平滑风险曲线图

B1 2000—2014 年制造业各细分行业的 FVA 占比

ISIC 行业	2000年	2001年	2002年	2003年	2004年	2005年	2006年	2007年	2008年	2009年	2010年	2011年	2012年	2013年	2014年
C05	0.068	0.067	0.073	0.087	0.001	0.100	0.101	0.100	0.096	0.076	0.087	0.089	0.081	0.077	0.069
C06	0.149	0.147	0.157	0.165	0.004	0.168	0.159	0.149	0.134	0.105	0.119	0.116	0.103	0.099	0.089
C07	0.103	0.096	0.104	0.118	0.011	0.132	0.131	0.132	0.120	0.097	0.114	0.117	0.103	0.104	0.101
C08	0.108	0.101	0.107	0.124	0.014	0.148	0.143	0.144	0.139	0.118	0.135	0.139	0.125	0.120	0.114
C09	0.102	0.093	0.092	0.107	0.009	0.134	0.134	0.131	0.115	0.103	0.118	0.121	0.110	0.106	0.098
C10	0.108	0.104	0.115	0.142	0.016	0.176	0.180	0.179	0.184	0.166	0.190	0.206	0.201	0.188	0.168
C11	0.112	0.107	0.115	0.133	0.030	0.157	0.153	0.149	0.142	0.121	0.133	0.136	0.129	0.123	0.109
C12	0.089	0.083	0.087	0.098	0.003	0.121	0.118	0.119	0.110	0.088	0.098	0.103	0.091	0.087	0.079
C13	0.135	0.127	0.136	0.159	0.016	0.187	0.184	0.181	0.167	0.141	0.156	0.152	0.137	0.131	0.119
C14	0.111	0.102	0.106	0.126	0.010	0.158	0.154	0.150	0.151	0.124	0.144	0.143	0.138	0.133	0.120
C15	0.091	0.084	0.087	0.105	0.045	0.128	0.124	0.126	0.129	0.124	0.142	0.146	0.149	0.149	0.131
C16	0.125	0.114	0.121	0.143	0.013	0.157	0.149	0.148	0.145	0.129	0.147	0.151	0.145	0.147	0.128
C17	0.235	0.227	0.249	0.282	0.017	0.299	0.295	0.310	0.288	0.243	0.245	0.236	0.227	0.218	0.199
C18	0.153	0.143	0.150	0.181	0.012	0.199	0.199	0.204	0.190	0.165	0.181	0.183	0.170	0.170	0.150
C19	0.132	0.124	0.134	0.163	0.009	0.186	0.182	0.184	0.174	0.150	0.167	0.164	0.154	0.154	0.135
C20	0.119	0.110	0.113	0.144	0.007	0.162	0.162	0.163	0.148	0.126	0.136	0.141	0.131	0.125	0.113
C21	0.154	0.149	0.042	0.185	0.004	0.200	0.204	0.202	0.191	0.171	0.191	0.192	0.182	0.173	0.150
C22	0.113	0.104	0.109	0.122	0.001	0.127	0.125	0.127	0.119	0.097	0.114	0.116	0.104	0.107	0.099

B2 2000—2014 年制造业各细分行业的 RDV 占比

ISIC 行业	2000年	2001年	2002年	2003年	2004年	2005年	2006年	2007年	2008年	2009年	2010年	2011年	2012年	2013年	2014年
C05	0.001	0.001	0.001	0.001	0.100	0.001	0.001	0.001	0.002	0.003	0.003	0.003	0.003	0.004	0.004
C06	0.004	0.004	0.004	0.004	0.174	0.003	0.003	0.002	0.003	0.003	0.004	0.005	0.005	0.006	0.006
C07	0.007	0.008	0.008	0.009	0.124	0.012	0.013	0.012	0.012	0.015	0.018	0.022	0.023	0.025	0.028
C08	0.012	0.012	0.014	0.014	0.143	0.014	0.015	0.015	0.015	0.017	0.020	0.022	0.024	0.026	0.026
C09	0.007	0.012	0.016	0.010	0.125	0.012	0.012	0.009	0.011	0.015	0.016	0.018	0.019	0.022	0.020
C10	0.012	0.015	0.017	0.018	0.177	0.016	0.019	0.021	0.025	0.025	0.028	0.032	0.033	0.036	0.036
C11	0.021	0.022	0.027	0.029	0.156	0.029	0.031	0.032	0.035	0.042	0.045	0.047	0.047	0.045	0.048
C12	0.002	0.002	0.002	0.003	0.114	0.003	0.003	0.003	0.003	0.004	0.005	0.006	0.006	0.006	0.007

续表

ISIC行业	2000年	2001年	2002年	2003年	2004年	2005年	2006年	2007年	2008年	2009年	2010年	2011年	2012年	2013年	2014年
C13	0.010	0.012	0.013	0.015	0.182	0.016	0.017	0.016	0.016	0.019	0.023	0.026	0.028	0.028	0.028
C14	0.005	0.006	0.008	0.009	0.150	0.010	0.011	0.010	0.011	0.016	0.017	0.026	0.022	0.023	0.022
C15	0.029	0.031	0.037	0.044	0.122	0.041	0.039	0.034	0.034	0.038	0.041	0.043	0.044	0.048	0.046
C16	0.009	0.010	0.011	0.012	0.157	0.013	0.016	0.015	0.015	0.019	0.020	0.023	0.023	0.025	0.024
C17	0.011	0.014	0.017	0.017	0.299	0.017	0.018	0.014	0.015	0.020	0.024	0.026	0.029	0.032	0.032
C18	0.007	0.008	0.010	0.011	0.201	0.012	0.012	0.011	0.012	0.014	0.017	0.019	0.020	0.021	0.021
C19	0.006	0.007	0.008	0.009	0.186	0.009	0.010	0.009	0.010	0.012	0.014	0.017	0.016	0.017	0.017
C20	0.003	0.004	0.005	0.006	0.161	0.007	0.007	0.007	0.009	0.012	0.013	0.013	0.013	0.015	0.015
C21	0.003	0.004	0.004	0.004	0.201	0.004	0.003	0.003	0.004	0.003	0.002	0.004	0.004	0.005	0.007
C22	0.001	0.001	0.001	0.001	0.131	0.001	0.002	0.002	0.003	0.004	0.004	0.006	0.007	0.007	0.008

B3 2000—2014 年制造业各细分行业的 DVA_INTrex 占比

ISIC行业	2000年	2001年	2002年	2003年	2004年	2005年	2006年	2007年	2008年	2009年	2010年	2011年	2012年	2013年	2014年
C05	0.022	0.019	0.019	0.021	0.020	0.020	0.022	0.026	0.033	0.031	0.029	0.031	0.033	0.035	0.035
C06	0.061	0.060	0.064	0.064	0.068	0.060	0.061	0.055	0.057	0.053	0.057	0.065	0.062	0.065	0.068
C07	0.136	0.132	0.130	0.126	0.140	0.149	0.149	0.145	0.146	0.136	0.149	0.149	0.146	0.146	0.146
C08	0.178	0.173	0.163	0.154	0.148	0.151	0.159	0.164	0.158	0.148	0.153	0.158	0.160	0.164	0.163
C09	0.167	0.152	0.179	0.176	0.175	0.173	0.152	0.162	0.208	0.160	0.159	0.153	0.151	0.155	0.158
C10	0.204	0.205	0.198	0.184	0.180	0.188	0.184	0.184	0.185	0.163	0.162	0.162	0.156	0.156	0.159
C11	0.270	0.262	0.250	0.236	0.222	0.223	0.230	0.231	0.236	0.234	0.234	0.237	0.235	0.239	0.247
C12	0.073	0.076	0.083	0.082	0.079	0.077	0.085	0.084	0.083	0.087	0.093	0.088	0.088	0.090	0.087
C13	0.174	0.172	0.173	0.163	0.158	0.159	0.164	0.165	0.164	0.157	0.162	0.171	0.171	0.172	0.176
C14	0.073	0.072	0.077	0.076	0.078	0.080	0.085	0.087	0.091	0.087	0.090	0.106	0.095	0.093	0.092
C15	0.302	0.291	0.282	0.270	0.266	0.256	0.271	0.271	0.266	0.225	0.217	0.223	0.207	0.204	0.216
C16	0.150	0.146	0.137	0.137	0.137	0.142	0.154	0.156	0.156	0.141	0.138	0.141	0.136	0.135	0.137
C17	0.122	0.127	0.117	0.104	0.096	0.092	0.097	0.092	0.098	0.102	0.108	0.110	0.102	0.110	0.114
C18	0.103	0.099	0.097	0.092	0.094	0.095	0.101	0.100	0.103	0.100	0.101	0.104	0.106	0.107	0.110
C19	0.087	0.093	0.083	0.081	0.072	0.080	0.088	0.087	0.092	0.090	0.092	0.104	0.104	0.101	0.106
C20	0.141	0.150	0.158	0.148	0.166	0.168	0.172	0.166	0.168	0.155	0.157	0.144	0.145	0.155	0.156

续表

ISIC 行业	2000年	2001年	2002年	2003年	2004年	2005年	2006年	2007年	2008年	2009年	2010年	2011年	2012年	2013年	2014年
C21	0.074	0.071	0.050	0.053	0.065	0.071	0.059	0.057	0.067	0.042	0.028	0.037	0.030	0.039	0.060
C22	0.015	0.013	0.015	0.015	0.019	0.020	0.025	0.027	0.034	0.036	0.034	0.041	0.043	0.043	0.049

B4　2000—2006年中国制造业的VS和VAX_F指数

年份	VS	VAX_F
2000	0.187	0.550
2001	0.180	0.554
2002	0.199	0.538
2003	0.233	0.512
2004	0.259	0.486
2005	0.260	0.471
2006	0.260	0.467

B5　2000—2014年企业嵌入全球价值链的持续生存时间

企业嵌入GVC持续时间（年）	企业（个）	所占之比
1	19655	0.1268
2	22349	0.1442
3	21746	0.1403
4	21735	0.1403
5	19247	0.1242
6	16793	0.1084
7	12888	0.0831
8	8799	0.0568
9	5424	0.0351
10	3246	0.0209
11	1518	0.0098
12	813	0.0052
13	609	0.0039
14	147	0.0010

B6 2000—2014 年嵌入全球价值链企业的生存数据寿命表

Interval	Total	Deaths	Lost	Survival	Error
2000—2001	154969	128	2645	0.9992	0.0001
2001—2002	152196	1485	6981	0.9892	0.0003
2002—2003	143730	525	8292	0.9855	0.0003
2003—2004	134913	1002	8870	0.9779	0.0004
2004—2005	125041	993	11037	0.9698	0.0005
2005—2006	113011	897	12867	0.9616	0.0005
2006—2007	99247	3063	10969	0.9302	0.0008
2007—2008	85215	894	13707	0.9196	0.0008
2008—2009	70614	1566	14327	0.8969	0.0010
2009—2010	54721	1511	12805	0.8688	0.0012
2011—2012	40405	716	9080	0.8515	0.0013
2012—2013	30609	1241	9413	0.8107	0.0017
2013—2014	19955	2442	7826	0.6873	0.0027
2014—2015	9687	3	9684	0.6869	0.0027

B7 2000—2014 年区位熵及 GVCdown 统计（均值）

年份	Agg	GVCdown
2000	1.6164	0.0621
2001	1.2045	0.0599
2002	1.3829	0.0575
2003	1.3210	0.0774
2004	1.5878	−0.0717
2005	1.5216	0.0706
2006	1.5226	0.0698
2007	1.4189	0.0822
2008	1.4223	0.0775
2009	1.4554	0.0612
2011	1.5438	0.0653
2012	1.7229	0.0647
2013	1.3883	0.0593
2014	1.4561	0.0434

参考文献

[1] 阿尔弗雷德·韦伯. 工业区位论. 李刚剑等译 [M]. 北京：商务印书馆, 1997.

[2] 安同良, 杨晨. 互联网重塑中国经济地理格局：微观机制与宏观效应 [J]. 经济研究, 2020, 55 (02): 4-19.

[3] 白重恩, 杜颖娟, 陶志刚, 仝月婷. 地方保护主义及产业地区集中度的决定因素和变动趋势 [J]. 经济研究, 2004 (04): 29-40.

[4] 常冉, 杨来科, 王向进. 全球价值链视角下中美贸易失衡与利益结构研究 [J]. 亚太经济, 2019 (01): 22-32+153.

[5] 程大中. 中国参与全球价值链分工的程度及演变趋势——基于跨国投入——产出分析 [J]. 经济研究, 2015, 50 (09): 4-16+99.

[6] 曹亮, 李向毅, 侯耀辉. 地理条件, 集聚效应与中国制造业企业出口 [J]. 宏观经济研究, 2020 (04): 126-141.

[7] 段玉婉, 杨翠红. 基于不同贸易方式生产异质性的中国地区出口增加值分解 [J]. 世界经济, 2018, 41 (04): 75-98.

[8] 陈柯, 尹良富, 汪俊英, 韩博闻. 中国制造业产业集聚影响因素的实证研究 [J]. 上海经济研究, 2020 (10): 97-108.

[9] 陈强远, 梁琦. 技术比较优势, 劳动力知识溢出与转型经济体城镇化 [J]. 管理世界, 2014 (11): 47-59.

[10] 陈全润. 广义平均传播长度指标及在全球生产链分析中的应用 [J]. 管理评论, 2018 (05): 39-46.

[11] 陈勇兵, 李燕, 周世民. 中国企业出口持续时间及其决定因素 [J]. 经济研究, 2012 (07): 48-61.

[12] 戴觅, 余淼杰, Madhura Maitra. 中国出口企业生产率之谜：加工贸

易的作用 [J]. 经济学（季刊），2014（02）：675-698.

[13] 戴翔，金碚. 产品内分工，制度质量与出口技术复杂度 [J]. 经济研究，2014（07）：4-17+43.

[14] 戴翔，徐柳，张为付."走出去"如何影响中国制造业攀升全球价值链？[J]. 西安交通大学学报（社会科学版），2018（02）：11-20.

[15] 戴翔."出口导向"特征缘何阻碍中国攀升全球价值链？——基于"生产—消费"分离成本作用机制分析 [J]. 国际经贸探索，2014（08）：18-28.

[16] 戴翔，宋婕."一带一路"倡议的全球价值链优化效应——基于沿线参与国全球价值链分工地位提升的视角 [J]. 中国工业经济，2021（06）：99-117.

[17] 戴翔，徐柳，张为付. 集聚优势与价值链攀升：阻力还是助力 [J]. 财贸研究，2018，29（11）：1-14.

[18] 戴钰. 湖南省文化产业集聚及其影响因素研究 [J]. 经济地理，2013（04）：114-119.

[19] 单豪杰. 中国资本存量K的再估算：1952—2006年 [J]. 数量经济技术经济研究，2008（10）：17-31.

[20] 丁鹏飞. 基于DO指数的上海市制造业空间集聚测度研究 [J]. 经济论坛，2019（01）：41-47.

[21] 杜江，吴瑞兵. 融资约束，政府补贴与企业全球价值链升级——基于出口技术复杂度的实证分析 [J]. 河南师范大学学报（哲学社会科学版），2020（01）：64-70.

[22] 杜运苏，彭冬冬. 生产性服务进口复杂度，制度质量与制造业分工地位——基于2000—2014年世界投入产出表 [J]. 国际贸易问题，2019（01）：41-53.

[23] 范剑勇，冯猛，李方文. 产业集聚与企业全要素生产率 [J]. 世界经济，2014（05）：51-73.

[24] 范剑勇. 产业集聚与地区间劳动生产率差异 [J]. 经济研究，2006（11）：72-81.

[25] 范剑勇，莫家伟，张吉鹏. 居住模式与中国城镇化——基于土地供给视角的经验研究 [J]. 中国社会科学，2015（04）：44-63+205.

[26] 范剑勇,刘念,刘莹莹.地理距离、投入产出关系与产业集聚[J].经济研究,2021,56(10):138-154.

[27] 冯伟,邵军,徐康宁.我国农产品出口贸易联系持续期及其影响因素:基于生存模型的实证研究[J].世界经济研究,2013(06):59-65+89.

[28] 冯志坚,刘长庚.垂直专业化与外资溢出效应研究——基于中国工业企业数据的实证检验[J].经济经纬,2016(03):54-59.

[29] 干春晖,郑若谷,余典范.中国产业结构变迁对经济增长和波动的影响[J].经济研究,2011(05):4-16+31.

[30] 高翔,黄建忠,袁凯华.价值链嵌入位置与出口国内增加值率[J].数量经济技术经济研究,2019(06):41-61.

[31] 高越,高峰.垂直专业化分工及我国的分工地位[J].国际贸易问题,2005(03):16-20.

[32] 龚新蜀,韩俊杰,邱善运,王曼.产业集聚模式,知识溢出及其对出口技术复杂度影响的异质性[J].产经评论,2019(05):5-16.

[33] 顾国达,李金城,张洪胜.信息化能否增进一国高技术产业的比较优势?——基于1995—2011年39国信息化和附加值贸易数据的实证研究[J].浙江大学学报(人文社会科学版),2017,47(03):202-216.

[34] 韩峰,柯善咨.追踪我国制造业集聚的空间来源:基于马歇尔外部性与新经济地理的综合视角[J].管理世界,2012(10):55-70.

[35] 韩峰,阳立高.生产性服务业集聚如何影响制造业结构升级?——一个集聚经济与熊彼特内生增长理论的综合框架[J].管理世界,2020(02):72-94+219.

[36] 韩峰,庄宗武,阳立高.中国制造业出口价值攀升的空间动力来源——基于要素供给和市场需求的综合视角[J].中国工业经济,2021(03):61-79.

[37] 何好俊.中国制造业集聚——环境治理与绿色发展[D].天津:天津财经大学,2017.

[38] 何宇,陈珍珍,张建华.人工智能技术应用与全球价值链竞争[J].中国工业经济,2021(10):117-135.

[39] 胡浩,袭讯,张月月.国内产业汇聚驱动制造业价值链攀升吗——

双环流视阈下的探讨[J]. 国际经贸探索, 2020, 36 (04): 55-70.

[40] 胡昭玲, 江璐, 汪子豪. 全球价值链嵌入, 管理效率与出口产品复杂度[J]. 中南财经政法大学学报, 2020 (03): 117-126+146+160.

[41] 胡昭玲. 国际垂直专业化分工与贸易: 研究综述[J]. 南开经济研究, 2006 (05): 12-26.

[42] 贾妮莎, 申晨. 中国对外直接投资的制造业产业升级效应研究[J]. 国际贸易问题, 2016 (08): 143-153.

[43] 姜宏. 东北地区中小企业集群化成长及集聚区建设[D]. 长春: 吉林大学, 2011.

[44] 蒋殿春, 谢红军. 外资并购与目标企业生产率: 对中国制造业数据的因果评估[J]. 世界经济, 2018, 41 (05): 99-124.

[45] 蒋冠宏, 蒋殿春. 中国企业对外直接投资的"出口效应"[J]. 经济研究, 2014 (05): 160-173.

[46] 蒋冠宏. 我国技术研发型外向FDI的"生产率效应"——来自工业企业的证据. 管理世界, 2013 (09): 44-54.

[47] 蒋灵多, 陈勇兵. 出口企业的产品异质性与出口持续时间. 世界经济, 2015 (07): 3-26.

[48] 蒋鹏飞. FDI对中国全球价值链分工地位的影响[D]. 沈阳: 辽宁大学, 2020.

[49] 蒋樟生. 制造业FDI行业内和行业间溢出对全要素生产率变动的影响[J]. 经济理论与经济管理, 2017 (02): 78-87.

[50] 鞠建东, 余心玎. 全球价值链上的中国角色——基于中国行业上游度和海关数据的研究[J]. 南开经济研究, 2014 (03): 39-52.

[51] 寇冬雪. 产业马歇尔集聚, 雅各布集聚与环境污染——基于中国285个城市的实证分析[J]. 云南财经大学学报, 2020 (09): 3-17.

[52] 寇冬雪. 产业集聚模式与环境污染关系研究——基于中国285个城市的实证分析[J]. 经济经纬: 1-14.

[53] 李波, 杨先明. 贸易便利化与企业生产率: 基于产业集聚的视角[J]. 世界经济, 2018 (03): 54-79.

[54] 李东坤, 邓敏. 中国省际OFDI, 空间溢出与产业结构升级——基

于空间面板杜宾模型的实证分析 [J]. 国际贸易问题, 2016 (1): 121-133.

[55] 李建华. 中国区域产业集聚与 FDI 的互动关系研究 [D]. 长春: 吉林大学, 2019.

[56] 李娜娜, 杨仁发. 产业集聚与制造业全球价值链地位提升: 影响机制与实证检验 [J]. 南京财经大学学报, 2021 (03): 87-97.

[57] 李晓萍, 李平, 吕大国, 江飞涛. 经济集聚、选择效应与企业生产率 [J]. 管理世界, 2015 (04): 25-37+51.

[58] 黎峰. 双重价值链嵌入下的中国省级区域角色——一个综合理论分析框架 [J]. 中国工业经济, 2020 (01): 136-154.

[59] 李磊, 刘斌, 王小霞. 外资溢出效应与中国全球价值链参与 [J]. 世界经济研究, 2017 (04): 43-58+135.

[60] 李琳, 曾伟平. 高新技术产业集聚提升中国绿色创新效率了吗? [J]. 当代经济管理, 2021 (02): 48-56.

[61] 李平, 简泽, 江飞涛. 进入退出, 竞争与中国工业部门的生产率——开放竞争作为一个效率增进过程 [J]. 数量经济技术经济研究, 2012 (09): 3-21.

[62] 李强. 产业政策, 技术创新与企业出口绩效——基于不同产业集聚程度的分析 [J]. 世界经济研究, 2016 (05): 77-86+111+135-136.

[63] 梁琦. 中国工业的区位基尼系数——兼论外商直接投资对制造业集聚的影响 [J]. 统计研究, 2003 (09): 21-25.

[64] 梁琦, 钱学锋. 外部性与集聚: 一个文献综述 [J]. 世界经济, 2007 (02): 84-96.

[65] 刘斌, 王乃嘉. 制造业投入服务化与企业出口的二元边际——基于中国微观企业数据的经验研究 [J]. 中国工业经济, 2016 (09): 59-74.

[66] 刘会政, 韩琪. 外商直接投资对中国企业嵌入全球价值链稳定性的影响研究 [J]. 国际商务 (对外经济贸易大学学报), 2021 (03): 97-111.

[67] 刘明, 王霞. 中国制造业空间转移趋势及其影响因素: 2007—2017 [J]. 数量经济技术经济研究, 2020, 37 (03): 26-46.

[68] 刘信恒. 产业集聚与出口产品质量: 集聚效应还是拥挤效应 [J]. 国际经贸探索, 2020 (07): 33-51.

[69] 刘修岩. 产业集聚与经济增长：一个文献综述 [J]. 产业经济研究, 2009 (03): 70-78.

[70] 刘奕, 夏杰长. 全球价值链下服务业集聚区的嵌入与升级——创意产业的案例分析 [J]. 中国工业经济, 2009 (12): 56-65.

[71] 刘友金, 王记志. 创新资源配置集聚效应及其对长株潭经济一体化的启示 [J]. 湖南社会科学, 2001.

[72] 刘志彪, 张杰. 从融入全球价值链到构建国家价值链：中国产业升级的战略思考 [J]. 学术月刊, 2009 (09): 59-68.

[73] 卢锋. 产品内分工 [J]. 经济学, 2004 (01): 55-82.

[74] 逯宇铎, 于娇, 刘海洋. 出口行为对企业生存时间的强心剂效应研究——来自1999—2008年中国企业面板数据的实证分析 [J]. 经济理论与经济管理, 2013 (08): 60-71.

[75] 路江涌, 陶志刚. 中国制造业区域聚集及国际比较 [J]. 经济研究, 2006 (03): 103-114.

[76] 鲁晓东, 连玉君. 中国工业企业全要素生产率估计：1999—2007 [J]. 经济学（季刊）, 2012, 11 (02): 541-558.

[77] 罗良文, 赵凡. 高技术产业集聚能够提高地区产业竞争力吗？[J]. 财经问题研究, 2021 (01): 43-52.

[78] 罗伟, 吕越. 外商直接投资对中国参与全球价值链分工的影响 [J]. 世界经济, 2019, 42 (05): 49-73.

[79] 罗勇, 曹丽莉. 中国制造业集聚程度变动趋势实证研究 [J]. 经济研究, 2005 (08): 106-115+127.

[80] 吕越, 黄艳希, 陈勇兵. 全球价值链嵌入的生产率效应：影响与机制分析 [J]. 世界经济, 2017 (06): 37-53.

[81] 吕越, 包雅楠. 国内价值链长度与制造业企业创新——兼论中国制造的"低端锁定"破局 [J]. 中南财经政法大学学报, 2019 (03): 118-127.

[82] 吕越, 刘之洋, 吕云龙. 中国企业参与全球价值链的持续时间及其决定因素 [J]. 数量经济技术经济研究, 2017 (06): 37-53.

[83] 吕越, 罗伟, 刘斌. 异质性企业与全球价值链嵌入：基于效率和融资的视角 [J]. 世界经济, 2015 (08): 29-55.

[84] 吕越，邓利静．全球价值链下的中国企业"产品锁定"破局——基于产品多样性视角的经验证据 [J]．管理世界，2020，36（08）：83-98．

[85] 马丹，何雅兴，张婧怡．技术差距、中间产品内向化与出口国内增加值份额变动 [J]．中国工业经济，2019（09）：117-135．

[86] 马歇尔．经济学原理（上卷）[M]．北京：商务印书馆，1997．

[87] 迈克尔·波特．国家竞争优势．李明轩，邱如美译 [M]．北京：华夏出版社，2002．

[88] 毛其淋，许家云．贸易自由化与中国企业出口的国内附加值 [J]．世界经济，2019，42（01）：3-25．

[89] 毛其淋，许家云．中间品贸易自由化提高了企业加成率吗？——来自中国的证据 [J]．经济学（季刊），2017，16（02）：485-524．

[90] 茅锐．企业创新，生产力进步与经济收敛：产业集聚的效果 [J]．金融研究，2017（08）：83-99．

[91] 倪红福，龚六堂，夏杰长．生产分割的演进路径及其影响因素——基于生产阶段数的考察 [J]．管理世界，2016（04）：10-23+187．

[92] 潘闽，张自然，李辉．全球价值链嵌入、产业集聚与中国工业行业技术进步 [J]．工业技术经济，2019，38（02）：129-136．

[93] 庞珣，何晴倩．全球价值链中的结构性权力与国际格局演变 [J]．中国社会科学，2021（09）：26-46+204-205．

[94] 蒲清平，杨聪林．构建"双循环"新发展格局的现实逻辑，实施路径与时代价值 [J]．重庆大学学报（社会科学版），2020（06）：24-34．

[95] 钱学锋，裴婷．国内国际双循环新发展格局：理论逻辑与内生动力 [J]．重庆大学学报（社会科学版），2021（01）：14-26．

[96] 钱学锋．国际贸易与产业集聚的互动机制研究格致出版社 [M]．上海：上海人民出版社，2010．

[97] 曲延芬，于楚琪．产业集聚多样化，专业化与企业绿色技术创新效率 [J]．生态经济，2021（02）：61-67．

[98] 任英华，雷发林，谭朵朵．全球价值链嵌入对出口技术复杂度的影响研究 [J]．湖南大学学报（社会科学版），2019．

[99] 邵朝对，苏丹妮．产业集聚与企业出口国内附加值：GVC升级的本

地化路径 [J]. 管理世界, 2019 (08): 9-29.

[100] 邵朝对, 苏丹妮, 李坤望. 服务业开放与企业出口国内附加值率: 理论和中国证据 [J]. 世界经济, 2020, 43 (08): 123-147.

[101] 盛丹, 王永进. 产业集聚, 信贷资源配置效率与企业的融资成本——来自世界银行调查数据和中国工业企业数据的证据 [J]. 管理世界, 2013 (06): 85-98.

[102] 盛丰. 生产性服务业集聚与制造业升级: 机制与经验——来自230个城市数据的空间计量分析 [J]. 产业经济研究, 2014 (02): 32-39+110.

[103] 施炳展, 邵文波. 中国企业出口产品质量测算及其决定因素——培育出口竞争新优势的微观视角 [J]. 管理世界, 2014 (09): 90-106.

[104] 施振荣. 微笑曲线. 竞争力 [J]. 三联财经. 2010 (04): 50-52.

[105] 宋怡茹. 中国高技术产业参与全球价值链重构研究 [D]. 武汉: 武汉理工大学, 2019.

[106] 苏丹妮, 邵朝对. 全球价值链参与, 区域经济增长与空间溢出效应 [J]. 国际贸易问题, 2017 (11): 48-59.

[107] 苏丹妮, 盛斌, 邵朝对, 陈帅. 全球价值链, 本地化产业集聚与企业生产率的互动效应 [J]. 经济研究, 2020 (03): 100-115.

[108] 苏丹妮, 盛斌, 邵朝对. 产业集聚与企业出口产品质量升级 [J]. 中国工业经济, 2018 (11): 117-135.

[109] 苏丹妮, 盛斌. 产业集聚, 集聚外部性与企业减排——来自中国的微观新证据 [J]. 经济学 (季刊), 2021 (05): 1793-1816.

[110] 苏杭, 郑磊, 牟逸飞. 2017要素禀赋与中国制造业产业升级——基于WIOD和中国工业企业数据库的分析 [J]. 管理世界, 2017 (04): 70-79.

[111] 苏庆义. 中国国际分工地位的再评估——基于出口技术复杂度与国内增加值双重视角的分析 [J]. 财经研究, 2016 (06): 40-51.

[112] 隋月红, 赵振华. 我国OFDI对贸易结构影响的机理与实证——兼论我国OFDI动机的拓展 [J]. 财贸经济, 2012 (04): 81-89.

[113] 孙文远, 魏昊. 产品内国际分工的动因与发展效应分析 [J]. 管理世界, 2007 (02): 162-163.

[114] 孙学敏, 王杰. 全球价值链嵌入的"生产率效应"——基于中国

微观企业数据的实证研究[J].国际贸易问题,2016(03):3-14.

[115] 孙元元,张建清.市场一体化与生产率差距:产业集聚与企业异质性互动视角[J].世界经济,2017,40(04):79-104.

[116] 孙照吉.异质企业视角下全球价值链与中国劳动收入份额研究[D].厦门:厦门大学,2019.

[117] 唐宜红,张鹏杨,梅冬州.全球价值链嵌入与国际经济周期联动:基于增加值贸易视角[J].世界经济,2018,41(11):49-73.

[118] 唐宜红,张鹏杨.全球价值链嵌入对贸易保护的抑制效应:基于经济波动视角的研究[J].中国社会科学,2020(07):61-80+205.

[119] 田孟.制造业参与全球价值链分工的程度及影响因素[D].天津:天津财经大学,2019.

[120] 田巍,余淼杰.企业出口强度与进口中间品贸易自由化来自中国企业的实证研究[J].管理世界,2013(01):28-44.

[121] 田泽永,江可申,江宏.FDI技术溢出对江苏制造业的影响——基于静态和动态面板数据的实证研究[J].科研管理,2009(01):121-128.

[122] 王滨.FDI技术溢出,技术进步与技术效率——基于中国制造业1999—2007年面板数据的经验研究[J].数量经济技术经济研究,2010(02):93-103.

[123] 王苍峰.FDI,行业间联系与溢出效应——基于我国制造业行业面板数据的实证分析[J].世界经济研究,2008(03):73-79.

[124] 王慧.山东省参与产品内国际分工的影响因素分析[J].烟台大学学报(哲学社会科学版),2011,24(03):106-109.

[125] 王振国,张亚斌,牛猛,钟源.全球价值链视角下中国出口功能专业化的动态变迁及国际比较[J].中国工业经济,2020(06):62-80.

[126] 王娟娟.新通道贯通"一带一路"与国内国际双循环[J].中国流通经济,2020(10):3-16.

[127] 王岚,盛斌.全球价值链分工背景下的中美增加值贸易与双边贸易利益[J].财经研究,2014(09):97-108.

[128] 王琳,王茹.低碳经济下提升企业绿色竞争力的途径[J].财会研究,2010(17):55-57.

[129] 王恕立, 吴永亮. 全球价值链模式下的国际产业转移——基于贸易增加值的实证分析 [J]. 国际贸易问题, 2017 (05): 14-24.

[130] 王欣, 陈丽珍. 外商直接投资, 前后向关联与技术溢出——基于江苏制造业面板数据的经验研究 [J]. 数量经济技术经济研究, 2008 (11): 85-97.

[131] 王益民, 宋琰纹. 跨国公司在华直接投资的地理空间集聚: 总体特征与演化趋势分析 [J]. 未来与发展, 2007 (07): 31-36.

[132] 王媛玉. 产业集聚与城市规模演进研究 [D]. 长春: 吉林大学, 2020.

[133] 王直, 魏尚进, 祝坤福. 总贸易核算法: 官方贸易统计与全球价值链的度量 [J]. 中国社会科学, 2015年第9期.

[134] 王中华, 代中强. 外包与生产率: 基于中国工业行业物品外包与服务外包的比较分析 [J]. 当代经济科学, 2009 (04): 56-62+126.

[135] 魏江. 产业集——创新系统与技术学习 [M]. 北京: 科学出版社. 2003.

[136] 文东伟. 中国制造业出口的技术复杂度及其跨国比较研究 [J]. 世界经济研究, 2011 (06): 39-43+50+88.

[137] 文玫. 中国工业在区域上的重新定位和聚集 [J]. 经济研究, 2004 (02): 84-94.

[138] 吴三忙, 李善同. 专业化, 多样化与产业增长关系——基于中国省级制造业面板数据的实证研究 [J]. 数量经济技术经济研究, 2011 (08): 21-34.

[139] 吴学花, 杨蕙馨. 中国制造业产业集聚的实证研究 [J]. 中国工业经济, 2004 (10): 36-43.

[140] 席强敏, 陈曦, 李国平. 中国城市生产性服务业模式选择研究——以工业效率提升为导向 [J]. 中国工业经济, 2015 (02): 18-30.

[141] 谢露露. 产业集聚和创新激励提升了区域创新效率吗——来自长三角城市群的经验研究 [J]. 经济学家, 2019 (08): 102-112.

[142] 谢锐, 陈湘杰, 朱帮助. 价值链分工网络中心国经济增长的全球包容性研究 [J]. 管理世界, 2020, 36 (12): 65-77.

[143] 徐邦栋,高越. 分位数回归的全球价值链地位的影响因素分析 [J]. 工业经济论坛, 2017 (02): 1-9.

[144] 徐宏毅,黄岷江,李程. 生产性服务业 FDI 生产率溢出效应的实证研究 [J]. 管理评论, 2016 (01): 22-30.

[145] 徐康宁,王剑. 要素禀赋,地理因素与新国际分工 [J]. 中国社会科学, 2006 (06): 65-77+204-205.

[146] 徐康宁. 开放经济中的产业集群与竞争力 [J]. 中国工业经济, 2001 (11): 6.

[147] 徐美娜,彭羽. 外资垂直溢出效应对本土企业出口产品质量的影响 [J]. 国际贸易问题, 2016 (12): 119-130.

[148] 许冰. 外商直接投资对区域经济的产出效应——基于路径收敛设计的研究 [J]. 经济研究, 2010, 45 (02): 44-54.

[149] 许和连,邓玉萍. 外商直接投资,产业集聚与策略性减排 [J]. 数量经济技术经济研究, 2016 (09): 112-128.

[150] 许治,王思卉. 中国各省份出口商品技术复杂度的动态演进 [J]. 中国工业经济, 2013 (08): 44-56.

[151] 宣烨,宣思源. 产业集聚,技术创新途径与高新技术企业出口的实证研究 [J]. 国际贸易问题, 2012 (05): 136-146.

[152] 宣烨,余泳泽. 生产性服务业集聚对制造业企业全要素生产率提升研究——来自230个城市微观企业的证据 [J]. 数量经济技术经济研究, 2017 (02): 89-104.

[153] 薛鹏. 地理环境的经济增长效应:基于产品内国际分工视角的考察 [J]. 社会科学战线, 2016 (12): 58-68.

[154] 严含,葛伟民. "产业集群群":产业集群理论的进阶 [J]. 上海经济研究, 2017 (05): 34-43.

[155] 杨超,黄群慧,贺俊中. 低技术产业集聚外部性,创新与企业绩效 [J]. 科研管理, 2020 (08): 142-147.

[156] 杨翠红,田开兰,高翔,张俊荣. 全球价值链研究综述及前景展望 [J]. 系统工程理论与实践, 2020, 40 (08): 1961-1976.

[157] 杨建清,周志林. 我国对外直接投资对国内产业升级影响的实证

分析 [J]. 经济地理, 2013 (04): 120-124.

[158] 杨连星, 沈超海, 殷德生. 对外直接投资如何影响企业产出 [J]. 世界经济, 2019, 42 (04): 77-100.

[159] 杨智峰, 汪伟, 吴化斌. 技术进步与中国工业结构升级 [J]. 财经研究, 2016 (11): 44-59.

[160] 姚战琪. 人力资本, 协同集聚对出口技术复杂度的影响: 基于有调节的中介效应视角 [J]. 西安交通大学学报 (社会科学版), 2020 (04): 80-90.

[161] 尹伟华. 全球价值链视角下中国制造业出口贸易分解分析——基于最新的 WIOD 数据 [J]. 经济学家, 2017 (08): 33-39.

[162] 余丽丽, 潘安. 价值链互动与反馈视角下中国部门增加值出口攀升研究 [J]. 数量经济技术经济研究, 2021, 38 (01): 61-82.

[163] 余淼杰, 高恺琳. 进口中间品和企业对外直接投资概率——来自中国企业的证据 [J]. 经济学 (季刊), 2021 (04): 1369-1390.

[164] 余泳泽, 刘大勇, 宣烨. 产性服务业集聚对制造业生产效率的外溢效应及其衰减边界——基于空间计量模型的实证分析 [J]. 金融研究, 2016 (02): 23-36.

[165] 约瑟夫·阿洛伊斯·熊彼特. 经济发展理论 [M]. 郭武军, 吕阳译. 北京: 华夏出版社, 2015.

[166] 袁媛, 宗科, 周洋. 企业嵌入全球价值链会降低劳动收入份额吗——基于空间集聚调节效应的研究 [J]. 国际商务 (对外经济贸易大学学报), 2021 (02): 29-44.

[167] 曾忠禄. 产业群集与区域经济发展 [J]. 南开经济研究, 1997 (01): 69-73.

[168] 张彩云. 中国高技术产业集聚效应研究 [D]. 长春: 吉林大学, 2020.

[169] 张春萍. 中国对外直接投资的产业升级效应研究 [J]. 当代经济研究, 2013 (03): 43-46.

[170] 张国峰, 王永进, 李坤望. 产业集聚与企业出口: 基于社交与沟通外溢效应的考察 [J]. 世界经济, 2016 (02): 48-7.

[171] 张杰, 陈志远, 刘元春. 中国出口国内附加值的测算与变化机制 [J]. 经济研究, 2013 (10): 124-137.

[172] 张杰, 郑文平. 全球价值链下中国本土企业的创新效应 [J]. 经济研究, 2017 (03): 151-165.

[173] 张杰, 李勇, 刘志彪. 出口促进中国企业生产率提高吗?——来自中国本土制造业企业的经验证据: 1999—2003 [J]. 管理世界, 2017 (03): 151-165.

[174] 张杰, 刘元春, 郑文平. 为什么出口会抑制中国企业增加值率: 基于政府行为的考察 [J]. 管理世界, 2013 (06): 12-27+187.

[175] 张先锋, 杨璐瑶, 阚苗苗. 工资水平与制造业出口企业产品创新——基于"出口中学习"视角的二元边际考察 [J]. 国际商务 (对外经济贸易大学学报), 2017 (05): 5-16.

[176] 张文武, 徐嘉婕, 欧习. 生产性服务业集聚与中国企业出口生存——考虑异质性和传导机制的分析 [J]. 统计研究, 2020 (06): 55-65.

[177] 张翊, 陈雯, 骆时雨. 中间品进口对中国制造业全要素生产率的影响 [J]. 世界经济, 2015 (09): 107-129.

[178] 张兆民, 韩彪. 运输成本, 分工, 集聚与经济增长——基于微观机制的一个文献综述 [J]. 商业研究, 2015 (03): 18-26.

[179] 章韬, 申洋. 企业进入, 税收与集聚外部性——基于产业关联的实证研究 [J]. 经济学 (季刊), 2020 (03): 825-846.

[180] 赵春明, 李震, 王贝贝, 李宏兵. 经济集聚与价值链嵌入位置——基于企业出口上游度的分析视角 [J]. 国际贸易问题, 2020 (09): 81-96.

[181] 赵峰, 张建堡. 技术进步、资本积累与经济增长——一个马克思主义随机演化的视角 [J]. 当代经济研究, 2021 (12): 25-35.

[182] 赵婷, 赵伟. 产业关联视角的 FDI 出口溢出效应: 分析与实证 [J]. 国际贸易问题, 2012 (2): 113-122.

[183] 赵婷婷. 中国产业集群对区域创新能力的影响研究 [D]. 长春: 吉林大学, 2020.

[184] 赵晓斐. 数字贸易壁垒与全球价值链分工 [D]. 北京: 对外经济贸易大学, 2020.

[185] 赵曜, 柯善咨. 筛选效应, 异质企业内生集聚与城市生产率 [J]. 财贸经济, 2017 (03): 52-66.

[186] 赵云鹏. 对外直接投资对中国产业结构影响研究 [J]. 数量经济技术经济研究, 2018 (03): 78-95.

[187] 钟昌标. 影响中国电子行业出口决定因素的经验分析 [J]. 经济研究, 2007 (09): 62-70.

[188] 钟昌标. 外商直接投资地区间溢出效应研究 [J]. 经济研究, 2010, 45 (01): 80-89.

[189] 周华, 李飞飞, 赵轩. 非等间距产业上游度及贸易上游度测算方法的设计及应用 [J]. 数量经济技术经济研究, 2016 (06): 128-143.

[190] 朱喜安, 张秀, 李浩. 中国高新技术产业集聚与城镇化发展 [J]. 数量经济技术经济研究, 2021, 38 (03): 84-102.

[191] 诸竹君, 黄先海, 余骁. 进口中间品质量, 自主创新与企业出口国内增加值率 [J]. 中国工业经济, 2018 (08): 116-134.

[192] 诸竹君, 黄先海. 中国出口跨越了"低加成率陷阱"吗 [J]. 国际贸易问题, 2020 (05): 14-27.

[193] Aghion, P. and Howitt, P. A Model of Growth Through Creative Destruction [J]. Econometrica, 1992, 60 (2): 323-351.

[194] Aghion P, Howitt P. The Economics of Growth [J]. Mit Press Books, 2009, 1 (272): 124-125.

[195] Aitken, B. and Hanson, G. and Harrison AE. Spillovers, Foreign Investment, and Export Behavior [J]. Journal of International Economics, 1997, 43 (1-2): 103-132.

[196] Ahn, J. A. K. Khandelwal, and S. J. Wei. The Role of Intermediaries in Facilitating Trade [J]. Journal of International Economics, 2011, 84 (1), 73-85.

[197] Antràs P. Firms, Contracts, and Structure [J]. Quarterly Journal of Economics, 2003, (11): 1375-1418.

[198] Antràs, P. and Helpman, E. Contractual Frictions and Global Sourcing [J]. SSRN Electronic Journal, 2007.

[199] Antràs. P and Chor. D. and Fally. T. Measuring the Upstreamness of Pro-

duction and Trade Flows [J]. American Economic Review, 2012, 102 (3): 412 – 416.

[200] Antràs. P, Chor. D. Organizing the Global Value Chain [J]. Econometrica, 2013, 81.

[201] Arnott and Abdel – Rahman, H. and FuJita, M. Product Variety, Marshallian Externalities, and City Sizes [J]. Journal of Regional Science, 1990, (30): 165 – 83.

[202] Arrow, K. The Rate and Direction of Inventive Activity [J]. nber chapters, 1962, 7 (6): 431 – 432.

[203] Baldwin, R. E. and Venables, A. J. Relocating the value chain [J]. Social Science Electronic Publishing, 2011, 90 (2): 245 – 254.

[204] Baldwin R, Taglioni D. Gravity Chains: Estimating Bilateral Trade Flows When Parts And Components Trade Is Important [J]. NBER Working Papers, 2011, 8 (3): 435 – 470.

[205] Barrios S, Grg H, Strobl E. Explaining Firms' Export Behaviour: R & D, Spillovers and the Destination Market [J]. Oxford Bulletin of Economics and Statistics, 2003, 65.

[206] Bernard AB, Jensen J B. Why Some Firms Export [J]. Review of Economics & Statistics, 2004, 86 (2): 561 – 569.

[207] Blasio, G. D. and Addario, S. D. Labor Market Pooling [J]. Imf Working dissertations, 2006.

[208] Brandt, L V and Johannes, B and Zhang, Y F., Creative Accounting or Creative Destruction? Firm – Level Productivity Growth in Chinese Manufacturing [J]. Journal of Development Economics, 2012, 97 (2): 339 – 351.

[209] Bridgman, et al. Accounting for Household Production in the National Accounts, 1965 – 2010 [J]. Survey of Current Business, 2012.

[210] Capello, R. Regional Economics, [M]. London: Routledge, 2007.

[211] Combes, P. P. and Overman, H. G. The spatial distribution of economic activities in the European Union [J]. Handbook of Regional and Urban Economics 4, 2004, 04: 2845 – 2909.

[212] De Loecker, J. and F. Warzynski. Markups and Firm – Level Export Status [J]. American Economic Review, 2012, 102 (6): 2437 – 2471.

[213] Dixit, A K and Grossman, G M. Trade and Protection with Multistage Production [J]. NBER Working dissertations, 1981, 49 (4): 583 – 594.

[214] Duranton, G. and Puga, D. Micro – foundations of urban agglomeration economies [G]. Handbook of Regional and Urban Economics 4, 2004.

[215] Duranton G, Overman H G. Testing for Localization Using Micro – Geographic Data [J]. Review of Economic Studies, 2005, 72.

[216] Ellison, G and Glaeser, E. The Geographic Concentration of Industry: Does Natural Advantage Explain Agglomeration? [J]. American Economic Review, 1999, 89 (2): 311 – 316.

[217] Ellison, G. and Glaeser, E. and W. R. Kerr. What Causes Industry Agglomeration? Evidence from Coagglomeration Patterns [J]. American Economic Review, 2010, (100): 1195 – 1213.

[218] Ellison, G and Glaeser, E. Geographic Concentration in U.S. Manufacturing Industries: A Dartboard Approach [J]. Journal of Political Economy, 1997, 105 (5): 889 – 927.

[219] Ellison, G. and Glaeser, E. and Kerr, W. R. What Causes Industry Agglomeration? Evidence from Coagglomeration Patterns [J]. American Economic Review, 2010, 100: 1195 – 1213.

[220] Fally. T. On the Fragmentation of Production in the US [D]. University of Colorado – Boulder, 2011.

[221] FujitaM, Krugman P, Venables A J. The Spatial Economy: Cities, Regions, and International Trade [J]. Mit Press Books, 2001, 1 (1): 283 – 285.

[222] FuJita M. and Thisse, J F. New Economic Geography: an appraisal on the occasion of Paul Krugman's 2008 Nobel Prize in Economics [J]. Regional Science & Urban Economics, 2009, 39 (2): 109 – 119.

[223] Gereffi G. International trade and industrial upgrading in the apparel commodity chain [J]. Journal of international economics, 1999, 48 (1): 37 – 70.

[224] Gereffi G, Korzeniewicz M. Commodity Chains and Global Capitalism

[J]. Contemporary Sociology, 1995, 24 (3).

[225] Gereffi, G. Export - Oriented Growth and Industrial Upgrading: Lessons from the Mexican Apparel Case [C]. Study commissioned by the World Bank, 2005.

[226] Girma, S. H. G. and Strobl, E. Exports, International Investment, and Plant Performance: Evidence from a Non - Parametric Test [J]. Discussion dissertations of Diw Berlin, 2004, 83 (3): 317 - 324.

[227] Glaesere. The Spatial Economy: Cities. Regions. and International Trade, Journal of Economics, 1962, 73 (1): 111 - 123.

[228] Grossman, G M. and Rossi - Hansberg, E. Trading Tasks: A Simple Theory of Offshoring [J]. American Economic Review, 2008, 98 (5): 1978 - 1997.

[229] Grossman, G. M. and Rossi - Hansberg, E. Task Trade Between Similar Countries [J]. Econometrica, 2012, 80 (2): 593 - 629.

[230] H Abdel Rahman, Fujita M. Product Variety, Marshallian Externalities, And City Sizes [J]. Journal of Regional Science, 1990, 30 (2).

[231] Hausmann, R. and Hwang, J. and Rodrik, D. What You Export Matters [J]. Journal of Economic Growth, 2007, 12 (1): 1 - 25.

[232] Helpman E, Krugman P. Market Structure and Foreign Trade: Increasing Returns, Imperfect Competition, and the International Economy [J]. MIT Press Books, 1987, 1 (381): 543 - 543.

[233] Huggett S A, Tod K P. An Introduction to Twistor Theory: Spinor Fields [J]. 1994, 10 (1): 1 - 4.

[234] Hummels, D. L. and Ishii, J. and Yi, K. M. The nature and growth of vertical specialization in world trade [J]. 2001, 54 (1): 0 - 96.

[235] Humphrey, J. and Schmitz, H. (2000), Governance and Upgrading: Linking Industrial Cluster and Global Value Chain Research.

[236] Jacobs J. The Economy of Cities [M]. New York: Vintage, 1969.

[237] Johnson, R. C. and Noguera, G. (2012), Fragmentation and Trade in Value Added over Four Decades [J]. National Bureau of Economic Research

Working dissertation, No. 18186.

[238] Johnson R C, Noguera G. Accounting for intermediates: Production sharing and trade in value added [J]. Journal of International Economics, 2012, 86 (2): 224 – 236.

[239] Ke, S. and He, M. and Yuan, C. (2014), Synergy and Co – agglomeration of Producer Services and Manufacturing: A Panel Data Analysis of Chinese Cities [J]. Regional Studies, 2012, 48 (11): 1829 – 1841.

[240] Kee, H. L. and Tang, H. Domestic Value Added in Exports: Theory and Firm Evidence from China) [J]. The American Economic Review, 2016, (106): 1402 – 1436.

[241] Kogut, B. Designing global strategies: Comparative and competitive value – added chains [J]. Sloan management review, 1985, 26 (4): 15 – 28.

[242] Koopman, R. and Wang, Z. and Wei, S J. Tracing value – added and double counting in gross exports [J]. The American Economic Review, 2014, 104 (2): 459 – 494.

[243] Koopman, Robert, et al. Give Credit Where Credit is Due: Tracing Value Added in Global Production Chains [C]. Working dissertation series (National Bureau of Economic Research), 2010.

[244] Koopman, R. and Powers, W. and Wang, Z. Give Credit Where Credit is Due: Tracing Value Added in Global Production Chains [C]. SSRN Electronic Journal, 2011.

[245] Kortum, E. S. Technology, Geography, and Trade [J]. Econometrica, 2002, (705): 1741 – 1779.

[246] Krugman, P. Scale economies. product differentiation. and the pattern of trade, The American Economic Review, 1980, 950 – 959.

[247] Krugman, P. and Venables, A J. Globalization and the Inequality of Nations [J]. The Quarterly Journal of Economics, 1995, 110 (4): 857 – 880.

[248] Krugman, P. Increasing Returns and Economic Geography [J]. Journal of Political Economy, 1991, 99 (3): 483 – 499.

[249] Krugman, P. The narrow moving band, the Dutch disease, and the

competitive consequences of Mrs. Thatcher [J]. Journal of Development Economics, 1987, 27 (1 -2): 41 -55.

[250] Levchenko, A. (2007), Institutional Quality and International Trade. Review of Economic Studies.

[251] Lovely, M E. and Rosenthal, S. and Sharma, S. Information, Agglomeration, and the Headquarters of US Exporters [J]. Regional Science and Urban Economics, 2005, 35 (2): 167 -191.

[252] Lucas, R. On the Mechanics of Development Planning, Journal of Monetary Economics 22, 1988.

[253] Marshall A. Principles of economics: an introductory volume [J]. Macmillan, 1920.

[254] Marshall A. Principles of economics [J]. Political Science Quarterly, 1961, 31 (77): 430 -444.

[255] McfaddenD. Testing for Stochastic Dominance [M]. Springer New York, 1989.

[256] Martin, P. and Mayer, T. and Mayneris, F. Spatial Concentration and Plant—Level Productivity in France [J]. Journal of Urban Economics, 2011, 69 (2): 182 -195.

[257] Maurer A, Degain C, Maurer A, et al. World Trade Organization Economic Research and Statistics Division Globalization and trade flows: what you see is not what you get! . 2010.

[258] McLaren, John. "Globalization" and Vertical Structure [J]. American Economic Review, 2000, 90 (5): 1239 -1254.

[259] Melitz M. The impact of trade on aggregate industry productivity and intra -industry reallocations [J]. Econometrica, 2003, 71 (6): 1695 -1725.

[260] Navaretti, G B. and Castellani, D. and Disdier, A. How does investing in cheap labour countries affect performance at home? Firm -level evidence from France and Italy [J]. Social Science Electronic Publishing, 2010, 62 (2): 234 -260.

[261] Paci, R. and Usai, S. Externalities, knowledge spillovers and the spa-

tial distribution of innovation [J]. GeoJournal, 1999, 49 (4): 381 – 390.

[262] Porter, M E. Competitive advantage: creating and sustaining superior performance [M]. New York: FreePress. 1985.

[263] Porter, M E. The competitive advantage of nations [J]. Harvard business review, 1990, 68 (2): 73 – 93.

[264] Porter, M E. Cluster and the New Economics of Competition [J]. Harvard Business Review, 1998, 76 (6): 11 – 12.

[265] Robert, C. J. and Andreas, M. GVCs and Trade Elasticties with Multistage Production [J]. NBER working dissertation, 2019, No. 26018.

[266] Rosenthal S S, Strange W C. Journal of Urban Economics [J]. Journal of Urban Economics, 2009, 64 (2): 373 – 389.

[267] Sanyal K K, Jones R W. The Theory of Trade in Middle Products: Features, Values, and Criticisms [M]. 2018.

[268] Schmitz, H. Local Upgrading in Global Chains: Recent Findings [C]. dissertation to Be Presented at the DRUID Summer Conference, 2004.

[269] Schott, P. K. Across – Product Versus Within – Product Specialization in International Trade [J]. The Quarterly Journal of Economics, 2004, 119 (2): 647 – 678.

[270] Seker M. Importing, Exporting, and Innovation in Developing Countries [J]. Review of International Economics, 2012, 20 (2): 299 – 314.

[271] Storper, M. The limits to globalization: technology districts and international trade [J]. Economic Geography, 1992, 68: 60 – 93.

[272] Thisse, J. and FuJita, M. Economics of Agglomeration [M]. Cambridge University Press, 2002.

[273] Upward, R. and Wang, Z. and Zheng, J. Weighing China's export basket: The domestic content and technology intensity of Chinese exports [J]. Journal of Comparative Economics, 2013, 41 (2): 527 – 543.

[274] Williamson, O. E. Innovation and Market Structure [J]. Journal of Political Economy, 1965, 73 (1): 67 – 73.

[275] Wang, Z. and Wei, S. J. and Yu, X. and Zhu, K. (2017a), Char-

acterizing global value chains: Production Length and Upstreamness [J]. NBER Working dissertation, No. 23261.

[276] Wang, Z. and Wei, S. J. and Yu, X. and Zhu, K. (2017b), Measures of Participation in global value chains and Global Business Cycles [J]. NBER Working dissertation, No. 23222.

[277] Weber, A. (1909) Über das Vorkommen von Hefe im Urin.

[278] Yi, Kei-Mu. Can Vertical Specialization Explain the Growth of World Trade? [J]. Journal of Political Economy, 2003, 111: 52-102.

[279] Yi, Kei-Mu. Can Multistage Production Explain the Home Bias in Trade? [J]. The American Economic Review, 2010, 100 (1): 364-393.

致　　谢

　　本书的完成得益于众多师长、同仁与亲友的无私支持。

　　我要向我的导师张华容教授致以最深切的敬意，您深厚的学术造诣与严谨的治学态度始终指引着我的研究方向，您对本书初稿逐字批阅的耐心与对关键问题的点拨令我终身受益。

　　感谢宁波市甬商研究基地团队的每一位成员，感谢浙江万里学院提供的广阔平台。同时，衷心感谢评审专家提出的宝贵意见，使本书的理论框架得以完善。

　　此外，家人的陪伴是支撑我完成这项漫长工作的精神支柱。父母数十年如一日的鼓励，这些温暖片段构成了研究背后最坚实的力量。

　　向所有未能逐一列名的帮助者致以谢意。学术之路虽孤独，但因你们的存在，每一步都充满温度。

李瑾

2025 年 6 月